신동준의
고사성어
독 법 讀法

신동준의 고사성어 독법

초판 1쇄 발행 2018년 8월 17일

지은이 신동준
펴낸이 백미옥
펴낸곳 리더북스
출판등록 2004년 10월 15일(제2004-106호)
주소 경기도 고양시 덕양구 지도로 84, 506호(토당동, 영빌딩)
전화 031)971-2691
팩스 031)971-2692
이메일 leaderbooks@hanmail.net

ISBN 978-89-91435-92-6 03320
잘못 만들어진 책은 구입하신 서점에서 교환해 드립니다.

신 동 준 의

고 사 성 어

독 법 讀 法

21세기정경연구소장 **신동준** 지음

리더북스

고사성어와
최소한의 인문 교양

고사성어故事成語는 한자를 사용하는 동아시아에서만 통용되는 지혜의 보고이다. 《맹자》의 호연지기浩然之氣처럼 호방한 기운으로 사람의 가슴을 통쾌하게 만들기도 하고, 《사기》의 사면초가四面楚歌처럼 천하영웅과 절세가인 사이의 사랑 얘기로 코끝을 시리게 하고 가슴을 먹먹하게 만들기도 한다. 단 한마디 말로 사람의 심금을 울려 감동하게 하거나 사안의 핵심을 단박에 알아채게 하는 촌철살인寸鐵殺人의 인문학적 통찰이 고사성어에 고스란히 녹아 있다.

고사성어를 제대로 구사하려면 단순히 뜻을 아는 것만으로는 부족하다. 당시의 역사문화 배경과 등장인물들의 활약, 성어가 후대에 미친 영향 등도 함께 이해해야 한다. 때와 장소에 부합하는 고사성어를 구사하지 않으면 분위기를 썰렁하게 만들 뿐만 아니라 자칫 교양 수준까지 의심받을 수도 있다. 금상첨화錦上添花의 정황을 정반대의 뜻을 지닌 설상가상雪上加霜으로 표현하거나, 여인에게만 사용하는 재원才媛을 남자에게 사용하는 경우가 대표적이다.

말과 글로 표현할 때 적절한 고사성어를 구사하려면 평소 문사철文史哲로 요약되는 인문학 공부가 필요하다. '고사성어 인문학'에 제대로 접근하기 위해서는 학자들처럼 〈오랜 시간에 걸친 폭넓은 인문학에 대한 접근→고사성어로 배우는 사물과 인생 및 세상에 대한 통찰〉의 수순을 밟는 게 일반적이다. 이는 '원인과 결과'의 상호관계와 같다. 그러나 이 방법은 오랜 시간이 걸릴 수밖에 없다. 늘 바쁜 현대인에게 이를 요구하는 것은 아무래도 무리이다. 그렇다면 어떻게 해야 할까?

관건은 발상의 전환에 있다. 현대인에게 정작 필요한 것은 '인문학' 자체가 아니라 인문학적 토대 위에 서 있는 '인문 교양'이다. 필자의 경험에 비춰볼 때 나름 '인문 교양'을 빠르게 터득할 수 있는 비결이 있다. 그것은 〈고사성어로 배우는 사물과 인생 및 세상에 대한 통찰→오랜 시간에 걸친 폭넓은 인문학에 대한 접근〉의 도식이다. 이런 방식을 좇으면 짧은 시간에 인문학의 정수에 접근하는 일이 가능하다. 이것은 수학으로 치면 공식을 통해 고등수학에 접근하는 것과 같다. 굳이 그런 공식이 나오게 된 과정까지 증명하며 문제를 풀지 않아도 된다는 얘기다. 마치 남녀노소를 막론하고 수많은 사람들이 엔진의 작동원리를 중심으로 한 자동차공학을 공부하지 않을지라도 자동차의 도로 주행에 아무런 지장을 받지 않는 것과 같다.

인문 교양의 비결

그렇다면 구체적으로 어떻게 해야 '인문 교양'을 몸에 배도록 할 수 있을까?

결론부터 말하면 방법이 아닌 편법便法을 구사하면 된다. 여기의 '편법'은 나라의 법제와 사회의 기강 차원에서 부정적으로 언급하는 '편법'과는 완전히 차원이 다르다. 본서가 언급한 '편법'은 불가에서 나온 개념이다. 일찍이 부처는 고해苦海의 바다인 사바娑婆 세계의 중생을 차안此岸에서 피안彼岸으로 이끄는 방안으로 '방법'과 '편법'을 함께 언급했다. 중생의 자질과 능력에 따라 다양한 수단을 취하라는 취지에서 나온 것이다. 북방의 대승불교가 이를 실현키 위해 단숨에 불도佛道를 깨닫는 돈오頓悟의 '편법'을 중시한 이유다. 점수漸修의 '방법'을 통해서만 성불할 수 있다고 보는 남방의 소승불교 견해와 정반대된다. 소승불교에서는 아예 존재하지도 않는 이른바 '화두話頭'를 제시한 근본 배경이다.

본서의 출간 취지가 바로 '화두'의 출현 배경과 꼭 같다. 대승불교의 불자들이 '화두'를 통해 문득 '돈오'에 이를 수 있는 것처럼 독자들이 본서를 통해 우주 삼라만상의 본질과 생로병사의 인생 및 희로애락으로 얼룩진 사바세계에 대한 깊은 통찰을 얻기를 바란 것이다.

이 책을 출간하는 궁극의 목표는 독자들의 '인문 교양' 수준을 높여서 개개인의 인격이 놀라울 정도로 고양되는 것은 물론 국민과 국가 전체의 품격인 이른바 민격民格과 국격國格 역시 높이는 데에 있다. 궁극적으로 국가의 성패는 전 국민의 혜안과 자질 향상에 있기 때문이다.

필자는 고등학교 시절 청명 임창순 선생 밑에서 사서삼경과 《춘추좌전》 등을 배운 뒤 이순의 나이가 넘은 지금까지 40여 년 넘게 문사철의 인문학을 줄기차게 공부하고 있다. 고집스럽게 '방법'을 좇은 셈이다. 한때 어리석게도 고사성어를 통해 '인문 교양' 수준을 고양하는 식의 '편법'을 가소롭게 보기도 했지만 시간이 지나면서 과연 이런 식의 '방법'이 고사성어를 통해 사물과 인생 및 세상을 단박에 꿰는 '편법'보다 나은 것인가 하는 생각이 부쩍 들기 시작했다. 많은 인문학자들이 고집하는 기왕의 '방법'은 장기간에 걸친 시간의 투자 및 그에 따른 소득 등 효율성 측면에서 곧바로 사안의 핵심을 찔러 들어가는 고사성어의 '편법'보다 특별히 권장할 만한 게 아니다. 특히 늘 시간에 쫓기는 일반인에게는 더욱 그렇다.

'편법'이 본인에게 보다 효율적이라고 판단될 경우 기존의 '방법'을 모두 내던질지라도 아무런 문제가 없다. 지식 내지 지혜를 터득코자 할 때 초등, 중등, 고등교육 식으로 교육부가 정해놓은 통상적인 '방법'에 얽매일 필요가 전혀 없는 것이다.

사물과 인생, 세상사를 보는 안목

현재 시중에 나와 있는 대다수의 '고사성어' 관련 서적은 여러 성어를 순서 또는 항목별로 나열해 놓고 간략한 뜻풀이와 해설을 덧붙이는 수준에 그치고 있다. 저자가 대부분 출판사 편집부로 되어 있는 것도 이와 무관치 않을 것이다. 대학 입시와 입사 시험을 준비하는 수험생에게는 이런 편제가 더 나을 것이다. 그러나 이런 식의 편제로는 결코 독자들의 '인문교양' 수준을 고양시키는 데 한계가 있을 수밖에 없다.

본서는 이런 부류의 책들과 완전히 내용과 편제를 달리한다. 해당 고사성어가 나오게 된 역사문화의 배경은 무엇이고, 관련 고사에 등장하는 인물들은 서로 어떤 인간관계를 맺고 있었고, 촌철살인의 성어가 담고 있는 지혜는 어떠한 것이고, 이를 실생활에 어떻게 응용할 것인가 하는 것

등을 면밀히 추적한 게 그렇다. 독자들의 '인문 교양' 수준을 향상시키는 데 절실히 필요한 '가이드북' 역할을 자임한 결과다.

특히 '근현대사와 고사성어 독법讀法'은 예컨대 인구에 회자하는 '내로남불'의 한글 성어를 내로남불內魯誧不의 한자성어로 변환시킨 것처럼 장차 중국과 일본 등에 문화 수출을 펼치고자 하는 취지에서 편제된 것이다. 동아 3국의 근현대사를 배경으로 21세기 현재까지 4자성어가 계속 만들어지고 있는 원인 등을 천착穿鑿한 게 특징이고 본서만의 장점이기도 하다.

에나 지금이니 고사성이에 대한 배경 지식이 있으면 사물과 인생 및 세상에 대한 통찰 또한 깊어질 수밖에 없다. 실제로 《논어》와 《주역》 등의 유가경전을 포함해 《관자》와 《한비자》 및 《손자병법》 등의 제자백가서와 《춘추좌전》과 《사기》 및 《자치통감》 등의 사서에는 시공을 초월하는 교훈인 수훈垂訓과 역사거울인 사감史鑑으로 삼을 만한 일화가 무수히 실려 있다. 동양의 선인들은 지혜가 농축된 고사성어를 만들어 후대로 전했다.

아무리 시대가 바뀔지라도 사람이 사는 이치는 꼭 같다. 일찍이 어렸을 때부터 리비우스의 《로마사》를 탐독하며 역사과학의 새로운 장을 연 16세기 이탈리아의 선각자 마키아벨리도 명저 《로마사론》에서 유사한 애기를 언급한 바 있다.

"미래를 내다보고자 하는 자는 과거를 돌이켜 볼 필요가 있다. 인간사는 선대의 그것을 닮게 되기 때문이다. 사건들이 그때 살던 사람이든 지금 사는 사람이든 동일한 성정을 지닌 사람들에 의해 창조되고 생명을 얼었기 때문이다. 유사한 사건들이 같은 결과를 얻게 되는 이유가 여기에 있다."

마키아벨리가 개척한 역사과학은 인간의 역사를 철학적 관점에서 접근한 헤겔과 마르크스처럼 불변의 이치에 의해 조종된다고 파악하는 역사철학과 대비된다. 본서는 말할 것도 없이 역사과학의 관점에서 고사성어의 과거와 현재 및 미래를 살핀 저서이다. 독자들은 본서를 통해 사물과 인생 및 세상에 대해 '돈오'에 가까운 통찰을 얻을 수 있을 것이다. 물론 그런 결과를 얻는 것은 전적으로 당사자의 몫이기도 하다.

원래 같은 사안일지라도 당사자의 노력과 대응 여하에 따라 그 결과는 천양지차天壤之差로 나타날 수밖에 없다. 화를 복으로 바꾸는 전화위복轉禍爲福의 행운을 만나는가 하면, 만연히 대처했다가 복이 화로 바뀌는 전복위화轉福爲禍의 참화를 맞닥뜨릴 수도 있다. 청나라 말 이여진李汝珍이 쓴 《경화연鏡花緣》에 "세사世事에서 '전화위복'보다 더 좋은 게 없고, '전복위화'보다 더 나쁜 게 없다."는 구절이 나온다. 모든 게 당사자가 실천하기 나름이라는 취지이다.

요즘 안팎으로 밀려드는 난관은 그 종류가 매우 다양하다. 적극 대처하기 위해서는 고사성어를 깊이 연마하는 것보다 더 나은 방안이 없다. 모쪼록 본서가 사물과 인생 및 세상에 대한 통찰에 나름 도움이 됐으면 하는 바람이다.

2018년 여름 학오재에서 저자 쓰다.

6장 | 정치와 책략

1장 │ 인생의 지혜

시련의 날에 더욱 굳건하게

얼굴의 침이 절로 마르다

타 면 자 간
唾 面 自 乾 _침타, 낯면, 스스로자, 마를간

남이 내 얼굴에 침을 뱉으면 침이 저절로 마를 때까지 기다린다는 뜻
으로, 처세에는 커다란 인내가 필요하다는 취지이다. 출전은《신당서》
〈누사덕전〉의 "얼굴에 묻은 침을 닦아내면 오히려 상대의 화를 돋우는
게 되는 까닭에 침이 저절로 마를 때까지 기다리면 될 뿐이다(潔之, 是
違其怒. 正使自乾耳)."

당나라 초기 측천무후則天武后는 권력을 유지하기 위해 다양한 탄압책
을 쓰는 동시에 유능한 인사를 대거 등용해 천하를 다스렸다.《신당서》의
〈누사덕전〉에 그의 '타면자간' 일화가 실려 있다.

재상을 지내면서 명장으로 명성을 떨친 누사덕婁師德은 키가 8척으로
입이 컸고, 온후하고 관인寬仁한 성품으로 인해 많은 사람들로부터 칭송을
받았다. 그는 다른 사람이 아무리 무례하게 대들지라도 전혀 개의치 않았
다. 하루는 대주 자사에 임명된 동생이 부임 인사차 들르자 이같이 주의
를 주었다.

"우리 형제가 모두 출세해 황제의 총애를 받는 건 좋으나 그만큼 남의

시샘도 갑절은 된다. 그 시샘을 면하기 위해서는 어떻게 하면 좋다고 생각하느냐?"

동생이 대답했다.

"비록 남이 내 얼굴에 침을 뱉더라도 결코 상관하지 않고 잠자코 닦습니다. 만사를 이런 식으로 사람을 응대하여, 결코 형님에겐 걱정을 끼치지 않습니다."

누사덕이 우려하는 모습을 보이며 이같이 충고했다.

"내가 염려하는 바가 바로 그것이다. 어떤 사람이 너에게 침을 뱉는 것은 너에게 뭔가 화가 났기 때문이다. 그런데 네가 그 자리에서 침을 닦으면 상대의 기분을 거스르게 되어 틀림없이 더욱더 화를 낼 것이다. 침 같은 것은 닦지 않아도 그냥 두면 자연히 말라 버린다. 그런 때는 웃으며 침을 받아 두는 게 제일이다."

누사덕이 시종 측천무후의 총애를 입은 근본 배경이 바로 여기에 있다. 상대방이 침을 뱉을 때 씻어내기는커녕 웃으면서 받아주는 '타면자간'의 놀라운 인내 행보가 관건이다.

《춘추좌전》〈노희공 33년〉조에는 신하가 자신에게 침을 뱉었는데도 이를 인내한 군주의 일화가 실려 있다. 기원전 627년 봄, 진목공秦穆公이 진문공晉文公의 국상을 틈타 주나라 도성인 낙읍을 거쳐 은밀히 진晉나라로 진공코자 했다. 도중에 기습 계획이 발각되자 활滑나라를 멸망시킨 뒤 황급히 철군을 서둘렀다.

이때 진晉나라의 주장主將 선진先軫이 진문공의 아들인 진양공晉襄公에게 건의했다.

"진목공이 이익을 탐해 군사를 동원했습니다. 이는 하늘이 우리에게 좋은 기회를 준 것입니다. 하늘이 내려준 기회를 잃어서는 안 되고 방종한 적을 더 이상 방치할 수 없습니다. 적을 방치하면 우환이 생기고 하늘의 뜻을 어기면 상서롭지 못한 일이 생기게 됩니다. 우리는 반드시 이번 기회에 진秦나라 군사를 쳐야 합니다."

이해 여름 4월 14일, 진晉나라 군사가 진목공의 군사를 효산에서 대파하고 맹명시孟明視와 서기술西乞術, 백을병白乙丙 등 세 장수를 포획해 돌아갔다. 덕분에 진양공은 선군인 진문공을 예정대로 안장할 수 있었다. 원래 진양공은 적모嫡母가 진목공의 딸인 문영文嬴인 까닭에 진목공에게는 외손자에 해당한다. 당시 문영은 아들 진양공에게 진나라의 세 장수를 놓아줄 것을 간청했다.

"그들 세 사람은 두 나라의 군주가 서로 싸우도록 도발한 사람들이오. 진군秦君이 만일 그들을 손에 넣는다면 그들의 살을 씹어 먹어도 시원치 않았을 터인데 군주는 하필 번거롭게 그들을 죽이려 하는 것이오? 그들을 진나라로 돌려보내 진군으로 하여금 처벌케 해 진군의 마음을 쾌히 풀어주는 것이 어떻겠소?"

진양공이 이를 허락했다. 이때 선진이 조정으로 와서 진양공에게 진나라 포로에 대해 물었다. 진양공이 대답했다.

"어머님의 청이 있어 내가 이미 그들을 풀어주었소."

선진이 대로한 나머지 군주의 부인인 부인夫人을 통상적인 여인을 뜻하는 부인婦人으로 낮춰 부르며 이같이 말했다.

"병사들이 목숨을 걸고 싸우면서 싸움터에서 가까스로 포획했는데 부인婦人의 한마디 말에 그들을 쉽게 풀어주었다는 것입니까? 노획물을 훼손해 오히려 적을 강하게 만들었으니 나라가 망할 날이 머지않았습니다!"

그러고는 진양공의 면전에서 침을 뱉었다. 진양공이 크게 깨달은 바가 있어 곧바로 대부 양처보陽處父로 이를 뒤쫓게 했으나 이미 늦었다. 《춘추좌전》은 당시 상황을 '불고이타不顧而唾'로 기록해 놓았다. 좌우를 돌아보지 않고 침을 뱉었다는 뜻이다. 진양공의 얼굴에 침을 뱉었을 공산이 크다. 이해에 선진이 진문공의 죽음을 틈타 내습한 적인狄人과 장렬히 싸우다가 죽은 사실이 이를 뒷받침한다. 그는 죽기 전에 휘하들에게 이같이 말했다.

"일개 필부가 군주의 면전에서 멋대로 행동했는데도 벌을 받지 않았다. 그러나 내 어찌 감히 스스로 자신에게 벌을 내리지 않을 수 있겠는가?"

그러고는 투구를 벗어던지고 적인의 군사 속으로 쳐들어가 싸우다 전사했다. 단순히 바닥에 침을 뱉은 것으로 인해 이런 식의 죽음을 선택할 가능성은 그리 크지 않다. 당시 진양공은 선진의 항의가 워낙 타당한 까닭에 곧바로 자신의 실수를 사과한 뒤 양처보로 하여금 맹명시 등을 추격케 했다. 전후 문맥에 비춰볼 때 진양공이 '타면자간' 행보를 보였을 공산이 크다. 사실 진양공이 선군인 진문공에 이어 계속 중원의 패자霸者로 군림한 것도 이런 인내심과 신하에 대한 깊은 배려가 있기에 가능했다고 볼 수 있다. '타면자간'의 이치가 신민臣民들 사이뿐만 아니라 군신君臣 사이에도 유용하다는 사실을 뒷받침하는 일화에 해당한다.

'타면자간' 성어가 등장하는 최초의 저서는 당나라 때 역사이론 및 역사평론을 집대성한 《사통史通》의 저자 유지기劉知幾의 아들 유속劉餗이 쓴 역사소설집 《수당가화隋唐嘉話》이다. 통상 '타면자간'을 '타면자건'으로 읽고 있으나 이는 잘못이다. '타면자간'의 '간乾'은 물이 말랐다는 뜻으로 사용된 것이다. 선가禪家에서 '마른 똥 막대기'의 뜻으로 사용되는 '간시궐乾屎橛' 화두話頭가 대표적이다. '간시궐'은 "부처는 어떤 존재인가?"라는 질문에 대한 대답으로 나온 유명한 화두이다. 간乾을 '건'으로 읽으면 하늘 천天, 굳셀 건健, 제위帝位의 뜻이 된다. 원래 말라서 습기가 없는 경우를 뜻하는 건조乾燥 내지 조금만 가물어도 물이 마르는 하천을 뜻하는 건천乾川도 '간조' 내지 '간천'으로 읽는 게 옳다. 그러나 이미 일상에서는 '건조' 내지 '건천'으로 굳어져 사용되는 까닭에 이를 되돌리기도 쉽지 않은 상황이다. "세살 적 버릇 여든까지 간다."는 우리말 속담이 절로 상기되는 대목이다.

염량세태炎凉世態와
송도계원松都契員

'염량세태炎凉世態'는 날씨 변화처럼 이해관계에 따라 변덕이 죽 끓듯 야박한 시속時俗을 가리킨다. '송도계원松都契員'은 순 우리말에서 비롯된 한자성어는 아닐지라도 조선 초기의 실화에서 비롯된 순 우리식 한자성어이다. 말할 것도 없이 동아 3국 가운데 오직 우리나라에서만 통용되고 있다. 원래 이 고사는 조선 중기에 활약한 죽천 이덕형李德泂의 문집 《죽창한화竹窓閑話》에 실려 있다.

이에 따르면 호가 지금의 서울 강남 노른자위가 된 압구정狎鷗亭인 한명회韓明澮가 '송도계원'의 주인공이다. 한명회는 청주 출신으로 어머니 이씨가 임신한 지 일곱 달 만에 낳았기에 '칠삭둥이'라는 별명이 있었다. 일찍이 어버이를 여의고 어려운 살림에도 불구하고 밤낮으로 열심히 많은 책을 두루 읽었다. 이 때문인지 과거시험에 번번이 낙방했다.

그러나 그의 스승 유방선柳方善은 제자들 가운데 한명회가 연마한 학문의 깊이가 조선 팔도에서 가장 높다고 평가한 바 있다. 권근權近 밑에서 수학한 유방선은 원주에서 생활할 때 한명회를 비롯해 서거정徐居正과 권람權擥, 강효문康孝文 등의 인재들을 길러낸 바 있다.

한명회는 음서蔭敍를 통해 관직에 나갈 수 있었으나 이를 거절했다. 과거에 급제하지 못한 까닭에 쌀을 처가댁에서 얻어다 먹을 정도로 가난했다. 동문수학한 권람의 설득으로 나이 37세 때 처음으로 미관말직을 얻게 되었다. 지금의 개성인 송도松都 소재 경덕궁의 문지기 자리였다. 한명회가 부인과 식구들을 뒤로 한 채 홀로 송도로 떠났다. 《세종실록》에 당시 그가 남긴 말이 실려 있다.

"장부의 일생은 오늘 다르고 내일 다른 법이다. 오늘의 처지를 보고 그의 앞날을 평하지 마라. 사람에게는 다 때가 있는 법이다. 내가 지금 경덕궁직의 하찮은 신분으로 떠나지만 높은 산의 푸른 소나무는 홀로 강인한 법이다. 오늘의 비참함을 절대 잊지 않고 돌아올 것이다."

당시 송도에는 한양에서 파견된 관원들이 서로 모여 '계契'를 하고 있었다. 한명회도 '계'에 참석키는 했으나 미관의 신분으로 있던 까닭에 누차 수모를 당해야만 했다. 당시 사서와 제자백가서를 처음부터 끝까지 모두 훑어본 한명회는 국정이 심각하게 돌아가고 있는 것을 눈치 챘다. 문종 때 김종서와 연계된 안평대군 세력이 모반을 일으킬 것으로 내다본 게 그렇다.

이때 장원급제하여 사헌부 감찰로 활동하던 권람이 한명회를 수양대군에게 소개했다. 원래 권람은 문종 때 수양대군이 주도해서 여러 서책을 간행할 때 집현전 교리로 있으면서 이에 참여한 적이 있으나 수양대군과 인간적인 교류가 있었던 것은 아니었다. 권람이 은밀히 수양대군을 찾아갔다.

"선왕이 승하하고 왕위를 이은 임금이 나이가 어리니 나라가 뒤숭숭한 때입니다. 안평대군은 보좌하는 사람들이 이미 이루어져서 권세가 조정의 안팎을 위협하나, 대군을 찾아오는 자는 없습니다. 만일 종사宗社와 생민生民을 염려하지 않으신다면 반드시 후회가 있을 것입니다."

수양대군은 권람과 이야기를 나누면서 문제가 심각하다는 사실을 알게 되었다. 얼마 뒤 한명회가 수양대군을 찾아가자 한 번 보고 옛 친구와 같이 여기며 말했다.

"주상이 비록 어리다고 하나 이미 큰 도량이 있으니 잘 보좌하면 족히 수성守成할 수 있을 것이오. 다만 한스러운 것은 대신이 간사해 어린 임금을 부탁할 수 없고 딴마음을 품어 선왕의 부탁한 뜻을 저버리는 것이오. 지난번에 권람을 보고 그대가 이 세상에 뜻이 있음을 알았소. 청컨대 나를 위해 현명한 판단을 내려주시오."

한명회가 사례했다.

"안평대군이 대신들과 결탁해 장차 반역을 도모하려 하는 것은 길 가는 사람들도 아는 것입니다. 그러나 그의 배반하는 정상을 뒤밟아 그 역모를 드러낼 수 없으니, 비록 즉시 의병을 일으키려고 해도 또한 이루기 어려울 듯합니다."

이를 계기로 한명회는 수양대군의 핵심 책사가 된 뒤 이른바 살생부殺

生簿를 작성해 김종서와 안평대군 무리를 일거에 제거하고, 수양대군을 세조로 옹립했다. 이게 바로 계유정난癸酉靖難이다. 이를 계기로 그는 최고의 '정난공신靖難功臣'이 되었다. 이후 나이 72세가 되도록 세조와 예종 및 성종을 섬기면서 좌의정과 영의정 등의 정승을 두루 지내는 조선조 최고의 실세가 되었다.

그가 수양대군의 핵심 책사가 되어 활약할 당시부터 송도에서 함께 계를 하던 한양 출신 관원들은 한 사람도 그의 부름을 받지 못했다. 이들 모두 땅을 치며 자신들의 짧은 식견을 탄식했다. 이 일로 인해 한명회처럼 뛰어난 능력을 지닌 인물을 알아보지 못하고 겉으로 드러난 직책만을 보고 섣불리 사람을 판단하는 어리석은 자를 '송도계원'으로 칭하게 되었다.

'송도계원'은 강태공의 고사에서 나온 '복수난수覆水難收'보다 우리의 피부에 훨씬 가깝게 와 닿는 순 우리말 성어에 해당한다.

사람의 앞날은 그 누구도 쉽게 예측하기 어렵다. 강태공과 한명회가 언급한 것처럼 때가 오면《장자》에 나오는 대붕大鵬처럼 일거에 회오리바람을 타고 9만 리 상공까지 올라가는 '붕정만리鵬程萬里'의 웅비를 이룰 수 있다. 천시天時가 중요한 이유다. 여기서 잊지 말아야 할 것은 한 번 세운 뜻을 중도에 꺾지 않고 일관되게 밀고 나가는 이른바 '초지일관初志一貫'의 뚝심이 있어야만 때가 왔을 때 곧바로 올라타 '붕정만리'의 웅비를 할 수 있다는 점이다.《맹자》〈고자 하〉는 이같이 충고하고 있다.

"하늘은 장차 큰 임무를 어떤 사람에게 내리려고 할 때는 반드시 먼저 그 심지心志를 괴롭게 하고, 그 근골筋骨을 힘들게 하고, 그 몸인 체부體膚를 굶주리게 하고, 그 신분을 공핍空乏하게 하고, 어떤 일을 행할 때 그 소위所

爲를 어지럽힌다. 이는 마음을 분발시키고 성질을 참게 하는 동심인성動心忍性을 통해 그가 할 수 없었던 일을 마침내 해낼 수 있도록 도와주기 위한 것이다. 사람은 늘 잘못을 저지른 연후에야 고친다. 마음속으로 번민하고 이리저리 생각한 이후에야 분발하고, 얼굴에 드러나고 목소리로 나온 이후에 깨닫는 게 그렇다. 나라 역시 안으로 법도 있는 가문과 보필하는 선비가 없고, 밖으로 적국과 외환이 없게 되면 늘 패망하고 만다. 이를 통해 사람과 국가 모두 비로소 우환으로 인해 살아나고, 안락으로 인해 죽게 된다는 사실을 알 수 있다."

개인이든 국가든 웅비를 하기 위해서는 반드시 먼저 고생을 무릅쓰고 몸과 마음을 다하여 무척 애를 쓰면서 부지런히 노력을 기울여야 한다. 그래야만 비로소 때가 왔을 때 좋은 기회를 놓치지 않고 '붕정만리'의 웅비를 할 수 있다. 가장 가까운 사람인 부인이나 주변 동료들로부터 멸시를 받는 것은 한때의 수치에 지나지 않는다. 그러나 끝내 평소의 뜻을 펴지 못하는 것은 평생의 수치에 해당한다. 큰 뜻을 품을수록 《주역》에서 역설했듯이 스스로를 채찍질하며 끊임없이 앞으로 나아가는 '자강불식自彊不息'의 자세가 필요한 이유다.

삼태기 하나로 공이 무너지다

공휴일궤
功虧一簣 _공공, 이지러질 휴, 한 일, 삼태기 궤

아홉 길 높이의 산을 만들면서 마지막 단계에서 흙 한 삼태기를 더하지 못해 완성하지 못하는 것을 가리킨다. 이후 마지막 단계에서 잘못을 저질러 모든 게 수포로 돌아가는 것을 뜻하는 말이 됐다. 출전은 《서경》 〈여오旅獒〉의 "9길 높이의 산을 쌓는 공이 삼태기 하나로 무너지다(위산 구인为山九仞, 공휴일궤功虧一簣)."

주무왕이 은殷나라 주紂를 무찌르고 새 왕조인 주나라를 열었다. 이때 지금의 티베트족의 선조에 해당하는 여족旅族이 오獒라는 진기한 개를 선물로 보냈다. '오'는 크기가 4척 이상인 개를 말한다. 중국에서 한때 사자와 닮았다고 해서 값이 수억 원대에 달했던 티베트 산 사냥개인 짱아오가 바로 '오'의 선조에 해당한다. 태보로 있던 주무왕의 동생 소공 석奭이 〈여오旅獒〉라는 글을 지어 무왕을 경계한 것도 이런 맥락에서 이해할 수 있다. 그는 〈여오〉에서 이같이 간했다.

"아, 밝은 군주가 삼가 덕을 펴자 사방의 이적이 모두 달려와 신하가 되고자 합니다. 원근을 막론하고 고장의 산물을 바쳐 왔습니다. 무익한 일로 유익한 일을 해치지 않으면 공이 이뤄지고, 기이한 물건을 귀하게 여겨 늘 쓰는 물건을 천하게 여기지 않으면 백성은 곧 풍족해질 것입니다. 개나 말은 그 풍토에 맞지 않으면 기르지 말고, 진기한 새와 짐승을 나라에서 기르지 마십시오. 먼 곳의 물건을 보배로 여기지 않으면 먼 곳 사람이 이르고, 어진 이를 보배로 여기면 가까운 사람들이 편히 여길 것입니다. 아, 숙야風夜로 부지런하지 않은 때가 없도록 하십시오. 사소한 일에 조심하지 않으면 마침내 큰 덕에 누를 끼치게 됩니다. 9인仞 높이의 산을 만들면서 마지막 단계에서 흙 한 삼태기를 더하지 못해 무너뜨리는 공휴일궤功虧一簣의 우를 범하지 마십시오. 실로 이런 자세를 견지하면 생민生民 모두 자신들이 사는 곳을 지킬 수 있고, 군주 또한 대대로 왕업을 이어나갈 수 있을 것입니다."

여기서 '공휴일궤' 성어가 나왔다. 이 성어는 마지막 순간까지 최선을 다해야만 성공할 수 있다는 사실을 보여준다.

바둑에서 보면 마지막 한 수가 모자라 대마가 잡히는 경우도 있다. 아프리카 세렝게티 초원의 왕자인 사자와 표범도 마지막 순간까지 필사적인 노력을 기울여 먹이를 잡는다. 피식자被食者는 필사적으로 달아나야만 겨우 살 수 있다. 사자와 같은 포식자 또한 필사적이지 않으면 사냥을 못 해 이내 굶어 죽을 수밖에 없다.

인생사도 마찬가지다. 해당 분야에서 성공을 기하고자 할 때 마지막 순간까지 고도의 집중력과 필사의 노력을 기울여야 한다. 남들에게 칭송을 받는 모든 성공 사례가 이와 같다. '공휴일궤'의 이치에서 벗어날 수 없는 것이다.

강남 귤이 탱자가 되다

귤 화 위 지
橘化爲枳 _귤 귤, 될 화, 할 위, 탱자 지

기후와 풍토가 다르면 강남의 귤도 강북에서는 탱자가 된다는 뜻으로, 사람도 주위 환경에 따라 달라진다는 것을 비유한 말이다. 출전은 《안자춘추》〈내잡 하〉의 "귤도 회남에서 생장해야 귤이 되지, 회북에서 생장하면 탱자가 된다(橘生淮南則为橘, 生於淮北則为枳)."

《안자춘추晏子春秋》는 춘추시대 말기 제나라 재상 안영晏嬰의 저서로 알려진 책이다. 안영은 자가 중仲이고, 시호가 평平이다. 시호와 자를 합친 '평중'을 이름 대신 사용해 흔히 '안평중晏平仲'으로 불린다. 제나라는 안영이 재상으로 있던 제경공 때 제환공 당시의 영광을 어느 정도 회복할 수 있었다. 모두 안영이 열성을 다해 제경공을 보필한 덕분이다. 〈관안열전〉에 이를 뒷받침하는 대목이 나온다.

"안자는 제영공과 제장공, 제경공 등 3대를 모시면서 절검節儉하며 역행力行했다. 그는 재상의 자리에 올랐는데도 밥상에 두 가지 이상의 고기 반찬인 중육重肉을 올리지 못하게 하고, 처첩에게는 비단옷을 입지 못하게 했다. 조정에서 논의 도중 군주의 입에서 자신에 관한 얘기가 나오면 늘 겸양하며 자신의 공을 언급치 않았고, 그렇지 못할 때는 더욱 분발해 질책이 떨어지지 않도록 조심했다. 나라에 도가 통할 때는 군명을 충실히 좇는 순명順命을 했고, 도가 통하지 않을 때는 가부를 잘 판단해 할 만한 것만 좇는 형명衡命을 했다. 덕분에 제나라는 3세三世 동안 제후들 사이에 명성을 크게 떨칠 수 있게 됐다."

제환공 사후 중원의 패자 진나라와 남방의 강자 초나라의 패권 다툼에서 일면 초연한 입장을 보였던 제나라가 제경공 때 천하의 패권 다툼에 적극 개입하게 된 것도 이런 맥락에서 이해할 수 있다.

원래《안자춘추》에는 공자와 안영에 관한 일화가 모두 6번 나온다. 예외 없이 공자가 안영에게 누차 굴복당하는 것으로 묘사되어 있다. 안영을 추종하는 자들이《안자춘추》를 편제했을 공산이 크다. 이 책에 '귤화위지' 성어의 전거가 된 일화가 나온다.

하루는 안영이 초나라에 사신으로 가게 되었다. 초영왕楚靈王이 인사말이 끝나자마자 안영에게 물었다.

"제나라에는 사람이 없소? 하필 경卿과 같은 사람을 사신으로 보낸 이유가 뭐요?"

안영의 단신을 비웃은 것이다. 초영왕은 무력으로 조카인 겹오郟敖를 몰아내고 보위를 찬탈한 자이다. 그는 재위기간 동안 이웃 나라를 차례로 정복해 초나라의 패권을 확립코자 했다. 기원전 534년에 이웃한 진陳나라를 완전히 멸한 뒤 초나라의 일개 현으로 편입하는 이른바 멸국치현滅國置縣을 단행한 게 대표적이다. 기원전 531년에는 채蔡나라를 '멸국치현'의 희생양으로 삼았다.

이후 여세를 몰아 허許, 호胡, 심沈, 도道, 방房, 신申 등 6개 소국을 초나라 내지로 이동시켜 사실상 일개 현으로 편입시켰다. 신흥국 오吳나라가 오랫동안 남방 유일의 강국으로 군림한 초나라의 맹주 자리를 위협하자 수차 원정군을 파견했다. 이어 기원전 529년에 몸소 출정했다가 동생들이 일개 현으로 편입된 진陳과 채蔡의 군사들 및 국내외 반대파들을 규합해 난을 일으키자 고립무원의 위기에 몰려 자결했다. 역대 사서가 무도한 폭군으로 폄하했으나 그가 추진한 일련의 정책은 초나라의 패권 장악을 위한 불가피한 측면이 있었다.

초영왕이 제나라의 사자로 온 안영에게 이처럼 무례한 농담을 마구 해댄 것은 제나라를 얕보았기 때문에 가능한 일이었다. 안영이 조금도 당황하지 않고 이같이 맞받았다.

"저의 나라에선 사자를 보낼 때 상대국에 맞게 사자를 골라서 보내는 관례가 있습니다. 소국에는 작은 사람, 대국에는 큰 사람을 보내는 게 그렇습니다. 신은 사자들 가운데 가장 작은 편에 속하기 때문에 초나라로 오게 된 것입니다."

안영의 뛰어난 대응에 기세가 꺾인 초영왕이 맞대응을 하지 못하고 화를 삭이고 있을 때 마침 포졸이 제나라 출신 죄수를 끌고 갔다. 초영왕이 포졸에게 물었다.

"그는 어디 출신인가?"

"제나라 사람입니다."

"무슨 잘못을 저질렀는가?"

"도둑질을 했습니다."

초영왕이 안영에게 들으라는 듯이 큰소리로 말하였다.

"제나라 사람은 도둑질을 잘하는구나!"

그러자 안영이 이같이 대꾸했다.

"제가 듣기로는 귤이 회남淮南에서 나면 귤이 되지만, 회북淮北에서 나면 탱자가 된다고 했습니다. 귤과 탱자는 모양만 같을 뿐 그 맛이 다릅니다. 그 이유가 무엇이겠습니까? 수토水土가 다르기 때문입니다. 지금 백성들 가운데 제나라에서 생장한 자는 도둑질을 하지 않습니다. 그러나 초나라로 들어오면 도둑질을 하게 됩니다. 초나라의 수토가 백성들로 하여금 도둑질을 잘하게 만든 것입니다."

19세기 말 영국 왕립지리학회의 최초 여성 멤버였던 비숍은 조선을 방문해 탐사한 뒤《한국과 이웃 나라들》을 저술했다. 이 책에 따르면 비숍의 조선인에 대한 첫인상은 매우 안 좋았다. 거리가 지저분한데다 사람들이 온통 게으른 모습을 보였기 때문이다. 내심 가망이 없다고 느꼈다. 그러나 시베리아에 이주한 조선인들을 만나 그들이 근면하고 성실한 자세로 재산을 모으는 것을 보고는 생각을 완전히 바꿨다. 그녀가 내린 결론은 이렇다.

"조선에 있는 백성들이 게으른 것은 양반과 관원들의 가렴주구苛斂誅求 때문이다. 이익이 안전하게 보호된다는 보장이 없기에 하루 세끼를 먹을 수 있을 정도로만 일을 하고 땅을 경작하는 것이다. 시베리아 정착민들 역시 조선에 그대로 있었으면 똑같이 게으른 모습을 보였을 것이다."

구한말 당시의 풍토가 귤의 자질을 지닌 자를 탱자로 만들 정도로 부정부패에 찌들어 있었음을 뒷받침하는 대목이다. 동서고금을 막론하고 부정부패가 만연한 곳에서는 결코 귤이 생장할 수 없다. 온통 탱자뿐이다. 사서의 기록을 보면 '귤화위지' 성어가 때와 장소를 막론하고 그대로 적용되고 있음을 쉽게 확인할 수 있다.

《안자춘추》에 나오는 '귤화위지' 성어 때문인지는 알 수 없으나 《사기》의 저자 사마천은 춘추전국시대에 등장한 수많은 재상 가운데 유독 안영을 가장 높이 평가했다. 춘추시대 중엽 제환공을 도와 사상 처음으로 패업을 이룬 관중과 제경공 때의 현상賢相인 안영의 일대기를 함께 다룬 《사기》〈관안열전〉의 다음 사평이 그 증거다.

"관중은 세인이 흔히 '현신'이라고 말하지만 공자는 그의 그릇이 작다고 지적했다. 주나라의 왕도가 쇠미한 가운데 제환공이 현명한 제후였는데도 불구하고 그에게 왕도를 적극 권하는 대신 패도를 추구한 것을 지적한 게 아니겠는가? 안자는 제장공이 대부 최저에게 죽임을 당하자 시신 위에 엎드려 곡을 하고 예를 다한 후 떠났다. 이것이 어찌 '의를 보면 용기를 드러내지 않은 적이 없다'고 말하는 사례가 아니겠는가? 간언을 할 때는 군주의 면전에서 심기를 거스르며 시비를 가리는 범안犯顔을 행했으니 이 어찌 '나아가면 군주에게 충성을 다할 것을 생각하고, 물러나면 군주의 과실을 보완한다.'는 취지에 부합한 게 아니겠는가? 안자가 다시 살아난다면 나는 비록 말채찍을 들어 마부 노릇을 하는 집편執鞭을 할지라도 이를 기뻐하며 사모하는 흔모忻慕를 할 것이다."

이 대목을 통해 사마천이 안영을 얼마나 사모했는지 대략 짐작할 수 있다. 군주의 면전에서 심기를 거스르며 시비를 가리는 안영의 면절정쟁面折廷爭을 높이 평가한 결과다. 죽는 것보다 더욱 수치스런 궁형宮刑을 당하고도 선친의 유업인《사기》의 집필을 끝내 완수한 사마천은 죽음을 무릅쓰고 신하의 도리를 다한 자들을 보고 동병상련의 느낌을 받았을 공산이 크다.

안영과 관련한 성어 가운데 인구에 회자하는 것으로 30년 동안 똑같은 여우갖옷인 호구狐裘를 입고 나라를 다스렸다는 취지의 '제상호구齊相狐裘' 내지 '안영호구晏嬰狐裘'를 들 수 있다.《예기주소禮記注疏》〈단궁檀弓 하〉의 "안자晏子는 같은 여우갖옷을 30년 동안 입었다(晏子一狐裘三十年)" 구절에서 따온 것이다. 고관대작이 매우 검박한 생활을 영위하며 치국평천하에 임하는 것을 뜻한다. 미국과 중국이 한 치의 양보도 없이 대립하고 있는 21세기 G2시대는 난세의 전형에 해당한다. 안영처럼 뛰어난 재상이 절실히 필요한 이유다.

도주공이 천금의 부를 쌓다

도주지부
陶朱之富 _질그릇 도, 붉을 주, 어조사 지, 부자 부

3번에 걸쳐 천금의 재산을 모아 '3치천금三致千金'의 칭송을 받은 도주공처럼 부를 쌓는 것을 말한다. 출전은 《한비자》〈해로〉의 "도주공의 부富를 이룰지라도 이내 백성에게 버림받고 재산도 잃게 된다(陶朱之富, 猶失其民人而亡其財資也)."

'도주공陶朱公'은 춘추시대 말기 월왕 구천句踐을 도와 패업을 이룬 뒤 변성명變姓名하여 제나라의 도陶 땅으로 달아난 뒤 경작과 상업으로 거만의 재산을 모은 범리范蠡를 가리킨다. 많은 사람들이 범리의 이름을 '범려'로 쓰고 있으나 려蠡는 사람 이름으로 쓰였을 때는 '리'로 읽는 게 옳다.

《사기》〈화식열전貨殖列傳〉과 〈월왕구천세가越王句踐世家〉에 범리가 거만의 재산을 모으게 된 배경이 소상히 소개되어 있다.

〈화식열전〉에 따르면 범리는 월왕 구천을 도와 패업을 완성한 뒤 이내 작은 배를 타고 강호를 떠다니다가 제나라로 들어갔다. 치이자피鴟夷子皮로 이름을 바꾼 뒤 도陶 땅에 정착하자 사람들이 그를 주공朱公으로 불렀다. '도주공'이 된 범리는 도 땅이 천하의 중심에 위치한 까닭에 사방의 제후국과 긴밀히 통해 있고, 재화가 활발히 교역되고 있는 것을 알아챘다. 곧 장사에 나서자마자 재화를 사서 쟁여두었다가 시세가 좋을 때 파는 수법으로 거만의 재산을 모았다. 덕분에 19년 동안 모두 3번에 걸쳐 천금의 재산을 모으는 모습을 보였다. 앞서 2번은 가난한 친구들과 먼 형제친척들에게 재산을 모두 나눠주었다. 나중에 1번은 나이가 들어 노쇠해진 까닭에 자손들에게 사업을 맡겨 재산을 모았다. 자손들 역시 생업을 잘 관리하고 몸집을 키워 재산이 수만금에 이르게 되었다. 많은 사람들이 부자를 말할 때 으레 '도주공'을 예로 드는 것은 바로 이 때문이다.

〈월왕구천세가〉에는 재산이 수만금에 이르게 된 이후의 일화가 실려있다. 이에 따르면 도주공 즉 범리는 도 땅에 살 때 막내아들을 낳았다. 막내가 청년이 될 무렵, 둘째 아들이 사람을 죽여 초나라 감옥에 갇혔다. 도주공이 말했다.

"살인했으면 죽어 마땅하다. 그러나 내가 들건대 재력가의 아들은 처형당하지 않는다고 했다."

막내아들을 시켜 살피게 했다. 그리고 황금 1천 일鎰을 가져가게 했다. 헝겊 자루에 넣어 한 대의 마차에 실었다. 막내아들을 막 보내고자 할 때 큰아들이 자원했다. 만류하자 자진自盡코자 했다. 부인의 설득으로 도주공이 할 수 없이 장남을 보냈다. 편지 한 통을 써서 오랜 친구인 장선생莊先生에게 건네주게 하면서 이같이 당부했다.

"그곳에 도착하면 장선생 댁에 이 황금 1천 일을 갖다드려라. 그가 하는 대로 따르고 절대 논쟁하지 마라."

장남은 떠날 때 자신도 수백 금의 황금을 따로 챙겼다. 초나라에 이르자 장선생 집은 외성 벽에 붙어 있었다. 명아주 풀숲을 헤치고 겨우 문 앞에 당도해 보니 거처가 매우 빈한했다. 장남은 부친의 말씀대로 편지와 황금 1천 일을 건네주었다. 장선생이 말했다.

"어서 빨리 떠나거라. 절대 머물러 있지 마라. 동생이 나오거든, 절대 그 까닭을 묻지 마라."

장남은 떠나 이후 장선생을 방문하지 않고 몰래 머물렀다. 그는 자신이 따로 가져간 황금을 초나라의 실력자에게 바쳤다. 장선생은 비록 빈민촌에서 살고 있을지언정 청렴결백이 온 나라에 알려져 있어 초왕 이하 모든 사람들이 그를 스승처럼 존경했다. 그는 주공이 보내온 황금을 갖고 싶어서 받은 것이 아니다. 일이 성사된 후 돌려주고 신용을 나타내고 싶어 했다. 황금이 이르자 부인에게 말했다.

"이는 도주공의 것이오. 내가 병들어 죽어 미리 도주공에게 건네주지 못하더라도, 그대는 잊지 말고 돌려주도록 하시오. 절대 손대지 마시오."

주공의 장남은 이를 모르고 황금이 별다른 작용을 못한 것으로 짐작했다. 그러나 장선생은 적당한 때 입궐해 초왕에게 대사령을 내리도록 했다. 초왕이 장선생의 말을 듣고는 사자를 시켜 금, 은, 동의 세 창고를 봉쇄시켰다. 뇌물을 받은 그 실력자는 깜짝 놀라 주공의 장남에게 말했다.

"왕이 대사령을 펼 것이오."

"어떻게 그걸 아실 수 있습니까?"

"왕이 매번 대사령을 할 때는 늘 그 세 창고를 봉쇄시켰소. 어젯밤에 대왕이 사자를 보내 봉쇄시키셨다고 하오."

주공의 장남은 대사면이 있다면 동생은 당연히 나올 텐데 장선생에게
보낸 황금은 별 의미도 없게 돼 아깝다고 여겨졌다. 장선생을 다시 찾아
가니 그는 깜짝 놀라며 말했다.

"아니 자네는 아직도 안 떠났단 말인가?"

장남이 대답했다.

"그렇습니다. 저번에는 동생 일로 찾아뵈었습니다. 지금 대사면을 의
논하고 있다고 하니 동생은 당연히 풀릴 것 같습니다. 하직 인사나 드리
러 왔습니다."

장선생은 그가 황금을 다시 가져가고 싶어 하는 것을 알고 이같이 말
했다.

"방으로 들어가 황금을 가져가게."

장남이 곧바로 들어가 황금을 갖고 떠나면서 크게 기뻐했다. 장선생은
주공의 장남에게 배신당한 것을 수치로 여겼다. 이내 입궐해 조현한 뒤
이같이 건의했다.

"신이 저번에 별의 움직임에 관해 말씀 드리자 대왕은 덕을 베풀어 보
답코자 했습니다. 이제 제가 밖에서 들으니 오가는 사람들이 수군거리기
를, '도주공의 아들이 살인을 저질러 갇혔는데 황금으로 대왕의 측근을 매
수했고, 이번 대사면은 백성을 아끼기 때문이 아니라 주공의 아들 때문이
다.'라고 했습니다."

초왕이 대로했다.

"내가 아무리 부덕할지라도 어찌 도주공의 아들을 위해 은혜를 베푼단

말인가!"

곧 판결을 내려 둘째 아들을 처형시켰다. 그리고 그 다음날에서야 대사령을 내리니 주공의 장남은 동생의 시신을 지니고 돌아가는 수밖에 없었다. 모친과 마을 사람들이 모두 슬퍼했으나 주공만은 웃으며 말했다.

"나는 큰애가 동생을 죽음에 이르게 할 줄 원래부터 알았다. 그가 동생을 사랑하지 않아서가 아니라, 단지 아까워서 돈을 쓸 줄 몰랐기 때문이다. 큰애는 어려서부터 나와 함께 고생을 했고, 살기 위해 고난을 겪었으므로 함부로 돈을 쓰지 못한다. 그러나 막내는 태어나면서부터 내가 부유한 것을 보았고, 좋은 마차와 말을 타고 다니며 사냥이나 하고 다녔으니 돈이 어떻게 생기는 줄 알기나 하겠는가? 쉽게 돈을 쓰고 아까워하지 않는 이유다. 저번에 내가 막내를 보내려 했던 것은 그가 돈을 아까워하지 않기 때문이다. 큰애는 그리하지 못해 동생이 죽은 것이다. 이치가 이러하니 슬퍼할 것도 없다. 나는 밤낮으로 둘째 아이의 시신이 도착하기를 기다렸다."

이와 관련해 《한비자》〈해로〉에는 이런 구절이 나온다.

"무릇 도리에 따라 일을 하는 자는 이루지 못할 게 없다. 크게는 천자나 제후의 권세와 존엄을 이룰 수 있고, 작게는 경상卿相과 장군의 상과 봉록을 쉽게 얻을 수 있다. 그러나 도리를 저버리고 경거망동하면 비록 위로 천자나 제후의 권세와 존엄이 있고, 아래로는 소금 판매로 치부한 노나라의 의돈猗頓이나 제나라로 망명해 도주공이 된 범리 및 점복으로 거만의 재산을 모으는 복축卜祝처럼 거만의 부를 이룰지라도 이내 백성에게 버림받고 재산도 잃게 된다."

월왕 구천을 도와 패업을 이루게 한 뒤 망명하여 '도주공'의 명성으로 거만의 부를 쌓은 범리의 삶은 한 편의 드라마를 연상시킨다. 절세가인 서시西施와 함께 망명해 자식을 낳는 등의 온갖 설화가 수천 년이 지난 21세기 현재까지 계속 만들어지고 있는 현실이 그렇다. 〈월왕구천세가〉에 나온 일화가 보여주듯이 돈은 버는 것도 중요하지만 제대로 쓰는 게 더욱 중요하다. '도주지부' 성어의 진정한 교훈이 바로 여기에 있다.

돌로 양치질하고 흐르는 물을 베개 삼는다

수 석 침 류
漱石枕流 _양치질 수, 돌 석, 베개 침, 흐를 류

억지 고집을 부리는 것을 가리킨다. 침류수석枕流漱石으로 표현키도 한다. 출전은 남북조시대 남조 송나라의 유의경劉義卿이 쓴 《세설신어》 〈배조〉의 "침류枕流 표현은 귀를 씻고, 수석漱石 표현은 양치질을 하려는 취지이다(所以枕流, 欲洗其耳. 所以漱石, 欲礪其齒)."

　　서진 때 풍익태수를 지낸 손초孫楚는 벼슬길에 나가기 전에 도인처럼 살고자 했다. 당시 사대부 사이에는 속세를 경시하며 도인처럼 사는 것을 중시하는 이른바 청담淸談 사상이 유행했다. 대표적인 인물들이 바로 죽림칠현竹林七賢이다. 손초 역시 젊었을 때 죽림칠현을 흉내 내어 산림에 은거코자 했다.

　　하루는 친구인 왕제王濟에게 자신의 속셈을 털어놓았다. 이때 돌을 베개 삼아 눕고 흐르는 물로 양치질을 한다는 뜻의 침석수류枕石漱流를 잘못하여 반대로 얘기했다. 돌로 양치질을 하고 흐르는 물을 베개로 삼는다는 뜻의 수석침류漱石枕流로 표현한 게 그렇다.

‘수석침류’ 얘기를 들은 왕제가 큰소리로 껄껄 웃었다. 이내 그가 실언임을 지적하자 자존심이 강한 손초가 이같이 강변했다.

“흐르는 물을 베개로 삼는 ‘침류枕流’는 요임금 때의 은자인 허유許由처럼 쓸데없는 말을 들었을 때 귀를 씻고자 하는 취지이고, 돌로 양치질을 하는 ‘수석漱石’은 이를 잘 닦고자 하는 취지라네!”

전혀 틀린 말은 아니나 ‘궤변’에 지나지 않는다. 사람은 늘 실수 내지 실언을 할 수 있는 만큼 곧바로 자신의 실수를 인정하면 될 일이었다. 그럼에도 자신의 문재文才에 대한 자부심이 강한 손초는 결코 이를 인정하지 않고 억지 해석을 시도한 것이다. 그의 실수로 인해 만들어진 ‘수석침류’ 성어는 남에게 지기 싫어하여 사실이 아닌 것을 억지로 고집부리는 궤변의 뜻으로 널리 쓰이게 되었다.

‘수석침류’와 비슷한 고사성어로는 ‘견강부회牽强附會’가 있다. 가당치도 않는 말을 끌어들여 자신의 주장이나 조건에 맞도록 합리화하는 것을 뜻한다.

주목할 것은 이와 비슷한 취지로 만들어진 ‘아전인수我田引水’ 성어이다. 많은 사람들이 이를 두고 우리말에서 나온 한자성어로 알고 있으나 사실은 일본에서 만들어진 성어이다. 일본어로는 ‘가덴인스이がでんいんすい’로 읽는다. 중국에서도 ‘워톈인수이’로 읽으면서 이 성어를 널리 사용하고 있다. 이 성어가 수출국인 일본보다 수입국인 한국과 중국에 더 널리 쓰이고 있는 셈이다. ‘문화 수출’의 성공사례에 해당한다.

이와 정반대로 ‘침류수석’은 수출국인 중국보다는 수입국인 일본에서 널리 사용되는 경우에 속한다. 이는 이 성어와 관련한 일본의 역사문화 배경과 밀접한 관련이 있다. 크게 2가지 점을 들 수 있다.

첫째, 일본어에서 예상했던 사람이 예상된 행동을 할 경우 우리말의 '역시나!' 의미를 지닌 부사어로 이 성어를 널리 사용하고 있는 점이다. 일본어로 '사스가ㅎㅎが'로 읽으면서 한자로 '침류수석枕流漱石'의 약자인 '유석流石'을 사용하는 게 그렇다. 정탐한다는 뜻의 '정逆' 자를 사용해 '사스가'로 읽기도 한다. 대다수 일본인들은 그 유래를 자세히 모르는 까닭에 '유석流石'이라고 쓰고는 왜 '사스가'로 읽는지 제대로 이해하지 못하고 있다.

당초 일본인들은 '침류수석'의 고사를 접하면서 손초가 자신의 실수를 인정치 않고 견강부회하여 해석한 것을 두고 "역시, 남에게 지기 싫어하는 손초답구나!"라고 말하며 크게 놀라워했다. '침류수석'의 약자인 '유석流石'을 일본어 고유의 부사어인 '사스가!'의 훈독訓讀으로 끌어다 사용하게 된 배경이다. 대다수 일본인들은 21세기 현재까지도 그 배경을 자세히 알 길이 없는 까닭에 도대체 왜 '유석流石'이라고 쓴 뒤 '사스가!'로 읽게 됐는지 어리둥절해하고 있다.

둘째, '일본의 셰익스피어'라는 칭송과 함께 일본 최고의 문호로 손꼽히는 나쓰메 소세키夏目漱石가 자신의 필명을 '소세키漱石'로 택한 점이다. 원래 그의 이름은 나쓰메 킨노스케夏目金之助이다. 그는 남에게 지기 싫어하는 손초의 행보가 마음에 든 나머지 자신의 필명을 '소세키'로 정했다. 영국 유학 후 도쿄대 강사와 〈아사히신문〉 기자생활을 하면서 잡지에 《나는 고양이로소이다吾輩は猫である》 등을 연재해 명성을 떨쳤다. 1911년 문부성에서 문학박사 학위를 수여하려고 하자 이를 단호히 거절하는 고집을 보여주었다. 그는 죽은 지 68년 뒤인 지난 1984년 11월에 1천 엔짜

리 지폐 초상의 주인공으로 채택됐다. 그 화폐는 지난 2007년까지 사용됐다. 이를 통해 손초의 고집에서 비롯된 '침류수석枕流漱石' 즉 '수석침류漱石枕流' 성어가 일본에 얼마나 큰 영향을 미쳤는지 대략 짐작할 수 있다.

일본에 '침류수석' 성어가 이토록 큰 영향을 미친 데에는 이 성어가 부정적인 의미 이외에도 손초가 보여주었듯이 일종의 '임기응변'처럼 긍정적인 의미로도 사용된 사실과 무관치 않다. 실제로 일본어 '사스가!'에는 "역시 그답다!"라는 긍정적인 의미도 담고 있다. 중국에서 '수석침류' 성어가 은거생활隱居生活을 뜻하는 성어로만 사용되는 것과 대비된다.

우리말의 '역시亦是!'도 일본어의 '사스가'와 마찬가지로 경탄의 뜻을 포함한 매우 긍정적인 의미로 사용되고 있다. 다만 일본은 '침류수석' 성어에서 유래한 '유석流石'이라는 단어를 사용하며 '사스가!'라고 훈독하는데 반해 우리는 '역시!'라는 한자를 사용하며 글자 그대로 발음하는 점만이 다를 뿐이다.

'아전인수我田引水'가 일본에서 만들어져 한국 및 중국에 수출된데 반해 '침류수석'의 약자인 '유석'은 중국에서 만들어져 일본에서 일상용어로까지 널리 확산된 대표적인 '문화 수출' 사례에 해당한다. 그렇다면 우리나라에서 만든 성어가 일본이나 중국에 널리 유포돼 '문화 수출'의 성공사례로 기록될 가능성은 없는 것일까? 그럴 가능성이 매우 높다. 이 책의 맨 뒤에 소개된 '고사성어 독법'에 나오는 국정농단國政壟斷과 내로남불內魯諵不의 경우가 그렇다. 중국과 일본에서 널리 사용될 경우 한국에서 만들어진 이 2개의 성어도 '아전인수' 내지 '침류수석'의 경우처럼 능히 대표적인 '문화 수출' 상품이 될 수 있다.

교활한 토끼는 3개의 굴이 있다

교 토 삼 굴
狡兎三窟 _교활할 교, 토끼 토, 석 삼, 굴 굴

교활한 토끼는 위기에 대비해 늘 3개의 굴을 예비로 갖고 있다는 뜻이
다. 출전은 《전국책》〈제책〉의 "교활한 토끼일지라도 3개의 굴을 만들
어야 간신히 죽음을 면할 수 있다(狡兎有三窟, 僅得免其死耳)."

주난왕 20년(기원전 295), 제나라 출신 풍훤馮諼이 맹상군의 문객으로 들
어갔다. 하루는 맹상군이 장부를 내놓고 많은 문객들에게 물었다.

"누가 회계를 잘 하오? 나를 위해 누가 나의 영지인 설薛 땅에 가서 빚
을 받아오겠소?"

그러자 풍훤이 자원하고 나섰다. 맹상군이 허락하자 곧 수레를 준비하
고 여장을 꾸려 빚 문서를 싣고 떠났다. 풍훤이 하직 인사를 하며 물었다.

"빚을 다 받으면 무엇을 사 가지고 돌아오면 좋겠습니까?"

"우리 집에 부족해 보이는 것으로 하시오."

풍훤이 수레를 몰아 설 땅으로 간 뒤 곧 관원을 시켜 백성 중에 빚이 있

는 자들을 불러 놓고 빚의 내용이 맞는지를 확인케 했다. 대조를 마치자 곧 맹상군의 명을 칭해 빚을 모두 탕감하고는 빚 문서를 전부 불살라 버렸다. 백성들이 모두 만세를 불렀다.

풍훤이 말을 달려 제나라에 도착하자마자 새벽에 배견을 청했다. 맹상군은 그가 너무 빨리 돌아온 것을 의아하게 생각하면서도 의관을 정제하고 그를 인견하면서 물었다.

"빚은 모두 받았소? 어떻게 이같이 빨리 돌아온 것이오?"

"모두 받아 왔습니다."

"그래 무엇을 사 가지고 왔소?"

"군이 말하기를, '우리 집에 부족해 보이는 것으로 사 오라'고 했습니다. 그래서 제가 생각해 보니 군의 집안에는 진보珍寶가 가득 쌓여 있고, 구마狗馬는 바깥 축사까지 넘치고 있고, 미인은 당하의 통로에 가득 차 있는데 부족한 것은 오직 의義뿐이었습니다. 그래서 생각한 끝에 군을 위해 그 의를 사 가지고 왔습니다."

"의를 사 가지고 오다니, 도대체 그게 무슨 말이오?"

"지금 군은 하찮은 봉지인 설 땅에서 그곳 백성을 자식처럼 사랑해 주지도 못하면서 도리어 장사꾼처럼 돈을 꾸어주고 이식을 취했습니다. 그래서 제가 군의 명을 가탁해 그 빚을 모두 탕감하고 빚 문서를 불살라 버렸습니다. 그랬더니 백성들이 모두 크게 기뻐하며 만세를 외쳤습니다. 이것이 바로 제가 군을 위해 사온 의라는 것입니다."

1년쯤 지나 제민왕齊閔王이 맹상군에게 말했다.

"과인은 선왕先王의 신하를 과인의 신하로 삼고 싶지 않소."

맹상군이 할 수 없이 영지인 설 땅으로 돌아가게 되었다. 그가 아직 설 땅에 이르지도 않았는데 1백 리나 떨어진 곳까지 설 땅의 백성들이 노약자를 부축하고 나와 길을 메운 채로 맹상군을 영접했다. 맹상군이 풍훤을 돌아보며 말했다.

"선생이 나를 위해 사온 '의'가 무엇인지를 오늘에야 잘 보게 되었소!"

그러자 풍훤이 이같이 응답했다.

"교활한 토끼는 3개의 굴을 만들어 놓는다고 했으니 사람도 굴이 3개는 있어야 간신히 죽음을 면할 수 있습니다. 지금 군은 오직 하나의 굴만 있을 뿐입니다. 이것만으로는 아직 베개를 높이 하고 편히 누울 수 없습니다. 군을 위해 두 개의 굴을 더 파 드리겠습니다."

이에 맹상군이 풍훤에게 수레 50승과 금 5백 근을 건네주자 풍훤은 이를 갖고 서쪽 위나라로 가 위소왕魏昭王에게 유세했다.

"제나라가 중신 맹상군을 내쫓았습니다. 그를 제일 먼저 맞이하는 나라가 부국강병을 이룰 수 있을 것입니다."

위소왕이 상국의 자리를 비워 놓기 위해 원래의 상국을 상장군으로 삼은 후 사자에게 황금 1천 근과 수레 1백 승을 주어 맹상군을 모셔 오게 했다. 그러자 풍훤이 사자보다 먼저 달려와 맹상군에게 이같이 말했다.

"1천 금은 대단한 빙례聘禮이고 수레 1백 승은 대단히 훌륭한 사자입니다. 제나라가 이미 이 소문을 들었을 것입니다."

위나라 사자가 3번이나 왕복했지만 맹상군은 군이 사양하고 가지 않았다. 제민왕과 군신들이 이 소식을 듣고 크게 두려워했다. 이에 곧 태부太傅에게 황금 1천 근을 비롯해 4필의 말이 이끄는 화려한 무늬의 수레 2

사, 푸른 옥으로 장식된 패검인 복검服劍 한 자루를 내주면서 다음과 같은 봉서封書와 함께 맹상군에게 전하게 했다.

"과인이 선하지 못해 종묘에서 내린 화를 입고 아첨하는 신하들에게 빠져 군에게 죄를 지었소. 과인은 언급할 만한 자가 못 되지만 원컨대 군이 선왕의 종묘를 생각해 우선 돌아와 백성을 다스려주기 바라오."

풍훤이 맹상군에게 이같이 건의했다.

"원컨대 먼저 선왕의 제기祭器를 옮겨 설 땅에다가 종묘를 세우겠다고 청하십시오."

종묘가 완성되자 풍훤이 맹상군에게 이같이 보고했다.

"이제야 3개의 굴이 완성되었습니다. 군은 어느 정도 베개를 높이 베고 즐겁게 지낼 수 있게 되었습니다."

이를 두고 후대의 사가들은 맹상군이 수십 년간 상국으로 있으면서 털끝만 한 재난도 당하지 않은 것은 모두 풍훤 덕분이라고 평했다.

이 일화는 맹상군처럼 부귀하게 됐을 때 주변에 덕을 베풀어야만 훗날 상황이 바뀌었을 때 화를 면할 수 있다는 취지를 담고 있다. 21세기에도 그대로 적용되는 감계鑑戒에 해당한다.

개미구멍에 둑이 무너지다

의 혈 궤 제
蟻 穴 潰 堤 _개미 의, 구멍 혈, 무너질 궤, 둑 제

작은 실수가 평생의 업적이나 명예를 일거에 허무는 경우에 주로 사용한다. 출전은 《한비자》〈유로〉의 "1,000장이나 되는 제방도 땅강아지와 개미굴 때문에 무너지고, 100척이나 되는 궁실도 굴뚝 틈새의 불씨로 인해 잿더미가 된다(千丈之堤, 以螻蟻之穴潰. 百尺之室, 以突隙之煙焚)."

'의혈궤제' 성어의 전거典據가 된 〈유로〉의 해당 대목은 전국시대 말기 위魏나라에서 활약한 거상 백규白圭의 치수治水 일화에서 나온 것이다. 특이하게도 '백규'의 일화는 《맹자》〈고자 하〉에도 나온다. 여기에는 많은 돈을 들여 둑을 정비하는 등 치수에 성공한 것으로 되어 있다. 《맹자》에 주석을 가한 조기趙岐의 주에 따르면 원래 그의 이름은 단丹이고, 규圭는 자이다. 백규가 위혜왕 때 위나라에서 재상을 지낸 얘기는 《여씨춘추》〈불굴〉에 나온다. 장자 및 혜시와 동시대의 인물이다.

《여씨춘추》〈불굴〉에 나오는 일화에 따르면, 백규가 치수에 성공한 비결은 특별한 게 아니고 둑을 잘 관리한데 있었다. 자주 사람을 내보내 둑을 순찰하는 게 전부였다. 개미구멍만큼 작은 구멍만 있어도 곧바로 손을 써 틀어막은 덕분에 둑을 튼튼히 보존할 수 있었다.

한비자는 '의혈궤제' 성어의 배경을 쉽게 설명하기 위해 전설적인 명의 편작扁鵲의 일화를 들어놓았다. 하루는 편작이 진환공晉桓公을 만나 그의 병세를 살펴본 뒤 이같이 말했다.

"군주는 피부에 병이 있습니다. 제때 치료를 하지 않으면 장차 더욱 심해질까 두렵습니다."

진환공이 말했다. "나는 병이 없소!"

편작이 물러나오자 진환공이 좌우의 신하들에게 말했다.

"의사는 이익을 좋아하는 까닭에 병이 없는데도 치료하며 자신의 공으로 자랑하고자 한다."

10일 뒤 편작이 다시 진환공을 만나 말했다.

"군주의 병은 살 속에 있으니 제때 치료하지 않으면 장차 더욱 심해질 것입니다."

진환공이 대답하지 않았다. 편작이 나가자 진환공이 또 불쾌해했다.

10일 후 편작이 다시 진환공을 만나 이같이 말했다.

"군주의 병은 장과 위에 있으니 제때 치료하지 않으면 장차 더욱 심해질 것입니다."

진환공이 또 응하지 않았다. 편작이 나가자 진환공이 또 불쾌해했다.

10일 후 편작은 진환공을 멀리서 바라보다가 발길을 돌려 달아났다. 진환공이 사람을 시켜 그 까닭을 묻게 했다. 편작이 대답했다.

"병이 피부에 있을 때는 찜질로 치료하면 되고, 살 속에 있을 때는 침을 꽂으면 되고, 장과 위에 있을 때는 약을 달여 복용하면 됩니다. 그러나 병이 골수에 있을 때는 운명을 관장하는 신이 관여한 것이라 어찌할 도리가 없습니다. 지금 군주의 병은 골수에까지 파고들어 신이 아무것도 권하지 않은 것입니다.”

5일 후 진환공이 몸에 통증이 있어 사람을 시켜 편작을 찾았으나 편작은 이미 진으로 도망친 뒤였다. 진환공은 결국 병사했다.

이를 두고 한비자는 이런 평을 달아 놓았다.

“훌륭한 의원은 병이 피부에 있을 때 고치고자 한다. 이는 모두 작은 것에서 해치우고사 하는 것이나. 무릇 만사의 화복이 선개뇌는 과성 노한 병이 피부에서 시작하는 것과 같다. 《도덕경》이 제63장에서 ‘성인은 기미를 보고 일찍 일을 처리한다.’고 말한 이유가 여기에 있다.”

사람은 누구나 한평생을 살아가면서 매번 성공하기가 쉽지 않다. 누구나 한 번 이상은 실패나 좌절을 맛보기 마련이다. 한 번 성공했다고 그 성공이 계속 가는 것도 아니다. 실제로 한때 세계를 호령했던 IT업계의 선두주자 노키아와 소니는 그 흔적을 찾아보기 어렵다. 현실에 안주한 후과이다. 개인도 마찬가지다. 지금까지 계속 성공했다고 자만하거나 방심해서는 안 된다. 그런 자세를 갖는 순간 이내 영락零落의 길로 추락하게 된다. 당唐나라 시인 두보杜甫가 〈군불견간소혜君不見簡蘇傒〉에서 관 뚜껑을 닫아야 비로소 일이 확정된다는 취지의 ‘개관사시정蓋棺事始定’ 구절을 읊은 이유가 여기에 있다. 시작 못지않게 마무리도 잘 해야만 죽을 때 사람들로부터 칭송을 받을 수 있다고 충고한 것이다. 여기서 ‘개관논정蓋棺論定’ 성어가 나왔다. ‘의혈궤제’와 짝을 이루는 성어에 해당한다.

닷새만 경조윤으로 있다

오일경조
五日京兆 _다섯 오, 날 일, 서울 경, 조짐 조

재임 기간이 너무 짧아 이내 퇴임하는 경우를 가리킨다. 출전은 《한서》
〈장창전〉의 "장창은 탄핵을 받은 까닭에 잘해봐야 경조윤京兆尹 자리에
5일가량 앉아 있는 신세에 불과하다. 그러니 어찌 다시 사건을 조사할
수 있단 말인가?(今五日京兆耳, 安能復案事?)"

장창張敞은 한선제 때의 명신으로, 한문제 때 승상으로 활약한 장창張蒼
과 구별된다. 한문제 때 승상을 지낸 장창은 노쇠로 인해 치아가 모두 빠
지자 젊은 여인을 얻어 젖을 먹고 살면서, 처첩을 몇 백 명이나 두고 100
세 넘게 산 것으로 유명하다. 일각에서 한선제 때의 장창을 두고 장폐張敝
로 읽고 있으나 이는 창敞을 폐敝로 오독誤讀한데 따른 것이다.

원래 장창은 젊었을 때 하급관원인 태수의 졸사로 있었다. 청렴한 행
보로 명성을 얻어 이후 감천창장과 태복승이 되었다. 곧 실권자인 곽광霍
光의 오른팔인 태복 두연년杜延年으로부터 신임을 얻었다. 한소제 사후 창
읍왕 유하劉賀가 즉위한 뒤 무도한 행보를 계속하자 장창이 간곡하게 간했

다. 간절히 간하는 절간切諫을 한 지 10여 일 뒤 창읍왕 유하가 곽광에 의해 쫓겨났다. 장창은 '절간' 덕분에 예주자사로 승진했다.

얼마 후 한무제 때 이른바 '무고巫蠱의 화禍'로 죽임을 당한 여태자戾太子의 손자인 유병이劉病己가 유순劉詢으로 개명한 뒤 한선제로 즉위했다. 한선제 유순은 예주자사 장창의 충정어린 상소문을 접한 뒤 태중대부로 발탁했다. 장창은 대장군 곽광이 발호할 때 직무에 전념하는 모습을 보인 탓에 배척을 받아 외직으로 돌았다. 곽광 사후 곽씨 일족이 제거되자 비로소 뛰어난 실적에 힘입어 지금의 서울시장에 해당하는 경조윤京兆尹으로 발닥되있다.

그는 경조윤으로 있을 때 법을 엄격히 적용해 사람을 위해 자리를 만드는 식의 위인설관爲人設官을 하지 않았다. 당시 장안에는 고위 관원의 자제들이 집안 배경을 믿고 온갖 행패를 다 부리고 있었다. 장창은 권귀權貴를 막론하고 백성에게 피해를 주는 자는 모두 가차 없이 처벌했다. 장안의 백성들 모두 칭송을 아끼지 않은 이유다.

그러나 권문세가들은 그를 눈엣가시처럼 여겼다. 그는 늘 공무가 끝나면 곧장 걸어서 집으로 가곤 했다. 부인과 금슬이 좋을 수밖에 없었다. 원래 그의 부인은 어렸을 때 입었던 상처로 인해 눈썹에 흠이 나 있었다. 그는 매일 부인을 대신해 얼굴에 눈썹을 그려준 뒤 출근했다. 시기하는 자들이 상소했다.

"경조윤 장창은 언행이 신중치 못하고 경박한 경조부박輕佻浮薄의 인물입니다. 고위 관원이 되어 집에서 처자의 눈썹이나 그려주는 게 그렇습니다."

한선제가 조정대신에게 이를 물어보자 모두 그렇다고 대답했다. 한선제가 이내 장창을 불러 이를 따지자 장창이 이같이 대답했다.

"부부 사이의 풍류인 이른바 규방지락閨房之乐으로 부인의 눈썹을 잘 그려주는 것보다 더 나은 게 있겠습니까?"

'규방지락'이 국가대사를 다루는 관원의 직무와 무슨 관련이 있냐는 항의의 취지가 담긴 언급이다. 한선제도 크게 깨달은 바가 있어 곧 장창의 사례를 부부간의 두터운 애정을 상징하는 금슬우지琴瑟友之의 모범으로 삼은 뒤 좌우에 명해 이를 후대에 널리 전하게 했다. 여기서 나온 성어가 바로 장창화미张敞畵眉이다. 장창이 부인을 위해 눈썹을 그려주었다는 의미이다.

한선제 오봉 2년인 기원전 56년, 장창과 가까이 지낸 광록훈 양운杨恽이 한선제의 노여움을 사서 위기에 처하게 되었다. 원래 양운은 청렴해 사리사욕을 밝히지 않는 모습을 보인 인물이다. 다만 자신의 능력을 과하게 자랑하며 성품이 각박해 다른 사람의 숨겨진 사실을 즐겨 들춰내는 흠이 있었다. 많은 사람이 조정에서 그를 원망한 이유다.

특히 태복 대장락戴長樂은 양운을 크게 질시했다. 하루는 어떤 사람이 상서해 대장락의 죄를 고발하자 대장락은 양운이 다른 사람을 시켜 그리한 것으로 의심했다. 그 또한 곧바로 상서해 양운의 죄를 이같이 고발했다.

"양운은 일찍이 저에게 말하기를, '정월 이래 하늘에 구름이 낀 채 비가 내리지 않고 있소. 이는 한소제 때 하후승夏侯勝이 황제가 올바르지 않으면 늘 구름이 끼게 되니 아랫사람이 윗사람을 치는 일이 빚어진다고 말한 상황과 닮았소'라고 했습니다."

한선제가 이 사안을 정위에게 내려 보냈다. 정위 우정국于定國은 양운이 대역부도大逆不道의 죄를 범했다고 상주했다. 한선제가 조서를 내려 양운과 대장락 모두 서인으로 만들었다. 이후 양운은 서민이 되었는데도 집에서 금전관계로 재산을 불리다가 이내 주살됐다.

한선제 감로 원년인 기원전 53년 초, 공경들이 상주해 경조윤 장창 역시 양운의 당우黨友이니 의당 그 자리에 있어서는 안 된다고 지적했다. 한선제가 장창의 재주를 애석히 여겨 공경들의 상주를 묵살한 채 아래로 내려 보내지 않는 이른바 독침獨寢을 했다. 장창은 조정대신들의 의심을 풀어주기 위해 휘하의 아전인 서순絮舜으로 하여금 양운 관련 사건을 재조사하게 했다. 서순이 자신의 집으로 가서 주위 사람에게 이같이 말했다.

"장창은 탄핵을 받은 까닭에 잘해봐야 경조윤京兆尹 자리에 5일가량 앉아 있는 이른바 오일경조五日京兆 신세에 불과하다. 그러니 어찌 다시 양운 관련 사건을 조사할 수 있겠는가?"

장창이 그 말을 전해 듣고는 즉시 휘하 관원에게 명해 서순을 잡아 옥에 가둔 뒤 주야로 조사케 했다. 결국 서순으로 하여금 자신이 죽을죄를 저질렀다는 사실을 깨닫게 만들었다. 서순이 처형을 당하기 직전 장창은 문서를 관할하는 하급관원인 주부主簿로 하여금 서순에게 이런 내용의 쪽지를 전하게 했다.

"그대가 말한 '오일경조'가 결국 어떠했다는 것인가? 이제 처형을 금지한 겨울도 다 지나가 바야흐로 처형을 시작하게 됐는데 그대는 아직도 목숨을 연장할 수 있다고 보는 것인가?"

서순은 스스로 죽을죄를 저지른 까닭에 할 말이 없었다. 장창이 곧바로 형을 집행한 뒤 시체를 저잣거리에 내거는 기시棄市를 행했다. 이 일화에서 '오일경조' 성어가 나왔다. 이후 '오일경조'가 얼마 가지 못하는 정권을 지칭하는 성어로 널리 사용되었다.

21세기에 들어와 전 세계적 차원에서 얼마 가지 못하는 '오일경조' 사태가 빈발하고 있다. 국민들의 여망을 제대로 담아내지 못하면 그 어떤 정권이든 이내 무너질 수밖에 없다. 그리스를 비롯한 남부 유럽과 중동, 남미 등의 끝없는 추락을 반면교사로 삼을 필요가 있다.

가장 기본적인 것은 역시 국민들이 먹고 입는 의식衣食의 문제이다. 《사기》〈화식열전〉에서 역설했듯이 '민이식위천民以食爲天'의 이치를 통찰할 필요가 있다. 백성들은 먹는 것을 하늘로 여긴다는 뜻이다. 고금동서를 막론하고 이 문제를 해결하지 못한 채 오랫동안 유지된 정권은 존재하지 않았다. 기업의 흥망도 이런 이치에서 결코 벗어날 수 없다.

삼일천하三日天下와
사회부연死灰復燃

오일경조五日京兆는 한선제 때의 명신 장창張敞이 지금의 서울시장에 해당하는 경조윤京兆尹의 자리에 겨우 5일밖에 재임하지 못한데서 나온 성어이다. 잠시 재임하다가 이내 퇴임하는 경우를 가리킨다.

한중일 등 동아 3국의 근대사를 보면 '오일경조'의 사례가 잇달아 빚어진 사실을 쉽게 알 수 있다. 가장 먼저 터진 것은 1884년 조선의 이른바 '삼일천하三日天下' 사건이다. 갑신정변 당시 정변을 주도한 김옥균 등이 3일 동안 정권을 잡은 것을 가리킨다. 다음으로 터진 것이 1898년 청나라에서 일어난 이른바 '백일천하百日天下' 사건이다. 이는 캉유웨이康有爲를 중심으로 한 변법파變法派의 정권이 100일 동안 유지된 것을 가리킨다.

마지막으로 빚어진 사건이 1936년 2월 26일 일본 도쿄에서 일어난

'2·26군사정변'이다. 당초 이 사건은 22명의 황도파^{皇道派} 청년장교들이 1,400여 명의 사병들을 이끌고 통제파^{統制派} 장령^{將領}들을 제압하기 위해 일어났다. 이들은 거사 당일 내각을 습격해 다카하시 대장상과 사이토 내무대신, 와타나베 육군교육총감 등을 살해한 뒤 수상관저와 의사당, 육군성을 포위했다. 다음날인 27일에 도쿄에 계엄령을 시행하는 등 성공하는 듯했으나 오카다 수상의 살해에 실패한데 이어 28일에 천황의 원대복귀 명령이 내려지면서 상황이 일변했다. 29일에 2만여 명의 병력이 이들을 포위한 뒤 선무방송과 전단 살포를 시작하자 사병들 대부분이 원대 복귀하면서 모든 일이 수포로 돌아가고 말았다.

당시 주모자 격인 나카야마 대위가 책임을 지고 권총으로 자살하고, 나머지 장교들은 모두 체포되어 15명이 교수형에 처해졌다. 이 사건 역시 갑신정변과 마찬가지로 '삼일천하'로 끝나고 말았다. 한나라 때 빚어진 '오일경조'가 근현대에 들어와 동아 3국에서 각각 '삼일천하'와 '백일천하' 등으로 모습을 바꿔 등장한 셈이다.

'오일경조'와 대비되는 성어가 '사회부연^{死灰復燃}'이다. 꺼진 재도 다시 불이 붙을 수 있다는 뜻이다. 죽은 줄로만 알았던 자가 문득 화려하게 부활하는 경우를 가리키는 성어이다. 과거에 널리 사용된 '꺼진 불도 다시 보자!'는 내용의 방재방화^{防火防災} 구호 취지와 사뭇 닮았다.

'사회부연' 성어의 주인공은 한무제 때 어사대부를 지낸 한안국^{韓安國}이다. 《사기》〈한안국열전〉에 따르면 한안국은 어렸을 때 《한비자》 등 법가의 학술을 배웠다. 이후 한경제의 친동생인 양효왕 유무^{劉武}를 섬겨 양나라의 중대부가 되었다. '오초7국의 난'이 일어났을 때 장군에 임명된 한안국이 동쪽 국경에서 반란군의 진입을 효과적으로 저지했다. '오초7국의 난'이 평정된 후 한안국이 커다란 명성을 얻게 된 이유다.

이후 어떤 일로 법을 위반해 처벌을 받게 되었다. 옥리獄吏 전갑田甲이 그를 모욕했다. 불타버린 재처럼 더 이상 살아날 길이 없다고 본 것이다. 한안국이 꾸짖었다.

"불 꺼진 재라고 해서 어찌 다시 타지 않겠는가?"

원문은 '사회독불부연호死灰獨不復然乎?'이다. '유독' 불 꺼진 재라고 해서 다시 타지 않는 법이 있겠느냐는 취지의 질문이다. 객관적으로 볼 때 이는 일반 상식에 어긋나는 질문에 해당한다. 통상 불 꺼진 재는 다시 불에 탈 리 없기 때문이다.

불 꺼진 재가 다시 타려면 3가지 조건이 맞아떨어져야 한다. 첫째, 재 속에 자그마한 불씨라도 살아 있어야 한다. 둘째, 바람 등의 외부요건이 더해져 불씨가 재 밖으로 드러나야 한다. 셋째, 타다 남거나 새로운 연소물질이 불씨와 연결되어야 한다. 이들 3가지 조건이 모두 맞아떨어질 확률은 극히 낮다.

그러나 이들 3가지 조건이 맞아떨어질 경우가 아예 없는 것일까? 가능성이 아예 없다는 것과 희박하다는 것은 그 의미가 완전히 다르다. 사마천이 〈한안국열전〉을 기술하면서 '사회독불부연호死灰獨不復然乎?' 구절에 굳이 '독獨'자를 덧붙인 근본 취지가 여기에 있다. 사마천이 한안국과 옥리 전갑의 얘기를 들었을 리 없다. 그는 〈한안국열전〉을 쓰면서 자신의 심경을 한안국의 입을 통해 드러낸 것이다. '유독 불 꺼진 재라고 해서 다시 불 붙지 말라는 법이 있냐?'고 따져 묻는 심정으로 '독獨'자를 덧붙인 것으로 보는 게 합리적이다. 사실 세상에는 이런 일이 자주 빚어지는 까닭에 '독'자보다는 '어찌 언焉'자를 사용하는 게 더 낫다.

〈한안국열전〉은 당시 전갑이 한안국의 '사회독불부연호?' 질문에 대해 이같이 대꾸한 것으로 기록해 놓았다.

"다시 불이 타면 내가 곧바로 오줌을 누어 불씨를 꺼버릴 것이다!"

원문은 '연즉익지然卽溺之!'이다. 이는 2가지 해석이 가능하다. 첫째, '연然'을 '불탈 연燃'의 뜻으로 간주해 '불이 다시 타는 즉시 거기에 오줌을 누어 버릴 것이다'의 의미로 풀이하는 경우다. 둘째, '연즉然卽'을 하나로 묶어 '그리되면 내가 오줌을 누어 버릴 것이다'의 의미로 풀이하는 경우다. 2가지 해석 모두 가능하다.

중요한 것은 전갑이 마치 '오일경조' 성어에 나오는 아전 서순絮舜처럼 한안국의 부활 가능성을 '제로'로 간주해 이같이 단언한 점이다. 멀리 내다보지 못하고 눈앞에 있는 것만 판단의 근거로 삼아 호오好惡의 감정을 그대로 드러내는 '아전배衙前輩'의 한계를 적나라하게 보여준 셈이다. 실제로 '오일경조'와 '사회부연' 성어에 나오는 자들 모두 '아전' 출신이다. '오일경조' 성어의 아전 서순은 목이 잘린 뒤 시체가 저자에 내걸리는 기시棄市의 혹형을 받았다. '사회부연' 성어의 아전 전갑은 다행히 목숨을 건진 것은 물론 오히려 한안국으로부터 대우를 받았다.

〈한안국열전〉에 따르면 한안국과 전갑 사이에 '사회부연'과 관련한 설전이 있은 지 얼마 안 돼 양나라 내사內史 자리가 비게 되었다. 한나라 조정에서 사자를 보내 한안국을 양나라의 내사로 임명했다. 곧 죄수의 몸에서 풀려나 2천 석의 관원이 되었다. 2천 석의 관원은 하나의 군郡을 다스리는 태수와 같은 존재이다. 지금으로 치면 우리나라의 도지사에 가깝다. 전갑이 크게 놀란 것은 말할 것도 없다. 그의 입장에서 볼 때 이는 불 꺼진 재에서 불이 다시 붙은 경우에 속한다. 그가 달아나 숨자 한안국이 좌우를 시켜 이같이 엄포했다.

"관직에 복귀하지 않으면 너의 일족을 멸하겠다!"

전갑이 죽을죄를 지었다는 취지로 윗옷의 한쪽을 벗어 윗몸의 일부를 드러내는 육단^{肉袒}을 하며 사죄하자 한안국이 껄껄 웃으며 말했다.

"꺼진 재에 불이 다시 붙었으니 오줌을 누도록 해라! 내가 너희 아전들을 데리고 따질 일이 있겠는가?"

⟨한안국열전⟩은 '그러고는 전갑을 잘 대우해 주었다'며 이 일화를 마무리 지었다. 한안국이 전갑을 잘 대우해 준 것은 시세에 따라 줏대도 없이 마구 변하는 인간의 변덕스런 모습인 이른바 염량세태^{炎涼世態}를 깊이 통찰했기 때문이다. 《채근담》에 이를 뒷받침하는 구절이 나온다.

"인정^{人情}은 늘 자주 바뀌고, 인생길은 험난하기 마련이다. 가려고 해도 갈 수 없을 때는 모름지기 뒤로 일보 물러설 줄 알아야 한다."

인정은 자주 바뀐다는 뜻의 이른바 인정반복^{人情反覆}은 변덕이 죽 끓듯 하는 '염량세태'를 달리 표현한 것이다. '반복'은 언행이나 일 따위를 이랬다저랬다 하며 자꾸 고치는 것을 뜻한다. 옛 현인들은 '인정반복'의 '염량세태'를 깊숙이 이해해야만 치국평천하를 논할 수 있다고 본 것이다. 나라와 사회를 이끌고 있는 21세기의 위정자와 기업 CEO 등의 리더들은 과연 '인정반복'과 '염량세태'의 이런 이치를 깊숙이 이해하고 있는 것일까? 회의적이라는 게 필자의 진단이다.

뿔이 있으면 송곳니가 없다

각자무치
角者無齒 _뿔 각, 사람 자, 없을 무, 이 치

뿔이 있는 짐승치고 날카로운 송곳니가 없다는 뜻으로, 한 사람이 모든 재주나 복을 갖고 태어나는 경우는 없다는 취지이다. 출전은 《도덕경》을 풀이한 전한 말기의 은사 엄준(자는 자릉子陵)의 《노자지귀老子指歸》의 "화禍는 늘 머무는 게 아니고, 복福 또한 늘 한 곳에만 있는 게 아니다. 사물 모두 각자 화복의 한쪽만 갖고 태어났으니, 비늘이 있는 짐승은 털이 없고, 털이 난 짐승은 날개가 없고, 부리가 있는 짐승은 어금니가 없고, 뿔이 난 짐승은 송곳니가 없는 법이다(禍無常留, 福無常處, 各受一分, 不得兼有, 鱗者無毛, 毛者無羽, 觸者無牙, 角者無齒)."

《후한서》〈엄광전嚴光傳〉과 《자치통감》 등에 따르면 후한을 세운 광무제 유수劉秀는 천하를 평정한 뒤에도 약간 불안한 마음을 느꼈다. 이제 천하에 자신을 칭찬하지 않을 자가 없고, 복종하지 않을 자가 없건만 유독 한 사내만이 마음에 걸렸다. 바로 엄자릉이었다. 엄자릉은 광무제와 함께 동문수학하고 마음을 터주며 서로를 알아주는 지기지우知己之友였다. 유수는 엄자릉이 높은 이상과 두터운 덕을 지닌 까닭에 늘 그가 자신보다 한 걸음 앞서 있다는 사실을 잘 알고 있었다. 선비의 뜻을 버리고 권세를 탐해 천자의 자리에 오르기는 했으나, 엄자릉이 자신을 인정해주지 않을까 걱정이 되었다.

광무제 유수가 전국 방방곡곡을 수소문하여 엄자릉을 찾았다. 어느 날 제국齊國에서 한 남자가 양가죽 옷을 걸친 채 연못에서 낚시질하고 있다는 말을 듣게 되었다. 유수는 그가 바로 엄자릉이라 생각하고 수레와 귀한 예물을 보내 황궁으로 초대했다. 그러나 엄자릉은 세 번이나 거절한 뒤에야 응했다.

엄자릉이 도성에 도착하자 평소 친분이 있었던 후패侯霸가 자신의 처소에서 엄자릉과 얘기를 나누기 위해 사람을 보냈다. 엄자릉이 말했다.

"천자가 나를 부를 때도 세 번만에야 갔소. 군주조차도 나를 만나지 못하거늘 나더러 신하를 만나란 말이오?"

후패가 그 서찰을 보고 광무제에게 보여주자 광무제는 웃으며 말했다.

"그 미친놈이 예전 그대로구나!"

그러고는 곧바로 수레를 타고 엄자릉의 처소로 출행했다. 광무제가 누워 있는 엄자릉에게 옛 친구처럼 배를 어루만지며 치천하治天下에 도움을 줄 것을 청했다. 엄자릉이 거절했다.

"옛날에 요堯 임금은 그렇듯 덕행이 있었지만 소부巢父는 요 임금이 자기에게 자리를 선양하려 한다는 말을 듣자 즉시 냇가에 가서 귀를 씻었습니다. 선비에게는 자고로 지조가 있으니 어찌 강요할 수 있겠습니까?"

유수는 이내 그를 신하로 삼을 수 없는 것을 탄식하며 다시 돌아갔다. 이후에도 유수는 엄자릉을 불러들여 옛날 일을 언급하며 며칠 동안 함께 누워 자기도 했다. 여전히 옛 친구처럼 스스럼없이 지내고자 한 것이다. 얼마 후 유수가 그에게 간의대부 자리를 내주려고 하자 곧바로 사양한 뒤 부춘산으로 들어가 다시 은거했다.

건무建武 17년(41), 유수가 다시 엄자릉을 불렀지만 나아가지 않았다. 마침내 엄자릉은 건무 19년(43)에 80세의 나이로 숨을 거뒀다. 후대인은 부춘산을 엄릉산嚴陵山, 그가 낚시하던 곳을 엄릉뢰嚴陵瀬 또는 엄릉조대嚴陵釣臺로 부르며 세속의 부귀에 연연해하지 않은 그의 고고한 행보를 크게 기렸다.

유수와 엄자릉의 이야기는 '각자무치' 성어의 대표적인 일화에 속한다.

입술이 없으면 이가 시리다

순망치한
脣亡齒寒 _입술 순, 잃을 망, 이빨 치, 찰 한

서로 돕는 사이인 둘 가운데 하나가 망하거나 불행해지면 다른 한쪽도 그리된다는 의미이다. 출전은 《춘추좌전》〈노희공 5년〉조의 "속담에 이르기를, '볼과 잇몸이 서로 의지하고, 입술이 없으면 이빨이 시리게 된다'고 했다(谚所谓, '輔車相依, 脣亡齒寒亡者')." 여기서 '순망치한'과 유사한 취지의 보거상의輔車相依 성어가 나왔다.

기원전 658년 진晉나라 대부 순식荀息이 북굴에서 생산되는 명마名馬 네 필과 수극에서 나는 미옥美玉을 우虞나라에 주고 길을 빌려 괵虢나라를 치는 이른바 가도벌괵假道伐虢 방안을 제시했다. 진헌공晉獻公이 반대했다.

"그것들은 우리 진나라의 보물이오."

순식이 설득했다.

"만약 우나라에게 길을 빌릴 수만 있다면 이는 나라 안의 창고인 내부內府에 있는 물건을 잠시 나라 밖의 창고인 외부外府에 옮겨 둔 것에 지나지 않습니다."

진헌공이 말했다.

"우나라에는 현자인 궁지기宮之奇가 있소."

순식이 반박했다.

"궁지기는 위인이 연약해 강력히 간하지 못합니다. 게다가 그는 어려서부터 우나라의 공궁公宮에서 자라 우공虞公과 매우 친밀하기에 설령 그가 강력히 간할지라도 우공이 들어주지 않을 것입니다."

진헌공이 이를 받아들인 뒤 곧 순식으로 하여금 우나라에게 길을 빌리게 했다. 순식이 우나라로 가서 우공에게 명마와 미옥을 건네며 이같이 청했다.

"지금 괵나라가 무도해 객사客舍 안에 보루를 쌓으며 저의 진나라 남쪽 변경을 침범하고 있습니다. 감히 청컨대 귀국의 길을 빌려주어 괵나라의 죄를 물을 수 있게 해 주십시오."

우공이 이를 받아들이면서 우나라가 먼저 선봉이 되어 괵나라를 치게 해 달라고 부탁했다. 이때 궁지기가 간하며 만류했으나 우공은 이를 듣지 않고 드디어 군사를 일으켰다. 이해 여름, 진나라 대부 순식이 군사를 이끌고 가서 우나라 군사와 합세해 괵나라를 친 뒤 하양을 함몰시켰다. 이른바 '가도벌괵'이 성공한 배경이다.

이로부터 3년 뒤인 기원전 655년, 진헌공은 차제에 '가도벌괵' 차원을 넘어 아예 괵나라를 멸한 뒤 우나라까지 병탄하는 이른바 가도멸괵假道滅虢을 성사시키고자 했다. 사자를 우나라로 보내 길을 빌려 줄 것을 청하자 궁지기가 우공에게 간절히 간했다.

"괵나라는 우리 우나라의 병풍입니다. 괵나라가 멸망하면 우나라는 반드시 그 뒤를 따를 수밖에 없습니다. 진나라의 탐욕을 더 이상 조장할 수 없고, 우리 또한 도둑을 만만히 보아서는 안 될 것입니다. 지난번에 우리가 괵나라를 칠 때 길을 한 번 빌려준 것도 이미 과분한 일이었는데 어찌 두 번씩이나 빌려 줄 수 있겠습니까? 볼과 잇몸이 서로 의지한다는 뜻의 보거상의輔車相依와 입술이 없으면 이빨이 시리다는 뜻의 이른바 '순망치한' 속담은 바로 우나라와 괵나라의 관계를 두고 하는 말입니다."

우공이 말했다.

"진나라는 우리처럼 주나라 왕실과 같은 희씨姬氏 종족宗族이오. 어찌 우리를 해칠 리 있겠소?"

궁지기가 내답했다.

"주나라 왕실의 선조인 고공단보의 장자 태백太伯과 차자인 우중虞仲은 부왕의 뜻이 막내 동생 왕계王季에게 있는 것을 알고 부왕의 명을 따르지 않음으로 왕위를 잇지 않았습니다. 괵나라의 시조 괵중虢仲과 괵숙虢叔 모두 왕계의 아들입니다. 이들 모두 왕계의 장자인 문왕文王의 경사卿士가 되어 왕실에 공을 세웠습니다. 진나라가 장차 자신들과 가까운 괵나라를 멸망시키려 하는데 하물며 어찌 우나라를 보호하겠습니까? 게다가 진헌공이 자신들의 일족인 진환숙晉桓叔과 진장백晉莊伯의 자손을 죽여 버렸습니다. 그 세력이 자신을 핍박하는 지경이 되자 오히려 그들을 죽여 버렸는데 나라의 이익이 걸린 우나라와 괵나라의 경우야 더 말할 나위가 있겠습니까?"

그러나 우공은 이번에도 궁지기의 간언을 듣지 않은 채 진나라 사자의 가도假道 요청을 수락했다. 궁지기가 가속을 이끌고 우나라를 떠나면서 이같이 말했다.

"우나라는 올해 세모에 지내는 제사인 납제殿祭를 하지 못할 것이다! 진나라는 곽나라를 토벌하는 군사를 이용해 우나라를 멸망시킬 것이니 다시 거병할 필요가 없을 것이다."

결국 역사는 궁지기가 예언한 것처럼 진행되었다. 여기서 '가도멸괵' 성어가 나왔다. 우공이 명마와 미옥에 지나치게 탐을 낸 나머지 길을 빌려준 게 화근이었다. 단초는 진나라가 곽나라를 칠 때 길을 빌려주는 '가도벌괵'에 동조한데서 비롯되었다. '가도벌괵' 당시 우공은 먼저 앞장서서 곽나라 공벌攻伐에 나섰다. 그러나 3년 뒤에는 이게 고스란히 부메랑이 되어 우나라마저 패망하는 '가도멸괵'으로 돌아왔다. 따지고 보면 '가도멸괵'과 '순망치한' 성어 모두 우공이 지나치게 욕심을 낸 나머지 스스로 패망의 길로 나아가는 자업자득自業自得의 후과後果로 나온 셈이다.

임진왜란 당시 만주에 터를 잡고 있던 후금의 누르하치가 선조에게 사자를 보내 8기군을 동원해 조선을 돕겠다고 제안했다. 선조가 이를 거부했다. 누르하치가 이런 제안을 한 것은 일본의 실권자인 도요토미 히데요시의 속셈을 읽은데 따른 것이었다. 일본의 목표는 명나라 정벌인 만큼 조선은 단지 길만 빌려주면 된다는 식의 정명가도征明假道 제안은 고양이에게 생선을 맡기는 짓에 지나지 않았다. 도요토미는 '가도멸괵'의 계책을 구사했고, 누르하치는 '순망치한'의 참사를 우려한 셈이다. 중간에 낀 조선만 초토화되고 말았다.

산을 뽑고 세상을 덮다

발산개세
拔山蓋世 _뽑을 발, 뫼 산, 덮을 개, 세상 세

산을 뽑아내고 세상을 뒤덮을 정도의 기개를 뜻하는 말로, 난세 영웅의 기개를 상징한다. 역발산기개세力拔山氣蓋世로 표현키도 한다. 출전은 《사기》〈항우본기〉의 "힘은 산을 뽑고 기개는 세상 덮을 만하다(力拔山兮氣蓋世)."

한고조 5년인 기원전 202년, 유방이 항우와 천하를 양분키로 약조한 뒤 이내 그 뒤를 추격해 고릉에 이르렀다. 이는 한신韓信 및 팽월彭越과 함께 초나라를 치기로 약속한 데 따른 것이었다. 그러나 한신과 팽월이 미처 도착하기 전에 초나라 군사가 한나라 군사를 공격해 대파했다. 유방이 다시 참호를 깊게 파고 영루를 굳게 지키며 장량에게 물었다.

"제후들이 내 말을 따르지 않으니 이는 어찌된 일이오?"

장량이 대답했다.

"초나라 군사가 장차 무너지려 하는데 한신과 팽월은 아직 봉지를 나눠 받지 못했습니다. 이들이 오지 않는 것은 당연합니다. 군왕이 천하를 이들과 함께 나누면 지금이라도 곧바로 오게 할 수 있습니다. 그리하지 않으면 앞으로의 일은 알 수 없습니다. 군왕은 진현 동쪽에서 바닷가에 이르는 땅을 한신, 수양 이북에서 곡성에 이르는 땅을 팽월에게 주십시오. 이같이 하여 그들이 스스로를 위해 싸우게 하면 초나라를 쉽게 격파할 수 있습니다."

"좋소."

곧 사자를 한신과 팽월에게 보냈다.

"힘을 합쳐 초나라를 칩시다. 초나라가 무너지면 진현 동쪽에서 바닷가에 이르는 땅을 제왕, 수양 이북에서 곡성에 이르는 땅을 팽 상국에게 주겠소."

한신과 팽월 모두 흔쾌히 수락했다.

"청컨대 지금 진격토록 하십시오."

《사기》〈고조본기〉와 〈항우본기〉에 따르면 기원전 202년 11월은 항우가 패사하기 한 달 전이다. 팽월과 함께 움직인 유방의 사촌동생 유가劉賈가 남쪽으로 내려가 회수를 건넌 뒤 수춘을 포위했다. 이어 사람을 보내 초나라의 대사마 주은周殷을 회유했다. 사서에는 어떤 식으로 회유했는지 입을 다물고 있으나 대략 제후에 봉할 것을 약속한 것으로 짐작된다. 주은이 회유에 넘어가고 말았다. 당시 항우가 가장 신임했던 사람은 주은이었다. 주은의 배신은 항우에게 결정타로 작용했다.

항우를 배신한 주은은 서현 땅의 군사를 이끌고 가서 육현六縣의 군민軍民을 도륙한 뒤 구강의 병사와 함께 영포英布를 왕으로 옹립했다. 육현은 원래 영포의 본거지이다. 항우는 영포가 자신을 배반하고 유방에게 가자 육현에 있는 영포의 추종자들을 몰살한 바 있다. 영포와 주은이 함께 진격해 성보의 군민을 도륙했다. 이들이 육현과 성보를 잇달아 도륙한 것은 항우가 재기할 수 있는 근거를 아예 뿌리째 들어내기 위한 것이었다.

이내 연합군이 해하에 이르렀다. 항우의 군사는 해하에 진지를 구축하고 있었다. 군사는 적고 군량은 다 떨어진 상황에서 유방의 한나라와 한신의 제나라 군사 등이 여러 겹으로 포위했다. 밤에 한나라 군사가 사방에서 모두 초나라 노래를 부르는 이른바 사면초가四面楚歌 상황이 빚어졌다. 항우가 크게 놀라 탄식했다.

"한나라 군사가 이미 초나라 땅을 모두 빼앗았단 말인가? 어찌하여 초나라 사람이 이토록 많은 것인가?"

항우는 한밤중에 일어나 장중帳中에서 술을 마셨다. 항우 곁에 애첩인 우미인虞美人과 추騅라는 준마가 있었다. 항우가 비분강개한 심정으로 스스로 시를 지어 노래했다.

힘은 산을 뽑고 기개는 세상 덮을 만해	力拔山兮氣蓋世
시운이 불리하니 추騅도 나아가지 않다	時不利兮騅不逝
추가 나아가지 않으니 어찌해야 좋은가	騅不逝兮可奈何
우虞여, 우여! 그대를 어찌하란 말인가	虞兮虞兮奈若何

항우의 뺨에 몇 줄기 눈물이 흘러내렸다. 좌우 모두 눈물을 흘리며 차마 항우의 얼굴을 쳐다보지 못했다. 여기서 '발산개세' 성어가 나왔다. 원래 '발산개세' 성어는 젊은 시절에 항우가 보여준 웅대한 포부를 상징하는

성어로 등장했음에도 불구하고 그의 패망으로 인해 '사면초가' 성어와 함께 21세기 현재까지 대략 부정적인 의미로 사용되고 있다. 용맹만 있고 지략이 없어 끝내 실패한 경우에 주로 사용되는 게 그렇다.

소박하고 청빈하게 살다

단 식 표 음
簞 食 瓢 飮 _소쿠리 단, 밥 식, 표주박 표, 마실 음

한 그릇의 밥과 한 표주박의 물이란 뜻으로, 누추하고 청빈한 삶을 사는 것을 상징한다. '일단식일표음 一簞食一瓢飮'으로 표현키도 한다. 출전은 《논어》〈옹야〉의 "현명하구나, 회여! 한 그릇의 밥을 먹고, 한 표주박의 물을 마시는구나(賢哉, 回也! 一簞食一瓢飮)."

　많은 사람들이 '단식표음簞食瓢飮'을 '단사표음'으로 읽고 있다. 《맹자》 〈양혜왕 상〉에 나오는 '단식호장簞食壺漿' 성어도 많은 사람들이 '단사호장'으로 읽고 있다. 원래 '식食'은 먹는다는 뜻의 동사뿐만 아니라 '밥'을 뜻하는 명사로도 사용된다. 여기의 '단식'은 대광주리에 담긴 밥을 뜻하는 까닭에 '식'은 명사로 사용된 것이다. '식'으로 읽는 게 타당하다. '사'로 읽는 것은 밥을 먹여준다는 뜻의 사동사로 사용될 때뿐이다. '먹일 사飼'의 뜻과 같다.

　원래 '단식표음' 성어는 가난한 생활을 하면서도 편안한 마음으로 수도修道를 즐기는 이른바 안빈낙도安貧樂道를 행한 안회의 행보를 가리킨 것이다. 도인의 모습이다. 이를 두고 훗날 북송의 정이천^{程伊川}은 이같이 풀이했다.

"안회의 즐거움은 한 그릇의 밥과 한 표주박의 물, 누추한 시골을 즐거워한 데 있지 않다. 가난으로 인해 그 마음이 얽매인 바가 있었으나 그 즐거움을 조금도 바꾸지 않은데 있다."

대략 〈옹야〉에서 언급한 '단식표음'의 취지에 부합한다.

안회^{顔回} 즉 안연^{顔淵}은 공자의 수제자이다. 열심히 공부하며 도를 닦는 점에서 단연 발군이었다. 공자가 여러 제자 가운데 유독 안연을 높이 평가하며 자신이 창시한 유도^{儒道}를 전하고자 한 이유다. 〈옹야〉에 나오는 '단식표음' 정신은 공자가 《논어》 〈술이〉에서 언급한 수도^{修道} 자세와 정확히 일치한다. 〈술이〉의 해당 대목이다.

"거친 밥을 먹으며 물을 마시고^{飯疏食飲水}, 팔을 굽혀 베개로 삼을지라도^{曲肱而枕之}, 즐거움이 또한 그 안에 있다^{樂亦在其中矣}. 불의한 방법으로 얻은 부귀는 나에게 뜬구름과 같다."

공자의 이 언급은 학문하는 자세에 관한 공자의 자술^{自述} 가운데 최고의 걸작인 백미^{白眉}에 해당한다. 이를 두고 정이천은 풀이키를, "공자가 거친 밥을 먹고 물을 마시는 것을 즐거워한 것이 아니라, 거친 밥을 먹고 물을 마시면서도 그 즐거움을 고칠 수 없다고 말한 것이다."라고 했다. 공자가 말한 기본 취의^{趣意}에 부합한다.

〈옹야〉의 '단식표음'과 〈술이〉의 '반소식음수' 구절을 통해 공자와 안연이 얼마나 유사한 모습을 보였는지 대략 짐작할 수 있다. 공자의 수제자들 가운데 안연은 할 말을 다하는 자로^{子路}와 달리 평소 말을 건네는 경우가 드물었고, 깊이 천착하는 자공子貢과 달리 공자가 무슨 말을 하는지 단박에 알아차렸다. 굳이 자세히 물어볼 이유가 없었다. 〈위정〉에 나오는 공자의 다음 술회가 이를 뒷받침한다.

"내가 회回와 더불어 온종일 얘기했다. 그가 내 말을 어기지 않아 일견 어리석은 듯했다. 그가 물러간 뒤 그의 사생활을 살펴보니 그 내막이 충분히 드러났다. 회는 어리석지 않다."

이익을 향해 무한 질주하는 인간의 본성인 이른바 호리지성好利之性에 비춰볼 때 인간은 누구나 부자가 되고 싶어 한다. 풍요로운 삶을 바라기 때문이다. 그러니 주의할 것은 풍요로운 삶을 누릴수록 오히려 삶의 만족도는 떨어질 수 있다는 점이다. 바로 '상대적인 박탈감' 때문이다. 아무리 많은 것을 가질지라도 더 많은 것을 바라기 때문에 영원히 '상대적인 박탈감'에서 벗어날 수 없다. 인간의 욕망은 이처럼 한계가 없다. 실제로 세계에서 가장 행복지수가 높은 나라는 미국과 독일, 일본 등의 선진국이 아니다. 세계 최빈국에 속하는 히말라야산맥 내의 산악국 부탄이 매번 실시되는 조사에서 1등으로 나오고 있다.

안연은 가난 속에서 도를 닦는 이른바 안빈낙도安貧樂道의 삶을 살았다. 공자도 내심 스스로 안연만 못하다고 여길 정도였다. 안연은 배움을 통해 다른 무엇과도 바꿀 수 없는 기쁨을 느꼈을 것으로 본다. '단식표음'으로 상징되는 안연의 '안빈낙도' 행보는 물질과 이익을 향해 무한 질주하는 인간의 '호리지성'에 경종을 울리고 있다.

2장 | 처세의 교훈

살면서 지켜야 할 처신

돈이 많아 귀신과 통하다

전 가 통 신
錢 可 通 神 _돈 전, 가히 가, 통할 통, 귀신 신

돈은 귀신과도 통할 수 있을 정도로 위력적이라는 뜻으로, 무엇이든지
능히 할 수 있도록 만든다는 취지로 사용된다. 출전은 당나라 때 장고張延
固가 지은 《유한고취》 제52권의 "돈이 10만냥가량 되면 가히 귀신과도
통할 수 있다(錢十万可通神矣)."

　　당나라 중기 대종 때 좌복야 장연상張延賞은 고위층이 연루된 큰 비리
사건을 맡게 되었다. 일을 제대로 처리하지 못할 경우 커다란 원망을 낳
는 원옥冤獄이 될 수밖에 없었다. 이내 옥리獄吏들을 모아 놓고 당부했다.
　　"이 옥안獄案은 이미 오랜 시간이 지났다. 10일 내에 처리토록 하라."
　　다음 날 그의 책상에 돈 보따리와 이런 내용의 서찰이 놓여 있었다.
　　"3만 관貫입니다. 이 옥안을 불문에 부쳐 주시길 부탁드립니다."
　　대로한 장연상이 좌우에 명해 속히 마무리 짓도록 했다. 그러자 다음
날에는 5만 관이 놓여 있었다. 장연상이 더욱 화를 내며 이틀 내에 반드시
사건을 종결짓도록 명했다. 그 다음 날에는 10만 관이 그의 책상 위에 놓

여 있었다. 장연상이 마침내 이 사건을 불문에 부치도록 했다. 얼마 후 자식들이 틈을 내어 이유를 묻자 그는 이같이 대답했다.

"돈의 액수가 10만 관에 이르면 가히 귀신과도 통할 수 있게 된다. 뒤집지 못할 사안이 없게 된다. 나는 화가 나에게 미치지 않을까 두려웠다. 부득불 이 돈을 받지 않을 수 없었던 이유다."

'전가통신' 성어가 뜻하는 바대로 이루지 못할 게 없을 정도의 막강한 금력金力을 비유하는 성어로 널리 통용된 배경이다. '전가통신'을 전가통귀錢可通鬼, 전가사귀錢可使鬼, 전능통신錢能通神 등으로 표현키도 한다. 모두 같은 뜻이다.

서진西晉 때의 은자 노포魯褒 역시 《전신론錢神論》에서 돈은 귀가 없지만 귀신을 부릴 수 있다는 뜻의 '전무이錢無耳, 가사귀可使鬼'를 언급한 바 있다. 중국의 역대 왕조 가운데 100년간의 삼국시대를 종식시킨 사마씨의 서진만큼 부패한 적이 없다는 사실을 반증한다.

단명으로 끝난 진秦과 수隋를 거론할 수도 있으나 이들 나라는 하드웨어인 정치군사 제도와 소프트웨어인 사회·경제·문화 등이 그대로 한漢과 당唐에 이어졌다. 비록 나라는 허무하게 스러지기는 했으나 그 정신만은 면면히 살아남은 셈이다. 그러나 서진의 경우는 이런 게 없다. 오히려 삼국시대보다 더한 혼란기가 300년이나 이어졌다. 학자들이 굳이 서진을 조씨의 위나라와 함께 위진魏晉으로 표현하면서 이후에 전개된 남북조시대와 합쳐 '위진남북조'로 표현하는 것은 서진 자체가 잠시 등장했다 사라진 나라에 불과하다는 판단에 따른 것이다.

내용적으로 볼지라도 서진처럼 황실을 비롯한 권력층이 하나같이 나약하고 부패했던 경우는 없다. 이는 서진의 태생적 한계이자 비극이기도 했다. 후한 말 이후 100년간 지속된 삼국시대를 마무리 지은 점에서 서진은 외견상 매우 화려해 보였다. 그러나 그 속내를 들여다보면 전연 딴판이었다. 부패와 비리, 위선으로 가득 차 있었다. 온갖 기괴한 일이 빚어지고, 그 후과가 남북조시대로 들어오면서 오히려 더욱 큰 파문을 일으킨 배경이 여기에 있다. 중국의 역대 통일왕조 가운데 최악의 경우로 꼽는 것도 바로 이 때문이다.

진무제 시마염은 친하통일을 완성한 후 점전세占田制와 과선제課田制, 호조식戶調式 등 나름 혁신적인 경제정책을 시행해 권문세가의 사치풍조에 제동을 걸고자 했으나 모두 실패했다. 결단력과 추진력의 결여가 가장 큰 이유였다. 사례교위로서 서진의 건국에 놀라운 수완을 발휘한 창업공신 하증何曾조차 입에 맞는 음식이라면 하루에 1만 전을 소비하는 모습을 보고 규제를 아예 단념한 게 그렇다. 그는 개혁을 포기한 후 이런 풍조에 적극 영합해 사치에 몰입했다.

사마염은 후궁을 선발하기 위해 천하의 혼사를 금지시킨데 이어 오나라를 병탄한 뒤에는 오나라 궁전에서 데려온 강남의 미녀에 홀딱 빠졌다. 후궁이 1만 명에 이를 정도였다. 역대 제왕 가운데 최고의 '호색한'이라는 불명예를 안게 된 이유다.

지난 1995년 중국 호복성 양번에서 열린 '위진남북조 역사연구회의 국제학술회의'에서 일본의 중견 역사학자 아베지로安田二郎가 발표한 〈서진무제호색고西晉武帝好色攷〉 논문이 이를 웅변한다. 서진 때의 은자 노포가

《전신론》에서 "돈이야말로 신이다!"라고 선언한 것은 이런 풍조에 대한 자조적인 풍자에 해당한다. 이는 황실과 귀족들의 상상을 초월한 주지육림酒池肉林을 위해 수단과 방법을 가리지 않는 무자비한 가렴주구가 행해졌음을 반증한다. 서진을 파멸로 이끌고 간 '8왕八王의 난'은 바로 이런 풍토에서 빚어진 것이다. 이는 사마씨 황족이 보위를 둘러싸고 서로 혈전을 벌이며 스스로 왕조의 숨통을 조여 간 자멸의 난투극에 해당한다.

한국에도 돈 있으면 무죄, 없으면 유죄를 뜻하는 '유전무죄有錢無罪, 무전유죄無錢有罪'의 속어가 있다. '전가통신'과 취지를 같이하는 자조적인 용어이다. 지난 2016년 9월부터 '부정청탁 및 금품 등 수수의 금지에 관한 법률'인 이른바 '김영란법'이 시행되고 있다. 건당 100만 원 이상, 1년에 300만 원 이상의 금품, 향응을 받은 공직자에 대해 대가성과 직무 관련성을 따지지 않고 형사 처분하는 게 골자이다. 적용 대상은 국가공무원법상 공무원, 공기업 등 공직 유관단체 임직원, 사립학교 교직원, 언론사 임직원 등이다.

한국은 오랫동안 뇌물 등과 관련된 '게이트' 명목의 부패사건으로 몸살을 앓아왔다. 더 황당한 것은 뇌물을 받은 사람들 상당수가 무죄로 풀려난 경우가 많았던 점이다. 대가성과 직무 관련성을 모두 입증해야 형사 처분할 수 있었기 때문이다. '김영란법'이 등장한 근본 배경이 여기에 있다. 시행과 관련해 여러 얘기가 있음에도 요즈음 공무원들의 복무 자세와 마음가짐과 관련해 예전과 많이 달라졌다는 게 세평이다. '전가통신' 성어가 사라지는 게 선진국의 징표이다.

나오는 대로 마구 떠벌이다

신구자황
信口雌黄 _믿을 신, 입 구, 암컷 자, 누를 황

사실 관계를 따지지 않고 입에서 나오는 대로 지껄이거나, 남의 글이나 말에 대하여 함부로 비평하는 것을 가리킨다. 출전은 남북조시대 남조 양나라 때의 시인 유준劉峻이 쓴 〈광절교론廣絶交論〉의 "앞에서 한 말을 멋대로 바꾸는 자황雌黄 발언이 왕연王衍의 입술에서 마구 터져 나온다(雌黄出其脣吻)."

'신구자황'의 '신구信口'는 멋대로 믿는 것을 말한다는 뜻이다. '자황雌黄'은 원래 유황과 비소와 섞인 붉은색의 안료인 계관석鷄冠石을 말한다. 옛사람들은 글자를 잘못 썼을 때 자황을 덧칠한 뒤 다시 글씨를 썼다. 임의로 첨삭한다는 의미로 사용되면서 사실인지 여부를 고려하지 않은 채 자신이 한 말을 멋대로 지운다는 뜻으로 확장되었다. 두서없이 마구 지껄이는 이른바 수구난설隨口亂說의 횡설수설橫說竪說을 '신구자황'의 성어로 표현하게 된 배경이다.

서진의 진회제 영가 5년인 311년 4월, 갈족의 수령 석륵石勒에 대한 토벌을 명분으로 낙양을 탈출한 동해왕 사마월司馬越이 급사했다. 함께 토벌에 나선 양양왕 사마범司馬范과 태위 왕연王衍은 사마월의 발상을 하지 않은 채 은밀히 군사를 이끌고 그의 시신을 봉지인 동해로 퇴각코자 했다.

이해 5월, 이 소식을 들은 석륵이 곧 기병을 이끌고 그 뒤를 추격했다. 고현 영평성에 이르러 서진의 군사를 도륙했다. 이들은 마치 사냥을 하듯 서진의 군사 수십만 명을 둘러싼 뒤 마구 화살을 쏘아댔다. 사망자가 10여만 명에 이르렀다. 석륵은 병사를 보내 사마월의 관을 불태우게 했다.

"이 자가 천하를 어지럽게 만들었다. 나는 천하를 대신해 보복한 것이다. 그래서 그의 뼈를 태워 천지에 고하는 것이다."

이어 석륵은 술을 몇 잔 마신 후 장막 앞에 꿇어앉은 태위 왕연에게 진나라 쇠망의 원인을 물었다. 왕연이 그 배경을 자세히 설명하자 양양왕 사마범이 초원에 꿇어앉은 채 큰소리로 꾸짖었다.

"오늘의 일을 두고 어찌 시끄럽게 떠드는 것인가!"

일이 이미 이렇게 되었으니 시끄럽게 떠들지 말라는 뜻이었다.

원래 왕연은 용모가 뛰어나 젊었을 때부터 미남자로 유명했다. 젊었을 때 그는 명사인 산도山濤를 예방한 적이 있다. 산도가 오랫동안 탄식했다. 그가 떠나려고 하자 눈여겨보며 이같이 말했다.

"그 어떤 여편네가 이런 영형아寧馨兒를 낳았단 말인가! 그러나 천하의 창생蒼生을 오도하는 자가 반드시 이 자가 아니라고 말할 수는 없을 것이다."

원래 영형아寧馨兒의 '영형寧馨'은 서진西晉 때 '이런'을 뜻하는 일상적인 지시 형용사였다. 이후 '이런 아이'를 뜻하는 '영형아' 표현이 하나의 성어로 굳어지면서 미남미녀나 뛰어난 아이를 뜻하는 말로 사용됐다.

당시 왕연은 스스로를 공자의 제자인 자공子貢에 비유하며 여러 사람들이 모인 자리에서 노장의 도가사상을 강연하곤 했다. 말할 때면 늘 옥으로 만든 먼지떨이인 주미麈尾를 흔들었다. 그럴 때면 손잡이와 손이 구별이 되지 않았다.

문제는 그가 하는 말 역시 앞뒤가 맞지 않을 정도로 마구 지껄이는 일이 잦은데 있었다. 당시 사람들이 그 점을 지적하며 의문을 제기해도 그는 이에 아랑곳하지 않고 되는 대로 말을 바꾸어 강연을 계속해 나갔다. 여기서 입에서 나오는 대로 함부로 지껄여댄다는 뜻의 '신구자황' 성어가 나왔다.

당시 그는 스스로 고아한 척한 까닭에 '돈'이라는 말 자체를 입에 올리지 않았다. 하루는 부인이 이를 시험하기 위해 밤에 돈 꾸러미를 그의 침상 앞에 놓았다. 왕연이 아침 일찍 일어나 이를 보고는 이같이 소리쳤다.

"아도물阿睹物을 갖다 치워라!"

'아도물'은 '이 물건'이라는 뜻이다. 여기서 돈을 뜻하는 '아도물' 성어가 나왔다.

원래 왕연은 충정忠貞의 마음이 없었다. 시류의 부침을 좇아 수시로 변신하며 보신에 몰두했을 뿐이다.

석륵이 왕연에게 부드럽게 말했다.

"참으로 기쁘오. 다른 날 그대와 얘기를 나눕시다."

왕연은 더욱 석륵의 비위를 맞추기 위해 그에게 칭제稱帝할 것을 권했다. 그러자 돌연 안색이 변한 석륵이 옷을 떨치고 일어나며 왕연을 책망했다.

"그대의 명성이 사해를 덮고 있고 몸은 중임을 맡고 있소. 젊었을 때 조정에 나아가 흰머리가 되도록 오랫동안 일했으니 어찌 세상일을 내다보지 못한다고 하겠소! 천하가 이처럼 어지럽게 된 것은 바로 그대의 죄가 초래한 것이오."

그러고는 좌우의 위사에게 명해 왕연을 밖으로 내보내게 했다. 왕연은 이제 죽게 된 것을 알고 주위 사람들을 향해 슬피 탄식했다.

"아, 슬프다! 우리들이 비록 옛사람만 못하다 할지라도 부허浮虛를 숭상하지 않고 온 힘을 다해 세상을 바로잡으려 했으면 이 지경에 이르지는 않았을 것이다."

당시 석륵은 왕연과 사마범을 죽일 것인지 여부를 결심하지 못했다. 마침 장군 공장孔萇이 곁에 있었다. 석륵이 물었다.

"내가 여러 해 동안 천하를 횡행했으나 이처럼 의관儀觀이 비범하고 언변이 뛰어난 인물은 본 적이 없소. 이들의 목숨을 살려야 되지 않겠소?"

공장이 대답했다.

"이들은 모두 진나라 왕공대관입니다. 우리에게 진심으로 굴복한 게 아닙니다. 남겨둔들 무슨 소용이 있겠습니까? 없애도 상관없습니다."

석륵이 고개를 끄덕이며 이같이 말했다.

"이들은 그 시신을 온전히 보전해야 한다. 칼을 대서는 안 된다."

석륵은 나머지 사람들은 일일이 참수케 하면서 왕연과 사마범 두 사람은 벽돌집에 가둔 뒤 밤에 사람을 시켜 벽을 무너뜨려 죽이게 했다. 당시에는 시신을 온전하게 하는 것을 은혜로 생각했다. 훗날 고개지顧愷之는 무너진 벽돌 속에서 질식사한 왕연을 이같이 추모했다.

"왕연의 모습은 기암이 수려하게 솟아 있는 듯, 천 길 벼랑으로 서 있는 듯했다!"

'신구자황'을 일삼으며 '아도물' 운운하며 청렴을 자처한 당대의 '영형아' 왕연의 죽음은 이처럼 비참했다. 사실 질식사는 단칼에 목이 달아나는 것보다 훨씬 고통스러운 죽음에 해당하기 때문이다. 이를 계기로 왕연은 수천 년에 걸쳐 위선偽善의 상징으로 통했다. 이를 상징하는 성어가 바로 '신구지황'이다.

사마귀가 수레에 맞서다

당 랑 거 철
螳 螂 拒 轍 _사마귀 당, 사마귀 랑, 막을 거, 수레바퀴 철

사마귀가 앞발을 들고 수레바퀴를 가로막는다는 뜻으로, 분수도 모른 채 강적에게 덤벼드는 것을 말한다. 출전은 당나라 때 사가인 유지기의 《사통史通》〈재문載文〉에 나오는 '당랑지거철螳螂之拒轍'이다. 《한시외전》에는 '당랑지부螳螂之斧'로 나온다. 사마귀가 먹이를 공격할 때에 앞발을 머리 위로 추켜든 모습이 마치 도끼를 휘두르는 모습과 닮은 데서 나온 말이다. '당랑거철'과 뜻이 같다.

《한시외전》에 따르면, 춘추시대 말기 제장공齊莊公이 수레를 타고 밖으로 나가게 되었다. 이때 작은 벌레 한 마리가 앞발을 도끼처럼 휘두르며 수레바퀴를 칠 듯이 덤벼들었다. 제장공이 탄식하며 좌우에 물었다.

"아, 실로 맹랑한 놈이다. 저게 무슨 벌레인가?"

좌우가 대답했다.

"'당랑'이라고 합니다. 앞으로 나아갈 줄만 알지 물러설 줄은 모르는 놈입니다."

제장공이 고개를 끄덕이며 감탄했다.

"저 벌레가 사람이라면 틀림없이 용맹스런 용사가 됐을 것이다. 비록 미물이기는 하나 그 용기가 실로 가상하다. 저 벌레가 상하지 않도록 수레를 돌려가도록 하라!"

'당랑거철' 표현은 《장자》〈인간세〉에도 나온다. 이에 따르면 하루는 위衛나라의 현대부 거백옥蘧伯玉이 이같이 말했다.

"그대는 저 사마귀 얘기를 알고 있을 것이다. 그 놈은 성을 내면 앞발을 들고 수레바퀴에 맞선다. 자신이 감당할 수 없음을 알지 못하니 이는 자신의 재능이 뛰어나다고 생각하기 때문이다. 경계하고 삼가라. 자신의 재주를 자랑하며 남을 업신여기는 자는 크게 위태롭다.

그대는 저 호랑이 사육사 얘기를 알고 있을 것이다. 그는 결코 먹이를 산 채로 주지 않는다. 살아있는 먹이를 죽이려는 호랑이의 화를 부추길까 두려워하기 때문이다. 또 먹이를 통째로 주지도 않는다. 찢어발기려는 화를 부추길까 두려워하기 때문이다. 그는 호랑이가 굶주리고 배부른 시기에 때맞춰 음식을 주어 성내는 마음을 소통시켜 준다. 그러면 호랑이는 비록 사람과 종류가 다르기는 하나 자신을 사육하는 사람을 잘 따른다. 이는 사육사가 호랑이의 자연스런 본성을 좇은 결과다. 간혹 호랑이가 사육사를 물어 죽이는 것은 그 본성을 거슬렀기 때문이다.

말을 아끼는 사람은 각진 대광주리에 말똥을 담고, 커다란 조개껍질에 말 오줌을 받는다. 이때 마침 모기나 등에가 말 등에 붙어 있는 것을 보고 문득 말 등을 때리면 말이 크게 놀라 재갈을 물어뜯고, 사육사의 머리를 들이받고, 가슴을 걷어차 부숴버릴 것이다. 이처럼 모기를 쫓아 주겠다는 한 가지 의도에 사로잡히면 이내 말을 아끼고자 한 본래의 의도를 잃어버리게 된다. 그러니 어찌 삼가지 않을 수 있겠는가?"

여기의 '당랑거철' 성어는 무모함의 상징으로 사용되었다. 《논어》〈술이〉에 나오는 포호빙하暴虎馮河와 취지를 같이한다. '포호빙하'는 맨손으로 호랑이를 때려잡고 걸어서 황하를 건넌다는 뜻이다. '당랑거철'과 함께 무모함을 상징하는 성어로 널리 사용되고 있다.

공자의 3000여 제자 중 특히 안회顏回는 덕행이 뛰어났다. 공자가 가장 아끼던 제자에 해당했다. 그는 가난하고 불우했지만 이를 전혀 괴로워하지 않았으며 또한 32세의 젊은 나이로 죽을 때까지 노하거나 실수한 적이 한 번도 없었다고 한다.

하루는 안회에게 공자가 이렇게 말했다.

"왕후王侯에게 등용되면 포부를 펴고 받아들여지지 않는다면 이를 가슴 깊이 간직해 두기는 여간 어려운 일이 아니다. 하지만 그렇게 할 수 있는 이는 나와 너 두 사람 정도일 것이다."

곁에서 듣고 있던 자로子路가 은근히 샘이 나서 공자에게 이렇게 물었다.

"선생님, 도를 행하는 것은 그렇다 치고 만약 대군을 이끌고 전쟁에 임할 때 선생님은 누구와 함께 가시겠습니까?"

용맹에 관한 한 나름 자신이 있던 자로는 공자의 긍정적인 대답을 기대했다. 그러나 공자의 대답은 정반대였다. 공자가 굳은 얼굴로 이같이 대답했다.

"맨손으로 호랑이에게 덤비거나 걸어서 황하를 건너고자 하는 '포호빙하'의 자세로 죽음을 후회하지 않을 자와는 함께하지 않을 것이다. 그러나 일에 임하여 두려워하며 즐겨 계책을 세워 일을 성사시키는 자와는 함께할 것이다."

공자는 일을 추진할 때 무모한 용기를 앞세워 저돌적으로 행동하기보다는 계획을 세워 일을 성공적으로 추진하는 것을 보다 중시했다. 한마디로 말해 '필부의 만용'은 취할 바가 못 된다고 꾸짖은 셈이다. '포호빙하'가 '당랑거철'과 함께 무모한 만용을 뜻하는 대표적인 성어로 널리 쓰이게 된 배경이다. '빙하'는 빙하憑河로도 쓴다. 빙馮과 빙憑은 서로 통용되는 글자이다.

재주를 흙먼지에 감추다

화 광 동 진
和 光 同 塵 _온화할 화, 빛 광, 같을 동, 티끌 진

자신이 보유하고 있는 번득이는 재덕才德을 전혀 밖으로 드러내지 않은 채 속세의 기준을 좇는 것을 가리킨다. 덕분에 주변 사람들이 그의 감춰진 재덕을 알아챌 길이 없다. 출전은 《도덕경》 제56장의 "번쩍거리는 것을 부드럽게 해 세속에 섞인다(和其光, 同其塵)."

일찍이 성선설을 주장한 맹자와 달리 인간의 악한 본성에 주목한 순자는 《순자荀子》〈대략大略〉에서 이같이 설파한 바 있다.

"말을 많이 하는데도 모두 합당한 이른바 다언이류多言而類의 인물이면 성인이고, 말을 적게 하는데도 법도에 맞는 소언이법少言而法의 인물이면 군자이고, 말이 많고 법도에 맞지도 않는 다언무법多言無法과 그 내용을 종잡을 수 없는 유면연流湎然의 인물이면 비록 말을 잘 할지라도 소인일 뿐이다."

도가는 도道를 말로 설명키에 적합하지 않은 까닭에 말을 아낀다는 의미에서 '불언不言'을 중시했다. 이는 무조건 아무 말도 하지 않는다는 취지에서 나온 게 아니다. 《순자》〈대략〉이 지적한 것처럼 '다언무법'의 한계를 통찰한 결과다.

《도덕경》에 나오는 '무無'와 '불不'을 글자 그대로 해석해 일체의 '유有'와 배치되는 것으로 해석하는 것은 《도덕경》의 기본 취지를 망각한 것이다. 《도덕경》은 제1장에서 이같이 설파했다.

"도道는 가히 '도'라고 쉽게 말하지만 이는 영원한 도인 상도常道가 아니다. 명名은 가히 '명'이라고 쉽게 이름을 붙이지만 이는 본질적인 명칭인 상명常名이 아니다(道可道非常道. 名可名非常名)."

'도'를 크게 말할 수 있는 '가도지도可道之道'와 그럴 수 없는 '불가도지도不可道之道'로 나눠 풀이했음을 알 수 있다. '명' 역시 크게 이름을 붙일 수 있는 '가명지명可名之名'과 그럴 수 없는 '불가명지명不可名之名'으로 양분되어 있다. 제1장의 논리에 따르면 결국 〈상常=무無=도道=현玄〉의 도식이 성립된다. 사실 이 도식은 《도덕경》의 처음과 끝을 관통하는 기본 도식이기도 하다. 삼국시대 때 활약한 왕필王弼은 '가도지도'와 '가명지명'을 하나로 묶어 '지사조형指事造形'으로 규정하면서 '불가도지도'와 '불가명지명'은 이에 반대되는 것으로 풀이했다.

'불가도지도'와 '불가명지명'은 똑똑한 사람이 어리석은 사람처럼 보이면서 사는 이른바 '난득호도難得糊塗'와 취지를 같이한다. '난득호도'는 어리석은 사람처럼 내보이며 살기가 쉽지 않다는 뜻이다. 청대 건륭제 때 화가 겸 학자로 명성을 떨쳤던 정판교鄭板橋는 '난득호도'를 삶의 기본철학으로 삼은 바 있다. 그는 자신이 쓴 시 〈난득호도〉에서 이같이 읊은 바 있다.

총명해 보이기도, 어리석게 보이기도 어렵다　　聰明难, 糊涂难

총명한데도 바보처럼 보이기는 더욱 어렵다　　由聰明轉入糊涂更难

고집 버리고 일보 물리면 매사 마음 편하다　　放一着, 退一步, 當下心安

그러면 의도하지 않아도 나중에 복이 오리니　　非圖後来福报也

　중국인들은 자신의 속셈을 남에게 드러내지 않는 것은 물론 바보처럼 보이며 살아가는 것을 최상의 처세술로 생각한다. 자신이 지니고 있는 것을 온갖 방법을 동원해 모두 드러내 보이고자 하는 한국인의 심성과 대비된다. 플로베르의 소설 《보바리 부인》에서 유래한 '보바리즘'이 한국인의 심성과 닮아 있다. 허영심으로 인해 자신을 과장되게 생각하고 표현하는 경향을 말한다.

　'난득호도'의 처세술은 한국인의 심성과 정반대로 자신이 지니고 있는 장점을 전혀 드러내지 않는 처세술을 지칭한다. 좋은 물건일수록 꼭꼭 숨겨두며 '없는 척'을 하는 것이다. 없는 것도 '있는 척'을 하는 한국인의 행태와 정반대된다.

　언짢은 일을 당했을 때 한국인들은 '두고 보자!'며 말을 앞세운다. 그러나 중국인들은 10년이 넘게 은밀히 칼을 갈며 후일을 기약한다. 중국에 '군자보구君子报仇, 십년불만十年不晚' 속담이 유행하는 이유다. 군자가 복수를 할 때는 10년 뒤에 할지라도 결코 늦지 않다는 뜻이다. 일본인도 중국인과 유사한 행태를 보인다. 겉으로 드러내는 외교적 언동인 다테마에立前와 깊이 감춘 속셈인 혼네本音를 엄히 구분하는 게 그렇다.

　'군자보구' 운운과 정반대되는 것이 '소인보구小人報仇, 지재안전只在眼前'

이다. 소인은 당장 눈앞에서 원수를 갚고자 한다는 뜻이다. 유감스럽게도 동아 3국 가운데 한국인에게 이런 모습이 유독 짙게 나타난다. 우리도 이제는 중국인과 일본인을 두고 '음흉하다'거나 '안팎이 다르다'라고 탓하기 전에 크게 보고 길게 호흡하는 훈련을 할 필요가 있다.

《도덕경》이 제1장에서 이미 득도得道했다며 겉으로 떠들어대는 '가도지도可道之道'와 이미 득도를 했는데도 아직 도에 이르지 못했다며 '난득호도'의 모습을 보이는 '불가도지도不可道之道'를 구분한 이유다. 《도덕경》이 제56장에서 도를 아는 자는 도를 말하지 않고 도를 말하는 자는 도를 알지 못한다는 뜻의 '지자불언知者不言'과 '언자부지言者不知'를 언급한 것도 바로 이 때문이다. 《도덕경》이 같은 56장에서 '화광동진'을 언급한 근본 배경이 여기에 있다. 이에 대한 통찰이 바로 《도덕경》의 근본 취지를 제대로 이해하는 출발점에 해당한다.

장경오훼長頸烏喙와
토사구팽兎死狗烹

역대 정치인 가운데 고사성어의 달인은 이른바 '3김시대'의 한 축을 이룬 김종필 전 총리이다. 주로 애칭인 JP로 불렸던 그는 정치적 우여곡절이 있을 때마다 시의적절한 4자성어로 가슴속의 울분을 토하거나 자신의 심경을 에둘러 표현했다. 학계 일각에서 고사성어로 당대의 정치를 은유적으로 표현하면서 자신의 정치를 펴나간 그의 이런 행보를 두고 이른바 '고사성어 정치'라고 표현한 것은 나름 일리가 있다. 해방 이후에 명멸한 한국의 역대 정치인 가운데 '고사성어 정치'로 한국의 정치를 쥐락펴락한 점에서 그는 매우 특이한 존재였다.

물론 나머지 양김도 정도의 차이는 있을지언정 나름 '고사성어 정치'를 구사하기는 했다. 그러나 품격과 질 등에서 현격한 차이가 났다. 예컨대 김영삼 전 대통령은 '대도무문大道無門'만 열심히 썼다. 세상의 난관을 극복해 새로운 길을 열겠다는 취지의 '극세척도克世拓道' 성어도 가끔 휘호로 쓰기는 했으나 '대도무문'만큼 널리 알려지지는 않았다. 김대중 전 대통령 역시 '실사구시實事求是'와 '경천애인敬天愛人' 등의 교과서적인 문구만 선호했다.

이에 반해 JP의 4자성어는 때마다 달랐고, 장소마다 다양하게 당시의 상황을 표현했다. 선비의 풍류와 멋과 깊이가 있었다는 호평을 받은 이유다. YS와 달리 DJ는 박학다식하다는 평을 받았지만 인문학 소양의 측면에서 한학에 밝았던 JP의 상대가 되지 않았다.

JP는 5세 때부터 부여의 서당에서 천자문으로 기초를 익힌 뒤 신학문을 배웠다. 기초를 탄탄히 다졌던 셈이다. 이후 대전사범 졸업 후 초등학교 교사를 하다가 다시 서울대 사대를 수료하고 육사를 졸업해 무인武人으로 변신했다. 수시로 문무겸전文武兼全의 면모를 유감없이 드러낸 배경이다. 그런 점에서는 대구사범을 거쳐 만주군관학교와 일본 육사를 나온 박정희 전 대통령과 유사한 경로를 밟았다. 두 사람이 5·16 군사정변을 거쳐 천하의 권력을 거머쥔 게 결코 우연만은 아니었던 셈이다.

그러나 박정희 전 대통령의 급서에 뒤이어 1980년 신군부의 탄압에 의해 JP 역시 YS 및 DJ와 마찬가지로 가택에 연금된 채 암울한 시간을 보내야만 했다. 이때 그는 서예와 독서로 소일하며 그 이후를 대비했다. 당시 그가 즐겨 쓴 휘호는 옛 것을 온전히 익힌 가운데 새 것을 아는 《논어》 〈위정〉의 '온고지신溫故知新'과 날마다 더욱 새로워지기 위해 노력하는 《대학》의 '일신우일신日新又日新' 성어였다. 예로부터 전해지는 좋은 전통과 현대의 혁신을 하나로 녹이고자 하는 취지를 담은 것이다.

JP가 만들어낸 '고사성어 정치'의 구체적인 사례는 그가 생전에 쉬지 않고 써낸 신년 휘호를 보면 대략 짐작할 수 있다. 지난 1994년에 그는 물과 같이 순리에 따라 산다는 뜻을 지닌 《도덕경》의 '상선여수上善如水'를 썼다. 이어 1995년에는 무슨 일이 있어도 어긋나지 않게 산다는 뜻을 지닌 《예기》〈치의緇衣〉의 '종용유상從容有常', 1996년에는 대꾸하지 않으니 마음이 한가롭다는 뜻을 지닌 《명심보감》의 '부대심청한不對心淸閑', 1997년에는 모든 일은 결국 스스로 노력해서 깨달아야 한다는 뜻을 지닌 《벽암록碧巖錄》의 '줄탁동기啐啄同機' 등의 신년 휘호를 썼다.

JP가 정치적 격변기나 신년에 휘호 등을 통해 새로운 고사성어를 제시할 때마다 매스컴이 분주하게 그 의미를 천착했고, 덕분에 많은 국민이 그 고사성어를 음미하는 식의 패턴이 지속되었다. 인구에 회자한 사례가 매우 많았던 이유다.

대표적인 경우로 지난 1980년 당시 모든 사람이 이른바 '서울의 봄'이 왔다고 생각할 때 오직 그만이 말하기를, "지금 봄이 오고 있으나 아직은 꽃이 피어날 봄인지 겨울 속으로 돌아갈 봄인지 알 수 없다. 춘래불사춘春來不似春의 정국이다."라고 했다. 신군부의 발호를 예감한 명언이었다. 여기서 21세기 현재까지도 널리 유행하는 '춘래불사춘' 성어가 나오게 되었다.

원래 이는 당나라 측천무후 때 활약한 동방규東方虯가 한원제 때 흉노의 선우單于에게 시집을 보낸 왕소군王昭君의 애닳은 삶을 그린 〈소군원삼수昭君怨三首〉의 '호지무화초胡地無花草, 춘래불사춘春來不似春' 구절에서 따온 것이다.

'춘래불사춘' 못지않게 JP가 항간에 널리 유행시킨 고사성어가 또 하나 더 있다. 1995년 김영삼 당시 대통령과 결별하며 민자당을 탈당할 때 언급한 '토사구팽兎死狗烹' 성어가 그것이다. 당시 그는 민자당 대표위원의 자리를 박차고 나오면서 YS를 '장경오훼長頸烏喙'의 인물로 지적했다. 원래 '장경오훼'와 '토사구팽'은 동전의 양면처럼 짝을 이루고 있는 고사성어이다.

《사기》〈월왕구천세가〉에 따르면 춘추시대 말기인 이른바 오월시대吳越時代에 대부 문종文種과 함께 힘을 합쳐 월왕 구천句踐의 패업을 완성한 범리范蠡는 공성신퇴功成身退의 이치를 좇아 구전 곁을 떠나면서 문종에게 서신을 보냈다.

"나는 새가 다 잡히면 좋은 활은 거둬지는 비조진양궁장飛鳥盡良弓藏, 교활한 토끼가 모두 잡히면 사냥개는 삶아지는 교토사주구팽狡兎死走狗烹이라는 말이 있소. 월왕 구천은 목이 길고 입은 새처럼 뾰족한 '장경오훼'의 관상을 하고 있으니 어려움은 함께할 수 있어도, 즐거움은 같이할 수 없소. 그대는 왜 월나라를 떠나지 않는 것이오?"

문종이 편지를 읽고 병을 핑계 삼아 궁궐에 들어가지 않으니 어떤 자가 그가 반란을 일으키려 한다고 참언했다. 구천은 그에게 칼을 내리며 말했다.

"그대는 오나라를 칠 수 있는 계책 7가지를 가르쳐 주었소. 나는 그 가운데 3가지만을 사용해 오나라를 물리쳤소. 나머지 네 가지는 그대에게 있으니 그대는 선왕先王을 뒤좇아 가서 나를 위해 이를 시험해 보기 바라오."

문종이 이내 자진하고 말았다. 〈월왕구천세가〉의 이 일화에서 '조진궁 장鳥盡弓藏'과 '토사구팽兎死狗烹' 및 '장경오훼長頸烏喙' 등의 성어가 나왔다. 모두 같은 취지를 담고 있는 성어이다.

당시 문민정부의 출범에 결정적인 공헌을 한 JP가 '토사구팽'과 '장경오훼' 등의 고사까지 훤히 꿰고 있으면서 미리 대책을 강구하지 못한 채 문민정부에서 쫓겨나다시피 '토사구팽'을 당한 것은 커다란 역설이다. 당시 시중에는 이 성어가 삽시간에 개그맨의 유행어처럼 퍼졌다. 일반인들이 누구로부터 섭섭한 일을 당하면 '토사구팽'을 뜻하는 '팽烹'자를 써서 "팽 당했다!"고 표현한 게 그렇다.

이후 JP는 YS에게 '토사구팽'의 원한을 설욕하기라도 하는 듯 박태준 전 민자당 최고위원을 끌어들여 이른바 DJP 연합을 결성해 YS의 정적인 DJ를 청와대의 주인으로 만드는데 성공했다. 이때 역시 문민정부 출범 때와 마찬가지로 '내각제 개헌'을 구실로 삼은 것이었다. 그러나 얼마 안 가 또다시 DJ로부터 '토사구팽'을 당하고 말았다. 이후 총선에서 설욕을 꾀했으나 소수 야당의 총재로 몰락했다가 끝내 정계 은퇴를 선언해야 하는 처지가 되었다. 5·16 군변의 당사자이면서도 리쭝우가 역설한 면후심흑面厚心黑의 계책을 체득하지 못해 최고 통치권자의 자리에 오르지 못한 것은 물론 번번이 이용만 당한 셈이다. 정치권 일각에서 JP를 두고 '영원한 2인자'라는 칭찬 아닌 칭찬을 하는 것도 일리가 있다.

리쭝우는《후흑학》에서 중국의 역대 제왕 가운데 면후심흑의 계책을 통해 천하를 틀어쥔 대표적인 인물로 한고조 유방과 명태조 주원장을 꼽은 바 있다. 그런 점에서 '고사성어 정치'의 창시자인 JP를 '토사구팽'의 당사자로 만든 YS와 DJ는 면후심흑의 달인에 해당한다. 리쭝우가 역설한 것처럼 예나 지금이나 천하를 거머쥐는 데는 낯가죽이 두껍고 속마음이 시커먼 면후심흑의 술책이 반드시 필요한 게 아닌가 하는 생각마저 든다. 그 생생한 증거가 JP의 몰락이라고 해도 과언이 아니다. '고사성어 정치'의 새로운 장을 열었음에도 결국 '영원한 2인자'로 끝난 JP의 몰락에도 불구하고 '고사성어 정치'의 맥이 끊어지지 않고 계속 이어졌으면 하는 바람이다.

마루 끝에 앉을 일이 없다

좌 불 수 당
坐 不 垂 堂 _앉을 좌, 아닐 불, 가장자리 수, 마루 당

앉을지라도 유사시 지붕에서 떨어지는 기와에 머리를 다칠 위험이 있어 마루 끝에는 앉지 않는 것을 말한다. 부유한 집안의 자손은 애초부터 위험한 일에 가까이할 이유가 없다는 취지이다. 출전은 《사기》〈원앙조조열전〉의 "1,000금을 가진 부잣집 아들은 앉을지라도 마루 끝에 앉지 않고, 100금을 가진 부잣집 아들은 난간에 기대지 않는다(千金之子, 坐不垂堂. 百金之子, 不倚衡)."

〈원앙조조열전袁盎晁錯列傳〉은 한나라 초기 앙숙으로 지내다 모두 죽음을 당한 원앙袁盎과 조조晁錯에 관한 전기이다. 원앙은 강직한 성품 탓에 지나친 간언으로 죽음을 자초했다. 그의 간언은 많은 적을 만들어냈을 뿐만 아니라 황제마저 적으로 돌리는 결과를 낳았다. 너무 강하면 쉽게 부러지는 이른바 '태강이절太强易折'의 대표적인 사례에 해당한다.

원앙은 큰 이치인 이른바 대체大體에 입각해 세상일을 논하며 비분강개悲憤慷慨했다. 환관 조담趙談이 한문제의 총애를 배경으로 늘 원앙을 해치려고 한 까닭에 내심 이를 걱정했다. 원앙의 조카 원종袁種은 황제를 모시는 기병인 상시기로 있었다. 그가 황제의 권한을 상징하는 부절을 들고 한문제 곁에서 시종했다. 원종이 원앙에게 이같이 귀띔했다.

"조담과 만나면 어전에서 모욕을 주어 그의 중상모략이 받아들여지지 않도록 선수를 치십시오."

하루는 한문제가 외출할 때 조담이 한문제를 시종키 위해 수레에 함께 탔다. 이때 원앙이 수레 앞으로 나아가 엎드린 채로 간했다.

"신이 듣건대 천자의 수레를 함께 탈 수 있는 사람은 모두 천하의 호걸과 영웅이라고 했습니다. 지금 한나라에 인재가 부족하다고는 하나 폐하가 어찌 환관과 함께 수레를 타는 것입니까?"

한문제가 웃으며 조담을 내리게 했다. 조담이 울면서 수레에서 내렸다.

한번은 한문제가 파릉에서 서쪽으로 가파른 고갯길을 말을 내달려 내려가려고 했다. 원앙이 타고 있던 말을 황제의 수레 옆에 대고는 말고삐를 당겼다. 한문제가 물었다.

"장군은 겁이 나서 그러는 것이오?"

원앙이 대답했다.

"신이 들으니 '1천 금을 가진 부잣집 아들은 앉을지라도 마루 끝에 앉지 않는 좌불수당坐不垂堂을 하고, 1백 금을 가진 부잣집 아들은 누각의 난간에 기대지 않는 불의형不騎衡을 한다'고 했습니다. 현명한 군주는 위험을 무릅쓰며 행운을 바라는 승위요행乘危徼幸을 하지 않는 법입니다. 지금 폐하는 6필의 말이 끄는 수레를 몰아 가파른 산비탈을 달려 내려가고자 합니다. 만일 말이 놀라 수레가 부서지기라도 하면 폐하는 몸을 가벼이 여긴 것으로 치부할지라도 종묘와 태후는 무슨 낯으로 대할 것입니까?"

이를 듣고 한문제는 결국 그만두었다.

한문제가 상림원으로 나들이하러 갔을 때 두황후^{竇皇后}와 신부인^{愼夫人}도 함께 따라갔다. 두 여인이 늘 같은 자리에 앉았다. 상림원을 관장하는 낭서장이 자리를 같은 위치에 마련하자 원앙이 신부인의 자리를 뒤로 당겨 물렸다. 신부인이 화가 나서 앉으려 하지 않자 한문제도 노해 이내 궁중으로 돌아가 버렸다. 원앙이 곧 궁중으로 들어가 한문제 앞으로 나아가 말했다.

"신이 듣건대 존비에 질서가 잡히면 상하가 화목하다고 했습니다. 지금 폐하가 황후를 세운 이상 신부인은 첩에 불과합니다. 처첩이 어찌 같은 자리에 앉을 수 있습니까? 이는 존비의 분별을 잃은 것입니다. 폐하가 신부인을 사랑하면 후하게 상을 내리십시오. 폐하가 방금 하신 일은 바로 신부인에게 도리어 화가 되는 일입니다. 폐하 홀로 여태후 때 빚어진 '인체^{人彘}' 사건을 모르는 것은 아니겠지요?"

한문제가 크게 기뻐하며 신부인을 불러 원앙의 말을 들려주었다. 신부인이 원앙에게 황금 50근을 내렸다.

원앙의 고사에서 나온 '좌불수당' 성어는 유사시에 대비한 철저한 주의를 당부하고 있다. 일면 너무 지나친 보신책^{保身策}이 아닐까 우려할 수도 있으나 매사에 조심해서 나쁠 것은 없다.

상황에 따라 대처하다

심 려 천 게
深厲淺揭 _깊을 심, 갈 려, 얕을 천, 높이 들 게

내를 건널 때 물이 깊으면 허리까지 옷을 걷어 올리고, 얕으면 무릎 밑
까지 걷어 올리고 건넌다는 뜻이다. 일의 성격과 형편에 따라 적절하게
대처한다는 취지를 담고 있다. 출전은 《시경》〈국풍, 포유고엽〉.

'심려천게' 성어는 '박의 마른 잎'이라는 뜻을 지닌 《시경》〈국풍國風, 포
유고엽匏有苦葉〉의 다음 시구에서 취한 것이다.

박에 마른 잎 달려 있고	포유고엽匏有苦葉
제수濟水에 깊고 얕은 곳 있다	제유심섭濟有深涉
깊으면 옷을 입은 채 건너고	심즉려深則厲
얕으면 옷을 걷고 건너다	천즉게淺則揭

《후한서》〈장형전張衡傳〉에 "심려천게深厲淺揭는 시의에 맞춰 일을 처리

하는 수시위의隨時爲义를 뜻한다."는 구절이 나온다. 이는 임기응변을 언급한 것이다. '임기응변'은 말 그대로 불가측성이 극대화한 난세 상황에서 재빠른 변신을 통해 난관을 돌파한다는 취지에서 나온 것이다.

난세는 치세와 달리 인간의 이익을 향해 무한 질주하는 이른바 호리지성好利之性이 적나라하게 드러난다. 호리지성은 원초적인 본능에 해당하는 까닭에 부부, 부모와 자식, 형제 등의 가장 가까운 인간관계에서도 예외 없이 나타난다.

이와 대비되는 것이 영예로운 삶을 추구하는 호명지심好名之心이다. 공명을 떨쳐 죽백竹帛에 이름을 남기고자 하는 심성을 뜻한다. 이는 사회 및 국가 등의 공동체 속에서만 발현되고, 최소한 먹는 문제가 해결된 뒤에 나타난다는 점에서 '호리지성'과 대비된다. '호리지성'이 성악설에 입각한 인간 개개인의 본성인 인성人性에 해당한다면, '호명지심'은 인간이 최초로 집단생활을 영위하면서 나타나기 시작한 민성民性으로 풀이할 수 있다.

전국시대 중엽 서쪽 변방의 진나라를 가장 부강한 나라로 만들어낸 상앙商鞅은 자신의 저서 《상군서商君書》〈산지算地〉에서 '민성'을 이같이 분석해 놓았다.

"민성은 배고프면 먹을 것을 구하고, 지치면 쉬기를 원하고, 괴로우면 즐거움을 찾고, 치욕을 당하면 영예를 바라게 마련이다. 이게 백성의 기본 정서이다. 옛날 선비들은 옷을 입어도 몸을 따뜻이 하기를 구하지 않고, 밥을 먹어도 배부른 것을 구하지 않았다. 이는 민성의 기본규율과 어긋난다. 그럼에도 그들이 그리한 것은 명성을 추구하는 '호명지심' 때문이다. 그래서 말하기를, '명성과 이익이 모이는 곳에 백성들이 따른다.'고 하는 것이다.”

객관적으로 볼 때 치세에는 임기응변이 그다지 쓸모가 없다. 이 시기에는 모든 것이 하나의 '룰' 내지 '패턴'으로 정형화되어 있기 때문에 임기응변의 필요성이 크지 않다. 그러나 난세의 방략인 임기응변은 이와 다르다. 이는 기본적으로 달빛 아래 은밀히 칼을 가는 '도광양회韜光養晦'와 스스로를 부단히 채찍질하며 목표를 향해 시종여일하게 전진하는 '자강불식自強不息'이 전제돼야만 가능하다. 마치 오리가 수면 위를 미끄러지듯 헤엄치지만 물밑에서는 쉬지 않고 발을 젓는 것과 같다. 인구에 회자하는 '위기는 곧 기회이다'라는 속언도 이런 맥락에서 접근해야 그 의미를 제대로 파악할 수 있다.

배에 표시하고 칼을 찾다

각 주 구 검
刻 舟 求 劍 _새길 각, 배 주, 찾을 구, 칼 검

뱃전에 칼자국을 내어 표시해 두었다가 나중에 칼자국이 난 뱃전 부근에서 칼을 찾는 어리석음을 지적한 성어이다. 융통성이 없고 자기 고집에 사로잡힌 사람의 어리석음을 비유할 때 사용한다. 출전은 《여씨춘추》〈찰금察今〉의 "문득 배에 자국을 낸 뒤 말하기를, '이곳이 내가 칼을 떨어뜨린 곳이다'라고 했다(遽契其舟曰, '是吾劍之所从墜.')."

어떤 초나라 사람이 장강을 건너기 위해 나루터에서 배에 올라 뱃전에 앉았다. 강 중간쯤에 도착했을 때 배가 출렁거리면서 차고 있던 칼을 떨어뜨렸다. 크게 놀라 황급히 작은 칼로 뱃전에 이같이 기록했다.

"이곳이 내가 칼을 떨어뜨린 곳이다."

이내 배를 멈춘 뒤 표시해 놓은 뱃전에서 입수入水해 칼을 찾았다. 그러나 배는 이미 앞으로 나아간 상황이었기에 칼을 찾을 길이 없었다. 〈찰금〉의 저자는 이같이 비판했다.

"이런 식으로 강물에 떨어뜨린 칼을 찾고자 하면 미혹된 일이 아니겠는가?"

이 일화에서 '배'는 시대의 흐름을, '검'은 제도를 상징한다. 시대가 계속 변하는데도 고집스럽게 이전의 법제를 계속 운용하는 것을 비판한 것이다. 〈찰금〉의 '각주구검' 일화 뒤에 나오는 다음 구절이 이를 뒷받침한다.

"지나간 옛 법만 가지고 나라를 다스린다면 칼잡이와 마찬가지이다. 시대는 이미 지나가 변했지만 그 법은 그대로가 아닌가? 이런 식으로 나라를 다스리고자 하면 이 어찌 어렵지 않겠는가?"

'각주구검'과 유사한 취지의 성어가 《한비자韓非子》에 나온다. '수주대토守株待兔'가 바로 그것이다. 한비자는 전국시대 말기 스승인 순자로부터 예치禮治 사상을 전수받은 뒤 상앙商鞅 등의 법치法治 사상을 버무려 법가를 명실상부한 제자백가로 우뚝 서게 만든 장본인이다. 그는 자신의 명저 《한비자》 〈5두〉에 이런 일화를 실어 놓았다.

"하夏나라를 세운 우왕禹王의 시대에 전설적인 3황三皇인 수인씨燧人氏 때처럼 새둥지 같은 집을 짓고, 나뭇가지를 비비거나 부싯돌을 치는 방법으로 불을 지피면 우왕에게 비웃음을 샀을 것이다. 또 은나라와 주나라 시대에 우왕이 하던 것처럼 둑을 터서 물을 소통시키는 자가 있다면 은殷나라를 세운 탕왕湯王과 주周나라를 세운 무왕武王에게 비웃음을 샀을 것이다. 마찬가지로 지금 세상에 요순과 탕왕, 무왕, 우왕 등을 찬미하는 자가 있다면 반드시 이 시대의 성인에게 비웃음을 살 것이다. 성인은 옛날 방식에 따를 것을 바라지 않고, 일정한 규범을 고집하지 않고, 현 시대의 상황을 살피고, 그에 부응하는 적절한 조치를 취한다. 예전에 송나라의 어떤 농부가 밭을 갈다가 잠시 밭 가운데 있는 나무 그루터기 위에서 쉬고 있을 때였다. 마침 토끼 한 마리가 달아나다가 그루터기에 부딪쳐 목이 부러져 죽었다. 이를 본 농부는 이후 쟁기를 놓고 그루터기를 지키며 토끼가 재차 오기를 기다렸다. 그러나 토끼는 다시 얻을 수 없었다. 결국 그는 송나라의 웃음거리가 되고 말았다. 지금 고대 제왕의 정치를 좇아 현재의 백성을 다스리고자 하는 것은 모두 송나라 농부처럼 수주대토守株待兎의 어리석음을 범하는 것과 같다."

'수주대토' 성어가 나온 전거이다. '각주구검' 성어가 나온 취지와 똑같다.

〈외저설 좌상〉에도 '수주대토' 및 '각주구검' 성어를 연상시키는 '정인치리鄭人置履' 일화가 나온다. 《한비자》에 나오는 정나라 사람은 어리석은 우인愚人의 상징으로 자주 인용되곤 한다.

정나라 사람 가운데 신발을 사려는 자가 있었다. 그는 먼저 자신의 발을 잰 뒤 치수를 적은 것을 그 자리에 그대로 두고 나왔다. 시장에 와서야 이를 집에 두고 온 것을 비로소 알게 되었다. 그가 신발가게 주인에게 말했다.

"깜박하고 치수를 잰 것을 가져오지 않았소. 집에 가서 그것을 갖고 오겠소."

그러나 그가 집에 갔다가 돌아왔을 때는 이미 시장이 파해 신발을 구할 길이 없었다. 어떤 사람이 그의 행동이 하도 딱해 물었다.

"어째서 직접 신발을 신어보지 않은 것이오?"

그가 대답했다.

"치수를 잰 것은 믿을 수 있어도 내 발은 믿을 수 없기 때문이오."

자신의 생각만 옳다는 식의 고집을 부리는 '정나라 사람'의 전형에 해당한다. 여기서 '정인치리' 성어가 나왔다. 급변하는 시세에 적응하지 못한 채 자신의 생각만이 옳다고 고집하는 우인愚人의 한심한 태도를 통렬하게 비판한 것이다.

《한비자》〈외저설 좌상〉도 정작 필요로 하는 구슬은 되돌려주고 겉모습만 화려한 보석함만 사는 어리석음을 '매독환주買櫝還珠'로 비유한 바 있다. 해당 일화이다.

"초나라 사람이 성나라로 가서 진주를 팔려고 한 적이 있다. 목란木蘭으로 상자를 만들고, 계초桂椒의 향료를 넣고, 겉은 갖가지 구슬로 꿰고 붉은 구슬로 장식한 후 비취를 박았다. 그러자 정나라 사람은 상자만 사고 진주는 돌려보냈다. 이를 두고 상자를 잘 팔았다고 할 수는 있으나 진주를 잘 팔았다고 말할 수는 없는 일이다."

'각주구검'과 '수주대토' 및 '정인치리'와 '매독환주' 등의 성어는 모두 천하대세의 도도한 흐름을 무시한 채 자신만의 세상에 갇혀 고집스런 행보를 보이는 것을 지적한 것이다. 동서고금을 막론하고 난세의 시기에 이런 태도를 고집하는 것은 패망의 길이다. 단 하나의 예외가 없다.

먹던 복숭아로 죄를 짓다

여도지죄
餘桃之罪 _남을 여, 복숭아 도, 어조사 지, 죄 죄

먹다 남은 복숭아를 먹인 죄를 뜻하는 성어로, 애정과 증오의 변화가 심한 경우를 비유한 것이다. 출전은 《한비자》〈세난說難〉의 "자신이 먹던 복숭아를 나에게 먹인 일도 있다(嘗啖我以餘桃)."

춘추시대 말기 위령공衛靈公으로부터 커다란 총애를 받은 미자하彌子瑕가 방자한 모습을 보였다. 위나라 법에 따르면 군주의 수레를 몰래 타는 자는 발을 자르는 월형刖刑에 처하도록 되어 있었다. 미자하의 모친이 병이 들었을 때 어떤 사람이 밤에 몰래 와서 이를 알렸다. 미자하가 위령공의 수레를 슬쩍 빌려 타고 나갔다. 위령공이 이를 전해 듣고 오히려 그를 칭찬했다.

"효자로다. 모친을 위하느라 발이 잘리는 형벌까지 잊었구나!"

다른 날 미자하가 위령공과 함께 정원에서 노닐다가 복숭아를 따먹게 되었다. 맛이 아주 달았다. 반쪽을 위령공에게 주자 위령공이 칭송했다.

"나를 사랑하는구나. 맛이 좋은 것을 알고는 과인을 잊지 않고 맛보게 하는구나!"

세월이 흘러 미자하의 용모가 쇠하고 총애가 식었다. 한번은 위령공에게 죄를 짓게 되었다. 위령공이 대로한 표정으로 질타했다.

"이 자가 전에 과인의 수레를 몰래 타고 나간 일도 있고, 또 자신이 먹던 복숭아를 과인에게 먹인 일도 있다!"

결국 미자하는 죽임을 당했다. 이를 두고 한비자는 이런 사평史評을 덧붙여 놓았다.

"미자하의 행동에는 변함이 없었다. 미자하의 행동이 전에는 칭찬받았다가 후에 책망을 받게 된 것은 군주의 애증이 변했기 때문이다. 군주에게 총애를 받을 때는 지혜를 내는 것마다 군주의 뜻에 부합해 더욱 친밀해졌다. 그러나 미움을 받게 되자 아무리 지혜를 짜내도 군주에게는 옳은 말로 들리지 않고, 오히려 질책을 받으며 더욱 멀어지게 되었다. 군주에게 간언을 하거나 논의를 하고자 하는 자는 반드시 먼저 자신이 과연 군주에게 총애를 받고 있는지, 아니면 미움을 받고 있는지 여부를 잘 살핀 뒤 유세해야만 한다!"

미자하의 사례를 통해 알 수 있듯이 군주의 심기를 거스르는 이른바 역린逆鱗은 기본적으로 군주의 변덕에서 비롯된 것이다. 사서를 보면 군주의 변덕에 따른 '여도지죄' 추궁 사례는 그 수를 헤아릴 수 없을 정도로 많다. 이를 무턱대고 탓할 수만도 없다. 군주도 사람인 까닭에 상황에 따라 입장이 수시로 바뀔 수밖에 없기 때문이다.

군주가 총애하는 신하도 수시로 바뀔 수밖에 없다. 아무리 뛰어난 미색을 지닌 여인일지라도 미색이 쇠해지면 계속 군주의 총애를 얻을 수 없는 것과 같은 이치이다. 〈세난〉에 미색이 출중한 여인에 비유될 수 있는 유능한 신하들에게 늘 '역린'의 위험이 도사리고 있음을 보여주는 일화가 나온다.

하루는 송나라에 사는 부자의 집 담장이 비로 인해 무너져 내렸다. 그의 아들이 말했다.

"담장을 고치지 않으면 반드시 도둑이 들 것입니다."

이때 이웃집 노인도 부자의 아들과 똑같은 말을 했다. 그날 밤이 되자 과연 크게 도둑을 맞았다. 부자는 자신의 아들을 대단히 지혜롭게 여겼다. 그러나 이웃집 노인은 크게 의심했다. 한비자는 이를 두고 이같이 평했다.

"이웃집 노인의 말은 그대로 적중되었으나 의심을 샀다. 아는 것이 어려운 것이 아니라 아는 바를 처리하는 게 어려운 일이다. 서쪽 진나라 대부 요조繞朝 역시 자신이 한 말로 인해 중원의 진나라에서는 성인으로 대접받았으나 정작 자신의 나라에서는 처형을 당했다. 잘 살피지 않으면 안된다."

'요조'는 서쪽 진나라의 대부로 그에 관한 일화가 《춘추좌전》〈노문공 13년〉조에 나온다. 그는 중원의 진晉나라에서 서쪽 진나라로 망명한 대부 사회士會를 계책을 써서 데려오고자 했을 때 그 속셈을 간파했다. 사회가 고국인 중원의 진나라로 돌아가려고 할 때 이같이 경고했다.

"우리 진秦나라에 진晉나라의 속셈을 아는 사람이 없다고 생각하지 마시오."

사회는 귀국한 뒤 요조의 재능이 자신을 크게 위협한다고 생각해 곧 첩자를 들여보내 요조를 무함했다. 진강공秦康公은 이를 곧이듣고 요조를 처형했다. 중원의 진나라가 요조를 얼마나 두려워했는지 짐작케 해준다. 그러나 요조의 입장에서 보면 섣불리 자신의 재능을 드러내는 바람에 횡사를 당한 셈이다. 한비자가 "요조 역시 자신이 한 말로 인해 중원의 진나라에서는 성인으로 대접받았으나 정작 자신의 나라에서는 처형을 당했다"고 언급한 것도 바로 이런 맥락에서 나온 것이다.

고금을 막론하고 재능은 함부로 내비치는 게 아니다. 자신의 능력을 높이 평가해 발탁하는 은혜인 이른바 '지우지은知遇之恩'을 베푼 주군도 사람인 까닭에 수시로 마음이 변할 수 있고, 당사자 또한 이내 '여도지죄'의 덫에 걸릴 소지가 크다. 주군을 택할 때 《춘추좌전》〈노애공 11년〉조에서 공자가 언급했듯이 마치 새가 나무를 가려 앉는 이른바 '조즉택목鳥則擇木'의 이치를 좇아 신중에 신중을 기해야 하는 이유가 바로 여기에 있다.

대의를 앞세워 친족을 멸하다

대의멸친
大義滅親 _큰대, 옳을의, 멸할멸, 육친친

나라를 위해 친족 등과 관련한 사사로운 정에 얽매이지 않는다는 뜻으로, 국가나 사회를 위해서는 부모와 형제 등의 친족에게도 냉엄한 입장을 견지하는 것을 의미한다. 출전은 《춘추좌전》〈노은공 4년〉조의 "대의를 위해 육친을 돌아보지 않는 '대의멸친'은 바로 이를 두고 이르는 말인가!(大義滅親, 其是之謂乎!)"

춘추시대 초기 위장공衛莊公에게는 3명의 아들이 있었다. 서자인 막내아들 주우州吁는 위장공이 총애하는 여인이 낳은 아들이다. 그는 위장공의 총애를 믿고 크면서 병정놀이를 좋아하며 오만했다. 위장공이 이를 금하지 않았다. 장남은 주우를 미워했다. 이때 위나라 대부 석작石碏이 위장공에게 간했다.

"신이 듣건대, '아들을 사랑하되 바른 도리로 가르쳐 사악한 길로 들지 않게 한다'라고 했습니다. 교만하고 사치하며 욕심 많고 방종한 이른바 교사음일驕奢淫洙은 스스로 사악한 길로 접어드는 것입니다. 모두 총애가 지나친데서 오는 것입니다. 지금 주우를 제지하지 않으면 군주의 총애가 장차 화란을 부르게 될 것입니다. 총애 받으면서 교만하지 않고, 교만하면서도 낮은 지위에 머물고, 낮은 지위에 머물면서도 원망하지 않고, 원망할지라도 능히 참고 자중할 수 있는 사람은 극히 적은 법입니다. 원래 천한 사람이 귀한 사람을 방해하는 천방귀^{賤防貴}와 어린 사람이 어른을 능멸하는 소릉장^{少陵長}, 친분이 먼 사람이 가까운 사람을 이간하는 원간친^{遠間親}, 새로 들어온 사람이 옛사람을 이간하는 신간구^{新間舊}, 하관이 상관을 무시하는 소가대^{小加大}, 음란함이 의로움을 깨뜨리는 음파의^{淫破義}를 두고 이른바 '6역^{六逆}'이라고 합니다. 군주가 의롭고 신하가 의를 행하는 군의^{君義}와 신행^{臣行}, 아비가 지애롭고 자식이 효도하는 부자^{父慈}와 자효^{子孝}, 형이 아우를 사랑하고 아우가 형을 공경하는 형애^{兄愛}와 제경^{弟敬}을 두고 이른바 '6순^{六順}'이라고 합니다. 순리를 버리고 역리를 흉내 내는 이른바 거순효역^{去順效逆}은 화를 재촉하는 길입니다. 군주는 무릇 장차 화가 될 일을 제거하는데 힘써야만 합니다. 그러나 군주는 지금 오히려 이를 재촉하고 있습니다. 이는 옳지 않은 일이 아니겠습니까?"

그러나 위장공은 이를 듣지 않았다. 석작이 아들 석후^{石厚}에게 주우와 함께 놀지 못하게 했으나 석후가 말을 듣지 않았다. 위장공이 죽고 장남 완^完이 즉위했다. 그가 위환공^{衛桓公}이다. 위환공이 즉위할 때 석작은 나이가 많아 이내 벼슬에서 물러나는 치사^{致仕}를 했다.

당시 위장공의 총애를 독차지했던 주우는 위환공의 즉위를 인정하지 않았다. 〈노은공 4년〉조에 따르면 위환공이 즉위한 이듬해인 기원전 719년에 주우가 석후와 함께 위환공을 시해하고 보위에 올랐다. 백성들의 원성이 치솟았다. 주우가 도저히 백성들과 화합을 이루지 못하자 측근인 석후가 부친 석작에게 보위를 인정시키는 방법을 물었다. 석작이 대답했다.

"만일 천자를 조현朝見할 수 있다면 가히 군위를 안정시킬 수 있을 것이다."

석후가 물었다.

"어떻게 해야 조현할 수 있습니까?"

석작이 대답했다.

"진환공陳桓公 포鮑가 지금 천자의 총애를 받고 있다. 게다가 진나라와 위나라는 화목한 사이이다. 만일 주우가 진환공을 찾아가 천자 조현에 대한 주선을 청하면 반드시 천자를 조현할 수 있을 것이다."

주우와 석후가 진나라로 갔다. 이때 석작이 은밀히 사자를 진나라로 보내 이같이 고했다.

"위나라는 작은 나라입니다. 저는 대부의 자리에서 물러난 뒤 너무 늙어 아무 일도 할 수 없는 까닭에 위나라의 화란을 종식시키지 못하고 있습니다. 귀국으로 간 이 두 사람은 우리의 군주를 시해한 자들입니다. 청컨대 바로 그들을 죽여주시기 바랍니다."

진나라가 곧바로 주우와 석후를 잡아 가둔 뒤 석작에게 사람을 보내 이들을 죽이는 일에 입회해 달라고 청했다.

이해 9월, 위나라 조정이 대부 우재추右宰醜에게 명해 복 땅에서 주우를 죽이는 일에 입회하게 했다. 석작도 가신 누양견獳羊肩을 진나라로 보내 아들 석후를 죽이는 일에 입회하게 했다. 이를 두고 군자가 이같이 평했다.

"석작은 진실한 신하이다. 주우를 미워해 자신의 아들 석후도 함께 죽게 했다. 대의를 위해 육친을 돌아보지 않는 이른바 '대의멸친'은 바로 이를 두고 이르는 말인가!"

위나라 백성들이 위장공의 아들인 공자 진晉을 형邢나라에서 맞이했다. 그가 바로 위선공衛宣公이다. 이 일화에서 인구에 회자하는 '대의멸친' 성어가 나왔다.

맹자는 자신의 옳지 못한 행동을 스스로 부끄러워하고, 남의 옳지 못한 행동을 미워하는 마음을 이른바 '수오지심羞惡之心'으로 표현했다. 자신과 남의 불의한 행동에 스스로 분개하며 기꺼이 이를 교정하는 행동에 나설 수 있어야 한다는 취지를 담고 있다. 이런 '의'를 극대화한 것이 대의大義이다. 나라와 백성의 앞날과 이익이 바로 '대의'이다. 군인을 포함한 관인들이 나라와 백성을 앞세우고 자신의 사적인 이익을 뒤로 미루는 이른바 선공후사先公後私 행보가 바로 대표적인 '대의멸친' 행보에 해당한다. '선공후사'는 《삼국지》〈위지, 두서전杜恕傳〉에서 나온 성어이다.

대의멸친大義滅親과
굴공지위屈公之威

'대의멸친大義滅親'은 쉽게 말해 공의공리公義公利를 위해 사의사리私義私利를 뒤로 미루거나 포기하는 것을 말한다. 이를 치국평천하에 임하는 군주의 난세 리더십에 적용할 경우 수신제가와 치국평천하의 과제가 충돌할 때 의당 후자를 택하는 것을 의미한다. 나라와 백성의 삶 및 이익에 관한 의리는 대의大義, 군신君臣 개개인의 삶과 이익에 관한 의리는 소의小義에 불과하기 때문이다.

병자호란 때 척화파斥和派와 주화파主和派의 갈등을 다룬 영화 〈남한산성〉이 지난 2017년 여름의 극장가를 뜨겁게 달군 바 있다. 겉으로 드러나는 대립은 물론 심리적인 갈등까지 정밀하게 묘사한 이 영화는 대의와 소의가 충돌할 경우 군신이 가야 하는 길인 이른바 군도君道와 신도臣道에 대해 많은 것을 생각하게 해 준다.

객관적으로 볼 때 당시 조선은 척화파의 주장만 존재했을 뿐 이에 대한 대책은 전혀 마련되어 있지 않았다. 군사도 육성하지 않았고, 양곡도 비축하지 않았다. 정묘호란 이후 무려 10년 가까이 지나도록 입으로만 척화를 외친 것이다. 그 결과가 바로 '독 안의 쥐'를 자처하며 남한산성으로 들어가 항전하는 황당한 사태로 나타났다.

그 조짐은 이미 오래전부터 있었다. 병자호란 발발 한 달 전에 김상헌과 함께 척화파의 행동대원으로 활약한 바 있는 이조정랑 윤집은 이런 내용의 상소를 올린 바 있다.

"명나라는 우리에게 곧 부모이고, 오랑캐는 우리에게 곧 부모의 원수입니다. 신하된 자로서 부모의 원수와 형제가 되어 부모를 저버릴 수 있는 것입니까? 차라리 나라가 없어질지언정 부모자식 간의 의리는 저버릴 수 없는 것입니다."

윤집은 무엇을 근거로 명나라와 조선의 관계를 부모와 자식의 의리로 비유한 것인지 도무지 알 길이 없다. 왜란 당시 명나라가 도와준 것에 감읍해 '재조지은再造之恩' 운운한 것은 지나친 면이 있기는 하나 나름 이해해 줄 수 있다. 그러나 바야흐로 강산이 초토화되고 백성이 어육魚肉이 되는 '초미지급焦眉之急'의 위기 상황에서 "나라가 없어질지언정 부모의 나라인 명에 대한 충성을 저버릴 수 없다."는 식의 매국적인 논리를 전개하는 것은 있을 수 없는 일이다. 군주는 물론 나라와 백성조차 안중에도 없었다고 볼 수밖에 없다. 그는 정신적으로 조선의 신민臣民이 아닌 명나라의 신민이었다.

당시의 '존망지추存亡之秋' 위기 상황을 읽은 사람은 주화파의 거두 최명길이었다. 그는 강화만이 사직을 보존하고 백성을 전쟁의 구렁텅이에서 구할 수 있다고 보았다. 남한산성으로 들어간 뒤 장유와 홍서봉, 이성구와 함께 인조 앞으로 나아가 소현세자를 인질로 보내고 청태종을 황제로 인정해 사직의 위기를 구해야 한다고 주청한 게 그렇다. 그러나 인조는 단호히 거절했다.

"나는 결코 오랑캐 앞에 허리를 굽혀 스스로를 신하라 칭할 수는 없소."

소식을 접한 김상헌은 이같이 외쳤다.

"분수에 넘친 건의를 한 자들의 목을 베어야 한다!"

최명길을 겨냥한 발언이었다. 실제로 김상헌은 최명길을 볼 때마다 마치 벌레라도 보듯 이같이 꾸짖었다.

"오직 죽기를 각오하고 싸워야 하오. 어떻게 짐승 같은 오랑캐에게 무릎을 꿇고 수치를 당할 수 있겠소?"

한 번 오랑캐는 영원한 오랑캐로 남아 있어야만 한다는 희귀한 논리였다. 화가 난 최명길이 이같이 대꾸했다.

"이미 대항할 힘이 없는데 화친을 하지 말자는 것은 멸망을 재촉하는 것밖에 안 되오. 나는 나라와 백성을 위해 감히 강화를 성사시킬 생각이오!"

주목할 것은 인조 일행이 남한산성으로 들어간 지 20일 가까이 되는 1637년 1월 2일에 청태종 홍타이지皇太極가 인조 이종李倧에게 보낸 항복 권유 조서 내용이다. 그 골자는 다음과 같다.

"짐이 이미 조선을 아우의 나라로 대접했는데 너는 더욱 더 배역背逆하여 스스로 원수를 만들어 백성을 도탄에 빠트리고 있다. 겨우 한 몸이 산성으로 달아나 비록 천 년을 산들 무슨 이익이 있겠는가? 정묘년의 치욕을 씻는다며 화를 자초해 후세에 웃음거리를 남기려 하니 이 치욕은 또 장차 어떻게 씻으려 하는 것인가? 정묘년의 치욕을 씻으려 생각했다면 어찌하여 목을 움츠려 나오지 않고 여인의 처소에 들어앉아 있는 것을 달게 여기는 것인가? 안팎의 제왕諸王과 문무대신이 짐에게 칭제稱帝를 권했다는 말을 듣고는 네가 말하기를, '이런 말을 우리나라 군신君臣이 어찌 차마 들을 수 있느냐?'고 한 것은 무슨 이유인가? 황제를 일컫는 게 옳고 그름은 너에게 달려 있는 게 아니다. 하늘이 도우면 필부라노 천자가 될 수 있고, 하늘이 화를 내리면 천자라도 외로운 필부가 되는 것이다! 네가 그런 말을 한 것 또한 매우 망령된 소리이다. 이제 짐이 대군을 이끌고 와서 너희 8도를 소탕할 것이다. 너희가 어버이로 섬기는 명나라가 장차 어떻게 너희를 구원하는지 두고 볼 것이다. 자식에게 위험이 절박했는데 어찌 구원해 주지 않는 어버이가 있겠느냐? 그렇지 않으면 이는 스스로 백성을 물불 속에 빠트리는 짓이니 억조億兆 중생이 어찌 너에게 원한을 품지 않겠는가? 네가 할 말이 있거든 분명히 고하라. 결코 막지 않을 것이다."

천하를 가슴에 품은 청태종 홍타이지와 우물 안의 개구리처럼 허황된 소중화小中華의 미몽에 사로잡혀 있던 조선의 군주 이종의 그릇 차이가 얼마나 큰지 실감할 수 있다. 당시 인조를 비롯한 조선의 군신君臣 대부분은 여진족이 천하의 중심이 되는 것은 하늘이 무너져도 인정할 수 없다는 황당한 사대의식에 절어 있었다. 조선의 군신은 홍타이지가 질타한 바대로 "하늘이 도우면 필부라도 천자가 될 수 있고, 하늘이 화를 내리면 천자라도 외로운 필부가 되는 것이다!"라는 기본 이치조차 모르고 있었던 셈이다.

그럼에도 척화파는 연일 상소를 올리며 최명길을 역적으로 다스려야 한다고 주장했다. 최명길의 목을 베고 김상헌을 재상으로 삼아야 한다는 게 골자였다. 최명길은 이에 아랑곳하지 않고 묵묵히 자신이 떠맡은 강화 사절의 임무를 수행했다.

실제로 당시 척화파의 상황 판단은 극히 비현실적이었다. 그토록 기대하는 명나라에서 아무런 기별도 받지 못한 게 그렇다. 각지에서 올라온 근왕병勤王兵도 청군에 패하거나 저지되어 아무런 도움도 주지 못했다. 청나라 군사는 거듭 사자를 시켜 항복을 요구하는 서신을 보냈다. 당시 남한산성에서 답장 여부를 놓고 주화파와 주전파가 다투는 사이 함께 따라온 백성들이 수없이 죽어나갔다. 도주하는 군사들도 점점 늘어났다. 장병 중에서도 동사하는 자가 속출했다. 더구나 봉림대군이 머물던 강화성이 함락되는 일까지 빚어졌다. 더는 지체할 겨를이 없었다. 인조가 마침내 결단을 내렸다.

"항복문서를 쓰도록 하시오."

최명길이 홍서봉 및 장유 등과 함께 초안을 작성하자 김상헌이 극력 저지하고 나섰다. 최명길이 국서를 가지고 관아로 돌아가 수정하자 김상헌이 이를 보고는 국서를 찢은 뒤 대성통곡하며 최명길을 힐책했다.

"어찌 오랑캐에게 '신'을 청할 수 있단 말이오?"

최명길이 대꾸했다.

"대감은 의사義士임에 틀림없소. 찢는 사람이 없어도 안 되고, 붙이는

사람이 없어서도 안 되오. 나는 종사를 보존하기 위해서 다시 붙어야만
되겠소."

이때 김상헌과 함께 척화파의 선두주자 역할을 한 이조참판 정온이 상
소를 올려 최명길을 매국노라 비난하며 극형에 처할 것을 요구했다. 그러
나 대다수 대신들은 이미 주화론으로 기울어져 있었다. 정온은 절명시를
남기고 자결을 시도했으나 목숨은 건졌다. 그는 이후 화의가 이뤄지자 사
직한 뒤 덕유산에 들어가 은거하다 5년 만에 죽었다.

문제는 김상헌의 행보이다. 당시 그는 정온이 자결했다는 소식을 들은
뒤 아들과 조카 등 여러 사람이 주위에 있을 때 자결을 시도했다. 영화에
서는 아예 자결을 한 것으로 묘사되어 있으나 그는 자결하는 시늉만 했을
뿐이다. 더 황당한 것은 그토록 '결사항전決死抗戰'을 외쳤던 그가 출성하는
인조를 버리고 고향으로 떠나버린 일이다. 훗날 인조도 김상헌에게 심한
배신감을 토로했다. 《인조실록》의 다음 기록이 그 증거다.

"벼슬이 영화롭고 녹이 많은 때 떠나는 자가 있다는 말을 듣지 못했다.
위태로워 망하게 되자 다투어 나를 버리니 누가 우리나라를 예의지국이
라고 하겠는가? 김상헌이 평소 나라가 어지러우면 같이 죽겠다는 말을 해
서 나도 그렇게 여겼다. 그러나 오늘날에 이르러서는 먼저 나를 버리고
젊고 무식한 자의 앞장을 서 또다시 척화를 주장하고 있으니 내가 매우
안타까워한다!"

김상헌이 출성 전후에 보여준 일련의 행보는 앞뒤가 전혀 맞지 않는
모순덩어리였다. 그의 후손들이 훗날 이른바 세도정치勢道政治의 권력놀음
을 일삼은 '안동김씨'의 연수淵藪가 된 것도 그의 이런 이중적인 모순 행보

와 무관치 않을 것이다. 조선 말기에 '안동김씨'가 보여준 일련의 세도정치는 절체절명絶體絶命의 위기 상황에 몰린 조선조를 더욱 깊은 구렁텅이로 밀어 넣으며 가문의 사사로운 이익을 위하여 나라와 민족을 팔아먹는 역적인 매국적賣國賊의 행위에 지나지 않았다.

《한비자》〈외저설 좌상〉은 입으로만 충국애민忠國愛民을 떠들며 정작 나라가 위기에 처하면 몸을 사리는 자들을 이같이 질타했다.

"옛 정鄭나라 땅 출신 가운데 굴공屈公이란 자가 있었다. 그는 적군이 몰려온다는 말을 들으면 두려운 나머지 이내 기절했다가 적군이 지나갔다는 소리를 들어야 비로소 두려움에서 벗어나 깨어나곤 했다. 선비들은 나라에 일이 없을 때는 힘들여 농사를 짓지 않고, 난리가 일어나도 갑옷을 입지 않는다. 이들을 예우하면 농사와 전쟁을 게을리하게 될 것이고, 이들을 예우하지 않으면 군주의 법을 임의로 왜곡하고 해칠 것이다. 이들은 나라가 안정됐을 때는 나름 존경을 받고 이름을 빛내지만, 나라가 위태로워지면 이내 굴공屈公처럼 입으로만 떠벌이는 위세를 드러내곤 한다. 그렇다면 군주는 굴공과 같은 자들로부터 나라와 백성을 위한 방략과 관련해 과연 무엇을 얻을 수 있겠는가?"

여기서 '굴공지위屈公之威' 성어가 나왔다. 입으로만 '충국애민'을 떠벌이며 위세를 부리는 자의 허세를 꼬집은 것이다.

안타깝게도 여러 유형의 사고 소식이 들려올 때마다 관원들이 '대의멸친'보다는 '굴공지위'에 함몰된 게 아닌가 하는 의심을 낳고 있다. 수재 내지 화재가 났을 때 몸을 던져 재난을 구하는 식의 '대의멸친' 행보는커녕 겉으로 시늉만 하며 나라에서 주는 녹봉만 축내고 있다는 세간의 지적이 그렇다.

고금동서를 막론하고 나라가 위기에 빠진 '초미지급'의 상황에서는 나라와 백성부터 살리는 구국제민救國濟民이 《맹자》가 역설했듯이 군신의 '급선무'가 되어야 한다. 군신 개개인의 사적인 의리와 명예는 그다음이다. 그럼에도 병자호란 당시 김상헌은 수신제가에 초점을 맞추고 있는 성리학의 의리론 내지 명분론에 함몰된 나머지 치국평천하 차원의 '구국제민' 방략을 무시 내지 홀시忽視했다. 항간에 유행하는 '내로남불' 식 '굴공지위'의 전형에 해당한다. 이런 자들이 횡행하면 한비자가 경고했듯이 이내 나라는 패망하고 만다.

3장 | 사물을 꿰는 안목

쓸모없는 것의 쓸모

하늘과 땅은 끝이 없다

천장지구
天長地久_하늘 천, 길 장, 땅 지, 오랠 구

하늘과 땅은 장구長久하여 끝이 없다는 뜻이다. 출전은 《도덕경》 제7장의 "천지는 장구하다. 이처럼 능히 장구한 것은 자신만 살고자 하는 이른바 자생自生을 꾀하지 않는 덕분이다. 그래서 능히 장생長生하는 것이다(天長地久. 天地所以能長且久者, 以其不自生, 故能長生)."

동양에서는 무한한 공간과 시간을 상징하는 우주의 또 다른 표현으로 '천지' 개념을 자주 사용한다. 현대 물리학 내지 천문학의 이론에 따르면 지구가 속해 있는 현재의 태양계도 언젠가는 거대신성으로 변했다가 이내 소멸하게 된다. 이런 생각을 끝까지 확장하면 우주 자체도 결국 유한의 존재에 지나지 않는 셈이다.

이백 및 두보와 더불어 당나라 3대 시인으로 꼽히는 백거이白居易는 대표작 〈장한가長恨歌〉의 마지막 구절에서 《도덕경》 제7장처럼 '천장지구'를 언급했다. 그러나 그 의미가 사뭇 다르다. 〈장한가〉의 해당 구절이다.

"흔히 '천장지구'를 말하지만 언젠가는 다하게 된다. 그러나 두 사람이 생을 끝까지 함께하지 못한 한恨은 면면히 이어져 끝날 때가 없을 것이다!(天長地久有時盡, 此恨綿綿無絶期!)"

　우주를 상징하는 '천장지구'가 무한의 실체인지, 아니면 여타 삼라만상처럼 언젠가는 소멸할 수밖에 없는 유한의 실체인지 여부는 인간의 삶이 기껏 100년 안팎인 까닭에 측정하기가 쉽지 않다. 중요한 것은 우주에 존재하는 모든 생명체 가운데 가장 귀한 존재로 인정받는 인간들이 당현종과 양귀비처럼 생전에 절절한 사랑을 나눈 사람의 경우는 죽은 뒤에도 그런 사랑이 무한히 이어진다고 생각하는 점이다. 현생의 삶에 한정되지 않는다고 보는 것이다.

　당나라 때는 불교의 윤회사상이 크게 유행한 시대였다. 백거이는 불교에 심취한 시인이었다. 그는 〈장한가〉를 통해 당현종과 양귀비의 경우는 내세에도 거듭 부부의 인연으로 환생해 영원히 서로를 사랑하는 존재가 될 것으로 내다봤다. 아무리 윤회설을 믿을지라도 영겁을 이어가는 부부의 인연이 과연 존재할 수 있는 것인지 여부는 알 길이 없다. 다만 〈장한가〉처럼 현세에 존재했던 남녀의 사랑을 이토록 간절하게 읊은 작품은 찾아보기 힘들다는 게 필자의 생각이다.

　여기서 주목해야 할 것은 인간을 비롯한 모든 생명체는 태어나는 순간 죽음을 향해 달려가는 생로병사의 길을 걸을 수밖에 없는 유한한 존재라는 점이다. 현세에도 수령樹齡이 수천 년에 달하는 나무가 존재하는 게 사실이나 이 또한 언젠가는 죽음을 맞이할 수밖에 없다. 백거이가 얘기한 것처럼 윤회를 거듭하며 '천장지구'보다 더 오래 지속되는 절절한 부부의 인연을 이어갈지라도 이 또한 언젠가는 끝나게 마련이다. 노자가 《도덕경》제7장에서 지적한 것처럼 자신만 살고자 하는 자생自生을 꾀하지 않는 자세가 중요하다.

세상은 부모와 자식으로 구성된 가족관계를 비롯해 이웃관계와 사회관계, 국가관계, 국제관계 등 매우 복잡하고 다양한 '관계망關係網'으로 연결되어 있다. 남에게 해악을 끼치는 식으로 이익을 꾀할 경우 일시적으로는 이로운 듯이 보이나 결국 반드시 부메랑을 맞게 되는 이유다. 굳이 치국평천하의 거창한 뜻을 세우지 않을지라도 평소 주변 사람에게 선행과 덕을 베푸는 게 결국은 본인에게도 이롭다는 '엄연한 진실'은 더 이상 말하면 입만 아플 뿐이다.

하늘 그물은 크고 넓다

천 망 회 회
天 網 恢 恢 _하늘 천, 그물 망, 넓을 회

하늘의 그물은 겉으로 보기엔 하도 크고 넓다는 뜻으로, 세상의 모든 것은 법망法網에서 벗어날 수 없다는 의미이다. 출전은 《도덕경》 제73장의 "하늘의 그물은 크고 넓어 엉성해 보이지만 아무것도 새어나가지는 못한다(天網恢恢, 疏而不失)."

《도덕경》 제73장에 나오는 '소이부실疏而不失' 구절은 통상 '소이불루疏而不漏'로 바꿔 사용된다. 천지를 뒤덮은 그물이라는 뜻의 '천라지망天羅地網'과 같은 의미이다.

'소이불루'는 '죄 짓고는 발 뻗고 살 수 없다'는 항간의 속언과 취지를 같이한다. 법망을 피해 간사한 짓을 하며 잇속을 챙기는 자들을 두고 하는 말이다. 비록 법에 저촉이 되지 않는 식으로 이른바 인벌人罰을 피할지라도 결국은 하늘이 내리는 천벌만큼은 피할 수 없다고 보는 게 '천망회회'의 기본 취지다.

서양에도 유사한 속담이 있다. "God's mill grind slow but sure!" 신이

굴리는 맷돌은 느리지만 확실하게 갈아준다는 뜻이다. '천망회회'처럼 은유적이지 못하고 매우 직설적이기는 하나 기본 취지는 똑같다.

'천망회회, 소이불루' 구절은 부정이나 비리에 대한 응징 이외에도 적국의 부당한 침략을 응징할 때에도 자주 사용된다. 이는 살리는 것을 좋아하고 죽이는 것을 미워하는 '호생오살好生惡殺' 내지 선을 좋아하고 악을 미워하는 '호선오악好善惡惡'의 이치에 입각해 있다. 도가에서 말하는 천도天道의 기본 원리이다. 그렇다고 이것이 모든 것을 무턱대고 살리고자 하는 취지는 아니다. 부득이할 때는 군사를 동원해 죽이거나 제거한다. 이른바 부득이용병不得已用兵이 기본 입장이다.

노자는 비록 전쟁을 반대했지만 부득이한 경우에는 전쟁을 용인할 수밖에 없다는 입장에 서 있었다. 그렇다면 구체적으로 '부득이용병'은 어떤 경우를 말하는 것일까? 《도덕경》은 구체적인 언급을 하지 않았으나 문맥상 자위를 지칭한 게 확실하다.

예로부터 자위전自衛戰은 침략을 위한 공격전과 달리 말 그대로 자위를 위한 수비전을 뜻한다. 자위의 목적이 달성되면 그 즉시 전쟁을 종식해야만 한다. 결코 위정자들의 사적인 야욕을 위해 백성들이 무고하게 희생되는 전쟁을 용인할 수는 없다는 취지에 입각해 있다.

전쟁에 관한 노자의 이런 기본 입장은 21세기의 세계평화 이념과 꼭 맞아떨어진다. 초강대국이 자신의 자의적인 무력 사용을 '자유'와 '인권', '정의' 등을 내세워 정당화하고 있는 저간의 상황을 감안할 때 그 의미가 자못 크다.

따지고 보면 약육강식으로 얼룩진 춘추전국시대의 전쟁도 '인의'를 내세우지 않은 경우는 단 한 번도 없었다. 노자의 반전反戰 주장 역시 열국의 이런 기만적인 모습에 대한 비판에서 나온 것이다. 노자가 '반전'을 주창케 된 배경은 《도덕경》 제31장의 마지막 구절에 잘 나타나 있다.

"길사吉事는 왼쪽을 높이나 흉사凶事는 오른쪽을 높인다. 편장군偏將軍인 부장副將이 왼쪽, 상장군上將軍은 오른쪽에 자리하는 것은 상례喪禮로 대우하는 것을 의미한다. 전쟁으로 죽인 사람의 숫자가 많으면 애비哀悲로써 곡읍哭泣하고, 전쟁에 이길지라도 '상례'로써 대한다."

노자가 승전조차 '상례'로써 대해야 한다고 주장한 것은 전쟁 자체가 기본적으로 하잘 것 없는 이해와 시비에서 비롯된 것이라는 사실을 통찰한 결과다. 그가 분쟁을 원천적으로 봉쇄하기 위해서는 '무위無爲'와 '무사無事', '무욕無欲'이 필요하다고 역설한 이유가 바로 여기에 있다.

노자가 말한 '무위에 입각한 다스림' 즉 무위지치無爲之治는 이를 구현하는 위정자 자신의 실천과 수양을 전제로 한다. 위정자는 먼저 스스로 삶의 방식을 변화시킨 뒤 다른 사람의 변화를 유도해야 한다. '무위지치'는 무엇을 다스리기 이전에 위정자 자신에 대한 수양을 요구하고 있는 것이다. 그러기 위해서 위정자는 국가공동체의 성원을 치자와 피치자로 나누는 2분법적 발상을 폐기해야만 한다. 그래야만 2분법적 접근을 통해 모든 책임을 위정자에게 미뤄둔 채 스스로 피동적인 위치에 머물며 사리를 추구코자 하는 백성들의 무책임한 행보를 차단할 수 있다. 이런 상황이 지속될 경우 국가공동체는 붕괴할 수밖에 없다.

노자가 '무위지치'의 선결 요건으로 백성들의 '무지無知'와 '무욕'을 강조한 것은 바로 이 때문이다. 욕망의 무절제한 추구를 허용하는 한 '무위지치'는 성사될 가망이 없다. '무위지치'를 이루기 위해서는 백성들로 하여금 본래의 '덕성'을 되찾도록 만들어야 한다. 그래야만 공리^{公利}와 공의^{公義} 대신 사리^{私利}와 사의^{私義}를 추구코자 하는 간교한 자들의 횡행을 막을 수 있다. 노자가 말한 '무지무욕'의 기본 취지가 바로 여기에 있다.

이는 결코 백성들의 우민화^{愚民化}를 겨냥한 게 아니다. 저절로 보고, 듣는 것 없이 저절로 듣고, 아는 것 없이 저절로 아는 '도'의 기본 원리로 회귀시키는 것을 의미한다. 그러기 위해서 위정자는 먼저 스스로를 다스릴 수 있어야만 한다. 이것이 바로 《도덕경》이 역설하는 '치기치인^{治己治人}'의 기본 입장이다. 유가에서 말하는 '수신제가치국평천하'인 수제치평^{修齊治平}의 정신과 기본 취지를 같이한다. 단지 유위^{有爲}에 입각한 인의예지의 '수제치평'과 달리 무위^{無爲}에 입각한 '무지무욕'의 '치기치인'을 이루고자 한 점만이 다를 뿐이다.

치'는 성사될 가망이 없다. '무위지치'를 이루기 위해서는 백성들로 하여 금 본래의 '덕성'을 되찾도록 만들어야 한다. 그래야만 공리公利와 공의公義 대신 사리私利와 사의私義를 추구코자 하는 간교한 자들의 횡행을 막을 수 있다. 노자가 말한 '무지무욕'의 기본 취지가 바로 여기에 있다.

이는 결코 백성들의 우민화愚民化를 겨냥한 게 아니다. 저절로 보고, 듣는 것 없이 저절로 듣고, 아는 것 없이 저절로 아는 '도'의 기본 원리로 회귀시키는 것을 의미한다. 그러기 위해서 위정자는 먼저 스스로를 다스릴 수 있어야만 한다. 이것이 바로 《도덕경》이 역설하는 '치기치인治己治人'의 기본 입장이다. 유가에서 말하는 '수신제기치국평천하'인 수제치평修齊治平의 정신과 기본 취지를 같이한다. 단지 유위有爲에 입각한 인의예지의 '수제치평'과 달리 무위無爲에 입각한 '무지무욕'의 '치기치인'을 이루고자 한 점만이 다를 뿐이다.

눈은 눈썹을 볼 수 없다

목 불 견 첩
目 不 見 睫 _눈 목, 아니 불, 볼 견, 눈썹 첩

자신의 허물을 잘 알지도 못한 채 남의 잘못만 잘 보는 태도를 지칭한다. 출전은 《한비자》〈유로喩老〉의 "지혜는 눈과 같아 능히 백보 밖은 볼 수 있지만 자신의 눈썹은 보지 못한다(智如目也, 能見百步之外而不能自見其睫)."

전국시대 말기 초위왕楚威王은 크게 노력한 끝에 마침내 부국강병에 성공했다. 이내 부국강병을 토대로 명실상부한 패업을 이루고자 했다. 문무백관들을 불러 이같이 물었다.

"이제 우리 초나라가 이처럼 강대해졌으니 과인은 당당한 패주霸主가 되고자 하오. 시범적으로 한 제후국을 토벌해 과인의 위상을 드높일 생각이오. 대신들에게 묻건대, 과연 지금 상황에서 어느 나라를 치는 게 가장 좋겠소?"

한 대신이 이같이 대답했다.

"신의 소견으로는 월나라가 가장 적합할 듯싶습니다. 지금 월나라는 정사가 크게 어지러워 백성들의 생활이 궁핍하고, 군의 사기가 크게 떨어져 있습니다. 이런 혼란을 틈타 치면 승리는 물론이고 도탄 속에 신음하는 월나라 백성들도 구해낼 수 있습니다. 이보다 더 좋은 기회는 없을 것입니다."

당시 대부 두자杜子는 이 얘기를 듣고 월나라 토벌을 기필코 저지코자 했다. 겨우 나라가 안정을 되찾은 상황에서 또다시 백성들을 전화戰禍의 고통 속으로 밀어넣을 수는 없다고 판단한 것이다.

하루는 두자가 초위왕을 알현케 되었다. 알현 자리에서 단도직입적으로 물었다.

"신이 듣건대, 대왕이 월나라 토벌을 꾀한다고 했는데 이게 사실입니까?"

초위왕이 대답했다.

"그렇소. 월나라를 토벌하여 우리 초나라의 영토를 넓히고, 부를 축적하고, 병력을 늘리고, 나아가 과인의 패업 성취에도 유리하다면 못할 것도 없지 않겠소!"

그러고는 이같이 되물었다.

"이번엔 내가 묻도록 하겠소. 그대가 보기엔 과인의 염원이 실현될 수 있을 것 같소?"

한참 생각하던 두자가 대답은커녕 오히려 이같이 반문했다.

"대왕은 이 싸움에 승산이 있다고 보는 것입니까?"

초위왕이 껄껄 웃으며 대답했다.

"초나라는 막강한 무력과 넘쳐나는 곡식을 보유하고 있소. 월나라 토벌이야 손을 뒤집는 것처럼 쉬운 일이 아니겠소?"

두자가 청했다.

"대왕이 그토록 자신이 있다면 그 책략에 관해 한번 들어보고자 합니다."

초위왕이 기꺼이 응했다.

"월나라는 지금 나라가 크게 어지러워 병사들의 사기가 크게 꺾여 있소. 이는 하늘이 우리 초나라에 내려준 절호의 기회요. 초나라 군사가 한번 공격하면 월나라 군사는 이내 싸움을 벌이기도 전에 투항하고 말 것이오."

두자가 다시 물었다

"그럼 마지막으로 한 가지만 더 묻겠습니다. 대왕은 자신의 눈썹을 볼 수 있습니까?"

초위왕이 되물었다.

"그 누구도 자신의 눈썹을 볼 수는 없소. 그것이 월나라를 공격하는 것과 무슨 상관이 있단 말이오?"

두자가 대답했다.

"사람의 허물을 눈썹에 비유할 경우 사람들은 자신의 눈썹을 볼 수 없듯이 자신의 허물 역시 잘 알 수 없습니다. 얼마 전 진秦과 진晉 두 나라와 벌인 싸움에서 초나라가 패해 몇 백 리에 걸친 영토를 버리고 달아나지 않았습니까? 이런 군대가 과연 강하다고 말할 수 있습니까? 또한 초나라의 장희莊蹻라는 간신이 도적질을 일삼아 백성들에게 고통을 줄 때 법을 다스리는 벼슬아치들은 어디서 무엇을 하고 있었습니까? 이 일을 모르고 있던 것입니까? 초나라는 군사와 정사 면에서 결코 월나라보다 뛰어나다고 할 수 없습니다. 대왕의 잘못된 판단은 자신의 눈으로 자신의 눈썹을 볼 수 없는 것과 같은 이치입니다."

이 말을 들은 초위왕이 비로소 정벌 계획을 그쳤다.

'목불견첩' 성어는 설령 아무리 뛰어난 인물일지라도 자신의 잘못에 관해서는 제대로 알 길이 없다는 사물의 기본 이치를 담고 있다. 곁에서 '거울'의 역할을 해줄 사람이 필요한 이유다. 당태종 이세민과 명신 위징魏徵 간의 치국평천하에 관한 대화를 수록한 《정관정요》〈논임현論任賢〉은 '사람거울'인 인감人鑑의 필요성을 역설해 놓았다. 이에 따르면 정관 17년인 643년, 위징이 병사하자 이세민은 크게 비통해 하며 이같이 탄식했다.

"구리로 거울을 만들면 가히 의관을 단정하게 할 수 있고, 역사를 거울로 삼으면 천하의 흥망성쇠와 왕조 교체의 원인을 알 수 있고, 사람을 거울로 삼으면 자신의 득실을 분명히 알 수 있다. 짐은 일찍이 이들 3가지 거울을 구비한 덕에 허물을 범하는 것을 막을 수 있었다. 지금 위징이 세상을 떠나는 바람에 마침내 거울 하나를 잃고 말았다!"

'구리거울'인 동감銅鑑과 '사람거울'인 인감人鑑 및 '역사거울'인 사감史鑑 가운데 '인감'과 '사감'의 중요성을 언급한 것이다. 이세민이 위징 사후 잇단 실책을 범한 것도 위징이라는 '인감'을 잃은 후과일 수 있다. 고구려 원정을 무리하게 밀어붙여 곤경에 처하고, 후사 문제로 어지러운 행보를 보인 것도 마찬가지다. 그의 사후 후궁 출신인 측천무후에 의해 당나라가 일시 사라지는 파국을 맞이한 것도 이와 무관할 수 없다. 사람인 이상 이세민처럼 큰 공을 세운 경우 자만심에 빠질 소지가 크다. 위징과 같은 '인감'을 통해 스스로 절제하는 도리밖에 없다. 《한비자》〈유로〉의 '목불견첩' 일화는 '인감'의 중요성을 강조한 대표적인 사례에 속한다.

군자불기君子不器와
척당불기倜儻不羈

공자는 《논어》〈위정〉에서 '군자불기君子不器'를 역설했다. 군자는 종묘의 제사 그릇처럼 쓰임새와 크기가 정해진 게 아니라는 취지이다. 《예기》〈학기學記〉는 '대도불기大道不器'로 표현해 놓았다. '군자불기'와 취지를 같이한다. 큰 도를 지닌 군자와 같은 사람은 세상의 이치를 두루 꿰뚫고 있는 까닭에 소인배처럼 작은 뜻인 소지小志와 작은 이익인 소리小利, 작은 절개인 소절小節 등에 얽매이지 않고 회통會通하고 통섭通涉하는 대지大志와 대리大利, 대절大節 등을 추구한다는 취지에서 나온 말이다.

김영삼 전 대통령은 생전에 이와 유사한 의미의 성어인 '대도무문大道無門'을 입에 달고 살았다. 원래 이 성어는 남송 때 활약한 선승 석보제釋普濟의 게송偈頌 65수 가운데 한 수의 첫 대목에 나오는 구절이다. '군자불기'

내지 '대도불기'의 취지를 선거가禪家의 관점에서 해석한 것이다.

주목할 것은 제19대 대통령 선거 당시 야당 후보로 나온 홍준표 자유한국당 대표가 '대도무문'과 유사한 의미의 '척당불기倜儻不羈' 성어를 김영삼 전 대통령처럼 입에 달고 살았다는 점이다. 원래 '척당불기'는 서진과 동진의 역사를 다룬 《진서晉書》〈원탐전袁耽傳〉에 나오는 구절이다. 뜻이 있고 기개가 있어 남에게 얽매이거나 굽히지 않는다는 의미이다.

기본 취지는 '대도무문'과 유사하나 일상적인 글자를 사용치 않기에 많은 사람들의 시선을 끌고 있다. 원래 〈원탐전〉에는 척당倜儻이 척당假儻으로 나온다. 척당假倜으로 표현키도 한다. 우리나라는 척倜을 통상 '숙'으로 읽고 있으나 중국에서는 척倜과 마찬가지로 '티ti'로 읽고 있다. 남들이 잘 모르는 한자의 사용을 즐기는 홍준표 대표의 취향이 '척당불기' 표현에 잘 나타나 있다.

그러나 이로 인해 구설수에 올라가 비난의 대상이 된 사실을 주의할 필요가 있다. 대법원은 지난 2017년 12월 22일 정치자금법 위반 혐의로 기소된 홍준표 대표와 이완구 전 국무총리의 무죄를 확정지은 바 있다. 홍 대표는 지난 2011년 6월 한나라당 대표 경선을 앞두고 성완종 전 경남기업 회장의 측근인 윤승모 경남기업 부사장을 통해 정치자금 1억 원, 이 전 총리는 지난 2013년의 재보궐 선거 당시 성 전 회장으로부터 3,000만 원을 받은 혐의로 기소된 바 있다. 1심은 홍 대표에게 1년 6월의 실형, 이 전 총리는 집행유예 2년을 선고했다. 그러나 2심은 홍 대표가 자살한 성 전 회장으로부터 정치자금을 받을 동기가 없는데다 자금 전달자인 윤 부사장이 허위 진술을 했을 가능성도 배제할 수 없고, 이 전 총리 또한 공소 사실이 합리적 의심의 여지없이 증명되었다고 보기 어렵다며 모두 무죄를 선고했다. 대법원의 확정 판결은 2심 판결 이후 1년 만에 나왔다.

주목할 것은 대법원 확정 판결 나흘 뒤에 홍 대표에게 1억 원을 전달한 윤 부사장의 증언을 뒷받침할 만한 영상이 MBC 저녁뉴스를 통해 보도된 점이다. 원래 윤 부사장은 법정에서 일관되게 골프백에 담은 1억 원 더미를 의원회관 사무실에서 전달하면서 벽에 걸려 있는 '척당불기'의 편액扁額을 보았다고 증언했다. 홍 대표는 '척당불기' 편액이 당 대표실에 걸린 적은 있어도 의원회관에 걸린 적은 결코 없다며 윤 부사장의 증언을 적극 부인해 왔다. 그러나 12월 26일 MBC 저녁 뉴스에 홍 대표의 의원 사무실에 편액이 걸린 영상이 방영되었다. 나아가 윤 부사장의 인터뷰 증언 역시 이를 뒷받침하는 내용으로 구성되어 있다.

"편액의 '척당불기' 성어 가운데 '척倜'자가 사람 인人 변에 두루 주周인데 그것이 어떻게 '척'으로 읽히는지 그게 신기해서 사전을 찾아보기도 해서 기억에 남습니다."

필자는 '척당불기' 성어를 이 사건이 보도된 뒤에야 처음으로 알게 되었다. 언론인 출신인 윤 부사장 역시 널리 알려진 '대도무문' 등의 편액이나 족자는 많이 보았을 터이나 대략 '척당불기' 편액을 거의 보지 못했을 것이다. 직접 보지 않고는 '사람 인人 변에 두루 주周' 운운하며 일관되게 증언했을 리 없기 때문이다.

홍 대표가 당대표 경선에서 승리해 당사의 대표 최고위원 사무실로 사무용 집기를 옮길 때 의원회관에 걸려 있던 '척당불기' 편액도 함께 옮겼을 가능성을 보여주는 매스컴 보도도 잇따른 바 있다. 2011년 7월 20

일에 〈CBS뉴스〉는 홍 대표가 입만 열면 언급하는 이른바 개구일성開口一聲할 정도로 애착을 가졌던 '척당불기'의 편액을 떼게 된 배경을 이같이 보도했다.

"홍준표 한나라당 대표가 여의도 당사에 걸었던 '척당불기' 액자를 최근에 떼어냈다. 오자 때문이다. 척당불기의 당은 '빼어날 당儻'자이지만, '사람 인亻'변 대신 '마음 심忄'변인 '멍청할 당懂'자로 되어 있기 때문이다. 홍 대표는 7·4 전당대회 직후 기자간담회에서 '당의 위기를 척당불기의 정신으로 헤쳐 나가겠다'고 밝혔고, 지난 7월 14일 관훈클럽 토론회 모두 발언에서도 '척당불기란 말을 좋아한다'고 말한 바 있다. 대표실 관계자는 '홍 대표의 지인 중 한 분이 선물했던 액자의 글씨가 잘못됐던 것'이라며 '한자를 잘 아는 홍 대표가 미처 글씨가 잘못된 사실을 확인하지 못한 단순한 해프닝'이라고 말했다."

실제로 MBC 뉴스에 방영된 화면에는 '척당불기' 편액의 '척당' 글자가 척당倜儻이 아닌 척당倜懂으로 되어 있었다. 말할 것도 없이 잘못된 글자이다. 빼어날 당儻을 멍청할 당懂으로 쓰면 '척당'은 뛰어나면서도 멍청한 사람이라는 뜻이 된다. 홍 대표는 2011년 6월 말 대표최고위원으로 선출된 뒤 이 편액을 당사의 대표실로 옮겼다가 '당'이 잘못된 글자라는 지적을 받고는 이내 떼어버린 게 거의 확실하다.

2017년 말에 이르러 '척당불기' 성어가 일반인에게 김영삼 전 대통령의 '대도무문' 못지않게 널리 알려지게 된 근본 배경이 여기에 있다. 이는 작금의 여러 사태가 사상 최초의 순 한글 4자성어인 '내로남불'과 최초로 중국에 수출된 '국정농단'을 비롯해 대법원 판결로 인구에 널리 회자케 된

'척당불기'에 이르기까지 수많은 성어의 배경이 됐음을 방증하는 것이다. 일반인이 잘 모르는 '척당불기'와 같은 어려운 성어 대신 공자가 언급한 '군자불기'처럼 예로부터 널리 애송된 좋은 성어가 크게 보급되어 민격民格과 국격國格이 동시에 높아졌으면 하는 바람이다.

쓸모없는 게 쓸모 있다

무용지용
無用之用 _없을 무, 쓸 용

겉으로 볼 때는 전혀 쓸모없는 것처럼 보이는 것이 오히려 더욱 쓸모
있다는 취지에서 나온 성어이다. 출전은 《장자》〈인간세人間世〉의 "아무
짝에도 쓸모없었던 까닭에 이처럼 장수할 수 있었다(無所可用, 故能若
是之壽)."

'무용지용'에 관한 일화는 사물의 이치와 사람이 사는 이치가 꼭 같다
는 것을 잘 보여주고 있다.

〈인간세〉에 나오는 '무용지용'의 일화에 따르면, 전설적인 장인인 장석
匠石이 제나라로 가다가 곡원 땅에 이르렀을 때 토지신인 사당의 상수리나
무를 보았다. 크기는 수천 마리 소를 가릴 만하고 둘레는 백 아름쯤 되었
다. 높이는 산을 내려다볼 정도여서 땅에서 천 길이나 올라간 뒤에야 비
로소 가지가 뻗어 있다. 배를 만들 경우 수십 척에 달할 정도였다.

나무를 구경하는 사람들이 마치 저잣거리처럼 많이 몰려왔다. 장석은
이를 거들떠보지도 않고 그대로 가던 길을 멈추지 않았다. 그의 제자가

실컷 그 나무를 본 뒤 황급히 달려와 물었다.

"제가 도끼를 잡고 선생을 따른 이래 이처럼 좋은 재목을 본 적이 없습니다. 그런데도 선생은 본체만체하며 가던 길을 멈추지 않으니 이는 어찌된 것입니까?"

장석이 대답했다.

"되었다, 더 이상 말하지 말라. 그것은 쓸모없는 잡목일 뿐이다. 배를 만들면 가라앉고, 관이나 곽槨을 만들면 곧바로 썩고, 그릇을 만들면 이내 부서지고, 대문이나 방문을 만들면 나무 진액이 흘러나오고, 기둥을 만들면 좀이 슬 것이다. 그러니 이 나무는 재목이 될 수 없다. 아무짝에도 쓸모없었던 까닭에 이처럼 장수할 수 있었던 것이다."

장자가 이 일화에서 말하고자 한 것은 바로 '무용지용'이다. 언뜻 보기에 쓸모없는 것이 오히려 큰 구실을 한다는 뜻이다.

'무용지용'의 반대어는 '유용지용有用之用'이다. '유용지용'에 집착하다 보면 유용해 보이는 것에 혹하기 십상이다. 그러나 유사시 진정으로 필요한 것은 겉으로만 유용해 보이는 '유용지용'이 아니라 쓸모없는 것처럼 보였던 '무용지용'에서 찾을 수 있다. 사회생활을 하다보면 이런 이치를 절감하는 경우가 제법 많다. 《장자》〈소요유〉에 이를 뒷받침하는 일화가 나온다.

하루는 장자의 절친한 친구인 혜시惠施가 찾아와 장자에게 이같이 말했다.

"위왕魏王이 내게 커다란 박의 씨를 주었네. 이를 심었더니 5섬들이나 되는 큰 박이 열렸지. 그러나 여기에 마실 물을 담자니 무거워서 들 수가 없고, 쪼개서 표주박을 만들자니 너무 평평해 아무것도 담을 수 없었네.

할 수 없이 크기만 하고 쓸모가 없기에 이내 부숴버리고 말았지."

장자가 힐난했다.

"그대는 참으로 큰 것을 쓸 줄 모르네. 송나라 사람 가운데 거북등 손을 치료하는 약을 가진 사람이 있었네. 그는 대대로 헌 솜을 물에 빠는 일로 먹고살았지. 하루는 나그네가 소문을 듣고 그 비법을 백 금을 주고 사려고 했네. 그가 곧 가족을 모아놓고 상의하기를, '우리는 대대로 세탁업을 했으나 몇 금을 버는데 불과했다. 지금 하루아침에 그 기술을 백 금에 팔게 됐으니 승낙토록 하자.'고 했네. 나그네가 그 비법을 사서 오왕吳王에게 유세했지. 마침 월나라가 침입하자 오왕이 그를 장수로 삼아 겨울에 수전水戰을 벌였네. 그는 월나라를 대파한 뒤 봉지를 받아 제후가 되었지. 거북등 손을 치료하는 약은 하나이지만 어떤 사람은 그것으로 제후가 되고 어떤 사람은 세탁업을 면치 못했네. 이는 그 쓰임이 달랐기 때문이라네. 그대는 어찌해서 5섬들이 큰 박으로 커다란 술통 모양의 배를 만들어 강이나 호수에 띄울 생각을 하지 않고, 오히려 얄고 평평해 아무것도 담을 것이 없다며 걱정하고 있는 것인가? 그대는 잘고 꼬인 마음을 가진 듯하네."

이 일화는 보는 관점에 따라 하찮게 보이는 사물을 매우 귀중한 것으로 널리 활용할 수 있음을 보여준다. 가치관과 관점의 전환을 통해 다양한 유형의 난관을 슬기롭게 헤쳐 나갈 수 있다. 사람들이 겉만 보고 그 이면을 보지 못한 탓에 헤맬 뿐이다. 관건은 사물의 이면을 통찰해 '무용지용'의 이치를 실천에 옮기는데 있다.

부드러운 게 더 강하다

유능제강
柔能制剛 _부드러울 유, 능할 능, 제압할 제, 굳셀 강

부드러운 것이 능히 강하고 굳센 것을 누른다는 의미이다. 어떤 상황에 대처할 때 강한 힘으로 억누르는 것이 이기는 것 같지만 부드러움으로 대응하는 것에 당할 수는 없다는 취지이다. 출전은 《후한서》〈장궁전臧宮傳〉의 "부드러움은 능히 굳센 것을 제압하고, 약한 것은 능히 강한 것을 제압한다(柔能制剛, 弱能制强)."

《도덕경》제36장에도 유사한 취지의 구절이 나온다.

"부드럽고 약한 것만이 오히려 단단하고 강한 것을 이길 수 있다(柔弱勝剛强)."

《후한서》에 나오는 '유능제강, 약능제강'은 《도덕경》의 '유약승강강'을 2개의 구절로 나눠 풀이한 셈이다.

한고조 유방의 책사 장량張良은 젊었을 때 황석공이라는 전설적인 도인을 만나 비전祕傳의 병서인 《태공병법太公兵法》을 손에 넣게 되었다. 여기에 노자의 도덕경에서 따온 '유능제강, 약능제강' 구절이 나온다.

장량의 일대기를 다룬 《사기》〈유후열전〉에 장량이 황석공을 만나게

된 일화가 나온다. 이에 따르면 장량은 원래 부친과 조부를 비롯해 위로 5
대에 걸쳐 한韓나라 재상을 지낸 명문 출신이다. 한나라가 망하자 장량은
전 재산을 기울여 진시황제를 척살할 자객을 구해 한나라의 원수를 갚고
자 했다.

진시황 29년(기원전 218), 천하 순시에 나선 진시황이 박랑사에 이르렀
을 때 장량에게 고용된 역사力士가 철추鐵椎를 날렸다. 120근에 달하는 철
추가 어가 대신 부거副車에 맞았다. 천자의 행차 때는 36대의 부속 수레가
따랐다. '부거'가 그것이다. 봉거랑이 부거를 몰면서 어가를 뒤따랐다. 진
시황이 크게 놀라 역사를 잡고자 했으나 실패했다. 천하에 명을 내려 10
일 동안 대대적인 수색을 펼쳤으나 허사였다. 장량은 이름을 바꾼 뒤 하
비로 가서 몸을 숨겼다.

하루는 장량이 한가한 틈을 내어 하비 외곽을 흐르는 내 위에 걸쳐 있
는 다리 위를 천천히 산책했다. 이때 한 노인이 거친 삼베옷을 걸치고 장
량이 있는 곳으로 다가온 뒤 곧바로 신발을 다리 밑으로 떨어뜨렸다. 그
러고는 장량을 돌아보며 이같이 말했다.

"애야, 내려가서 내 신발을 가져오도록 해라!"

장량이 내심 화가 났으나 그가 노인인 까닭에 억지로 참고 다리 아래
로 내려가 신발을 주워 왔다. 노인이 말했다.

"신발을 신겨라!"

장량은 기왕에 신을 주워 왔으므로 꾹 참고 꿇어앉아 신발을 신겨 주
었다. 노인은 이내 웃으며 가버렸다. 장량이 크게 놀라 눈으로 노인이 가
는 곳을 쳐다보았다. 이때 노인이 문득 1리쯤 가다가 다시 돌아와 말했

다.

"얘야, 내가 보니 너는 가히 가르칠 만한 듯하다. 5일 뒤 새벽에 나와 여기서 다시 만나자."

장량이 괴이하게 여겨 꿇어앉은 채 대답했다.

"그리하겠습니다."

5일 뒤 새벽에 그곳으로 가보니 노인이 먼저 와 있었다. 노인이 화를 냈다.

"노인과 약속하고 늦게 오다니 이 어찌된 일인가?"

노인이 되돌아가면서 말했다.

"5일 뒤 더 일찍 만나도록 하자."

닷새 뒤 닭이 우는 이른 새벽에 장량이 다시 그곳으로 갔다. 노인이 또 먼저 와 있었다. 그가 다시 화를 냈다.

"또 늦게 오다니 이 어찌된 일인가?"

노인이 다시 그곳을 떠나면서 말했다.

"5일 뒤 좀 더 일찍 나오도록 해라."

다시 닷새 뒤 장량이 한밤중이 되기도 전에 그곳으로 갔다. 얼마 후 노인이 와서는 기뻐하며 말했다.

"응당 이같이 해야지."

그러고는 책 한 권을 내주며 말했다.

"이 책을 읽으면 왕자^{王者}의 스승이 될 수 있다. 아마 10년 뒤 그 뜻을 이룰 수 있을 것이다. 13년 뒤에는 제수 북쪽에서 나를 만날 수 있을 것이다. 곡성산 아래에 있는 황석^{黃石}이 바로 나일 것이다."

노인은 이같이 말한 뒤 더 이상 다른 말을 하지 않은 채 곧바로 자리를 떠났다. 이후 다시는 그를 볼 수가 없었다. 장량이 다음 날 아침에 책을 보니 서명書名이 《태공병법》이었다. 장량이 이를 기이하게 여겨 늘 익히며 소리 내어 읽었다. 거기에는 승리를 거머쥐는 방략이 무궁무진했다. 그 안에 바로 '유능제강, 약능제강' 구절이 있었다.

장량이 유방을 도와 천하를 평정하게 된 비결이 바로 이런 이치를 통찰한데 있다고 해도 과언이 아니다. '유능제강, 약능제강'의 이치는 오늘날에도 그대로 적용되는 '사물의 기본 이치'에 해당한다.

눈썹을 태울 만큼 급하다

초미지급
焦眉之急 _태울 초, 눈썹 미, 어조사 지, 급할 급

'초미'는 눈썹에 불이 붙었다는 의미이다. 눈썹이 타고 곧 얼굴이 타게 될 정도로 위급하다는 뜻이다. 발등에 떨어진 불보다 더 위급한 때에 사용한다. 출전은 선가禪家의 어록인《오등회원》권16.

불혜선사가 수주에 있을 당시 그곳 승려들로부터 이런 질문을 받았다.

"어느 것이 가장 급절急切한 글귀가 될 수 있겠습니까?"

불혜선사가 대답했다.

"불이 눈썹을 태우는 경우이다."

《오등회원五燈會元》에는 '화소미모火燒眉毛'로 나온다.

"묻건대, 세상에서 가장 급절한 것을 뜻하는 구절이 무엇이오? 시에서 답하기를, '불이 눈썹을 태우는 경우이다'라고 했다(问, 如何是急切一句? 詩曰, '火燒眉毛')."

여기서 '소미지급燒眉之急' 표현이 나왔다. 명나라 때 나온《수호전水滸傳》

이 제35회에서 '소미지급'을 언급한 게 대표적이다. 이후 일본에서 다시 '소미지급'을 변용시킨 '초미지급' 성어가 나오게 되었다. 국적이 일본인 '초미지급' 성어는 우리나라에서 절박한 일이나 사건을 말할 때 널리 사용되고 있다.

중국에서는 '초미지급' 대신 명나라 때 이개선李開先의《망매노씨부묘지명亡妹卢氏妇墓志铭》에 나오는 '연미지급燃眉之急' 성어를 주로 사용한다.

'초미지급'과 유사한 뜻을 지닌 성어로는 '존망지추存亡之秋'가 있다. 나라의 존망을 좌우하는 매우 중대한 시기란 의미다. 여기의 '추秋'는 원래 가을의 수확기를 뜻하는 말이지만 여기서는 매우 중요한 때를 가리키는 말로 사용되었다.

삼국시대 당시 유비의 삼고초려로 출사한 제갈량은 뛰어난 치국治國 수완을 발휘해 보잘것없던 서촉을 크게 일으켜 세웠다. 서촉이 조조의 북위및 손권의 동오와 더불어 3국의 한 축을 이룰 수 있었던 이유다.

세월이 흘러 유비가 나이 63세 때 숨을 거두고 태자 유선이 뒤를 이어보위에 올랐다. 그러나 서촉은 유선이 17세의 어린 나이에 즉위한데다 관우와 장비마저 이미 죽고 없었던 까닭에 제갈량만 바라보는 형국이 되었다. 이런 형국에서 제갈량은 전군을 이끌고 위나라 정벌에 나섰다. 출정에 앞서 그는 후주後主 유선에게 글을 올렸다. 그게 바로 인구에 회자하는 천고의 명문〈전출사표前出師表〉이다. 그 첫대목에 이런 구절이 나온다.

"선제先帝가 창업을 이루시다가 중도에 돌아가시고 바야흐로 천하는 셋으로 나뉘었고 우리 익주는 피폐해 있습니다. 이는 실로 나라의 존망이걸린 중요한 시기인 이른바 존망지추存亡之秋에 해당합니다."

여기서 '존망지추' 성어가 나왔다. '초미지급'과 마찬가지로 매우 위급한 상황을 가리킨다. 당시 제갈량은 위나라와의 결전에서 성공하지 못하고 다음 해에 다시 원정길에 올랐다. 그러나 이내 주둔지인 오장원에서 병으로 진몰하고 말았다. 제갈량마저 숨을 거두자 서촉은 말 그대로 '풍전등화風前燈火' 신세가 되었다. 실제로 유선의 서촉은 이후 몇 년을 버티다가 오래 견디지 못하고 가장 먼저 패망하고 말았다. 제갈량이 유선에 앞서 죽은 게 결정적인 배경이었다.

맹자는 '초미지급'과 유사한 취지로 '급선무急先務'와 '급친현急親賢'을 언급한 바 있다. 《맹자》 〈진심盡心 상〉의 해당 대목이다.

"지자知者는 알지 못하는 사물이 없으나 일을 먼저 처리하는 선무先務를 급하게 여긴다. 인자仁者는 사랑하지 않는 사람이 없으나 현자를 가까이하는 친현親賢을 급하게 여긴다. 요순과 같은 '지자'조차 만물을 두루 알지 못했다. 이는 선무를 급하게 하는 '급선무急先務' 때문이다. 요순과 같은 '인자'조차 사람을 두루 사랑하지 못했다. 이는 친현을 급하게 하는 '급친현急親賢' 때문이다. 3년상을 제대로 못하면서 3월상과 5월상을 세밀히 살피고, 밥을 크게 떠먹고 국을 훌쩍거리며 길게 마시는 방반유철放飯流歠의 큰 불경不敬을 저지르면서 마른 고기를 이빨로 끊는 치결齒決의 작은 불경이 있는지 세밀히 캐묻는 경우가 있다. 이를 일러 급선무의 이치를 모르는 '부지무不知務'라고 한다."

지자의 '급선무'와 인자의 '급친현'은 군자가 취해야 할 양대 의무에 해당한다. 맹자가 볼 때 급선무의 이치를 모르는 이른바 '부지무'는 작은 예절에 얽매여 대체大體를 망각하는데서 비롯된다. '급친현'과 '급선무'야말로 '인자'와 '지자'를 겸한 군자의 기본 임무에 해당하는 셈이다.

사상사적으로 볼 때 제갈량이 언급한 '존망지추'를 비롯해 맹자가 역설한 '급선무'와 '급친현' 모두 군자 내지 군주가 추구해야 할 '초미지급'의 과제에 해당한다. 다만 제갈량의 '존망지추'는 나라의 흥망과 관련한 치국평천하治國平天下, 맹자의 '급선무'와 '급친현'은 개인의 수양과 관련한 수신제가修身齊家에 초점을 맞춘 게 다를 뿐이다.

많이 봐서 심드렁하다

사공견관
司空見慣 _맡을 사, 빌 공, 볼 견, 익숙할 관

사공司空 벼슬은 흔히 보아 습관이 된 까닭에 신기할 게 없다는 뜻이다. 몹시 평범하다는 취지로 사용된다. 출전은 당나라 말기 시인들의 뛰어난 작품을 수록한 맹계孟棨의 편저 《본사시本事詩》에 나오는 유우석의 시 〈증리사공기〉의 "사공이야 이런 뛰어난 춤을 늘 본 까닭에 심상尋常한 일인 혼한사渾閑事에 지나지 않다(司空見慣渾閑事)."

당나라 말기에 유우석劉禹錫은 왕숙문王叔文 등과 함께 정치 개혁을 시도했다가 실패하자 이내 소주의 자사로 좌천되었다. 그곳에서 중앙정부의 고위관원인 사공司空 출신 이신李紳을 만나게 되었다. 이신 역시 당무종唐武宗 때 재상의 자리를 맡아 나름 공을 세우기도 했으나 반대 세력의 배척으로 이내 유명무실 사공이 되고 말았다. 울분을 이기지 못한 이신은 공허함을 달래기 위해 매일 주색에 파묻혀 지냈다.

하루는 이신이 유우석을 집으로 초대해 연회를 열었다. 두 사람은 과거 일들을 회상하며 나라의 앞날을 걱정했다. 이때 이신이 주흥을 돋우기 위해 기녀 두위낭杜韋娘을 불러 함께 노래하고 춤을 추기 시작했다. 유우석도 이내 주흥이 도도해져 기녀 두위낭에게 바치는 노래라는 뜻의 7언절구 〈증리사공기贈李司空妓〉 한 수를 지었다.

높은 상투 구름머리 선녀처럼 어여쁘다	高鬢雲鬟新樣粧
봄바람 한 자락에 어여쁜 두위낭이구나	春風一曲杜韋娘
사공은 흔히 봐서 심드렁한 일일 터이나	司空見慣渾閑事
소주 자사刺史 나는 끝없이 애를 태우네	斷盡蘇州刺史腸

'사공견관' 성어는 세 번째 구절에서 따온 것이다. 원래는 '사공 이신에게는 흔히 봐서 심드렁한 일일 터이나'의 뜻이나 후대인들은 사공司空 벼슬 자체가 너무 흔해 신기할 게 없다는 취지로 사용했다. 너무나 평범해 특별히 기억할 게 없다는 것이다.

이는 이른바 '요동백시遼東白豕' 성어와 취지를 같이한다. 원래 '요동백시' 성어는 《후한서》〈주부전朱浮傳〉에 나오는 일화에서 취한 것이다.

이 일화에 따르면, 옛날 요동 사람 집에서 돼지가 새끼를 낳았다. 머리색깔이 희었다. 돼지 주인은 이런 돼지를 본 적이 없었던 까닭에 특별한 종자라고 여겼다. 곧 조정에 진상키 위해 이 돼지를 들고 하동으로 달려갔다. 가다 보니 하동 땅의 돼지는 머리뿐만 아니라 온 몸이 희었다. 머리만 흰 것에 지나지 않는데도 신기하게 여겨 조정에 진상하려고 했던 자신의 짧은 식견을 크게 부끄러워하며 이내 고향으로 돌아왔다. 여기서 그 유명한 '요동백시' 성어가 나왔다. '사공견관' 취지와 하등 다를 게 없다.

크게 보면 '요동백시' 내지 '사공견관' 성어는 우리말 속담인 '우물 안 개구리'와 거의 비슷한 취지를 담고 있다. 사실 '우물 안 개구리'는 우리말 속 담이라기보다는 《장자》 〈추수秋水〉에 나오는 '정저지와井底之蛙' 성어를 우리말로 바꿔 놓은 것이다. 견문이 좁은 사람은 남들이 다 아는 일을 혼자만 아는 양 의기양양해 한다는 뜻이다.

고금동서를 막론하고 식견識見이 좁으면 사물을 제대로 통찰하기 어렵다. 식견을 키워야 사물을 제대로 통찰할 수 있는 안목도 커지고, 나아가 사물을 담는 그릇도 커지게 마련이다.

극에 달해 반대로 진행하다

물극필반
物極必反 _사물 물, 극극, 반드시 필, 돌아올 반

모든 사물이 극에 달하면 반드시 전혀 다른 성질의 것으로 돌아간다는 뜻으로, 천지만물의 영원한 순환운행 이치를 언급하고 있다. 출전은 《여씨춘추》〈박지博志〉의 "사물이 완전하면 반드시 결함이 드러나고, 극에 달하면 반드시 반전이 일어나고, 가득 차면 반드시 이지러지게 마련이다(全則必缺, 極則必反, 盈則必虧)."

중국 당나라의 역사서 《신당서》〈소안환전〉에 '물극필반'을 인용한 유명한 일화가 나온다.

당나라 초기에 등장한 측천무후則天武后는 중국의 전 역사를 통틀어 사상 최초이자 동시에 최후의 여황제에 해당한다. 그녀는 태종 이세민이 이룬 '정관지치貞觀之治' 못지않은 성공을 거뒀다. 이를 무주지치武周之治로 칭한다. 무후가 주周나라를 세워 뛰어난 정사를 펼쳤다는 뜻이다. '무주혁명'으로 표현키도 한다.

대개 고종 사후 20년가량을 무후의 시대로 보고 있다. 그러나 무후가 황후가 된 후 고종이 죽을 때까지의 29년도 무후 시대로 포함시켜야 한다. 사실상의 대권을 휘둘렀기 때문이다. 결국 반세기에 걸쳐 천하를 호령한 셈이다.

측천무후는 보위에 오르게 된 과정이 매우 극적이다. 그녀는 원래 태종의 후궁으로 있었다. 태종 사후 그의 아들인 고종의 황후가 되었다. 이어 고종 사후 나이 어린 아들 중종이 즉위하자 섭정을 했다. 그녀는 중종이 친정親政을 할 수 있는 나이가 되었는데도 여전히 섭정의 자리에서 물러나려 하지 않았다. 이때 대신 소안환蘇安桓이 무후의 퇴진을 권하는 상소를 올렸다.

"하늘의 뜻과 백성의 마음은 모두 이씨에게 향하고 있습니다. 사물이 극에 달하면 반드시 반전하는 '물극필반'과 그릇도 가득 차면 넘치는 '기만즉경器滿則傾'의 이치를 아셔야 합니다."

자연의 모든 현상이 그러하듯 권력도 한계가 있게 마련이니 이제 욕심을 버리고 권좌에서 내려오라고 권한 것이다. 이후 중종의 복위로 당 왕조가 부활하면서 측천무후는 마침내 권좌에서 내려왔다. 그해 한 글자도 새기지 않는 묘비인 이른바 무자비無字碑를 세우라는 유언을 남기고 숨을 거뒀다. 그 누구도 '물극필반'의 이치에서 벗어날 수 없다는 사실을 보여 준 셈이다.

생명을 지닌 모든 사물은 극성기가 지나면 쇠퇴기를 맞게 마련이다. 사물의 이치가 그렇고, 인간사의 모든 이치가 그렇다. 그 어느 것도 생장 쇠멸의 순환 이치에서 벗어날 수 없다. 이를 한마디로 요약해 놓은 성어가 바로 '물극필반'이다.

밤과 낮이 꼬리를 물고 끊임없이 이어지는 것은 자연현상에서 가장 쉽게 찾아볼 수 있는 '물극필반'의 대표적인 사례에 해당한다. 한낮의 태양이 아무리 뜨거울지라도 정해진 시간의 경계를 넘어서지는 못하는 법이다. 아무리 사막일지라도 낮의 열기가 정점에 이르면 그 펄펄 끓던 기운도 이내 하강의 길로 접어든다.

인간 세상에서 목도하는 모든 사물의 이치도 이와 꼭 같다. 우리말 속담에서 나온 다음 성어가 '물극필반'의 이치를 극명하게 보여주고 있다. 열흘 동안 계속 붉은 꽃은 존재하지 않는다는 뜻의 '화무십일홍花無十日紅'과 어떤 권력이든 10년을 넘기 힘들다는 뜻의 '권불십년權不十年' 성어가 그렇다. 어떤 일이든 극에 달하면 반드시 반전의 흐름이 생긴다. 단 하나의 예외가 없다.

흥망과 성쇠가 마치 씨줄과 날줄처럼 엮어져 있는 까닭에 끝까지 흥하거나 끝까지 패망하는 노선으로 줄달음치는 경우는 없다. 사물이 극에 달하면 반드시 반전의 계기를 만나게 된다. 음과 양이 순수한 음과 양으로 존재하지 않고 늘 '음중양陰中陽' 내지 '양중음陽中陰'으로 존재한 결과다. 《도덕경》과 《주역》을 관통하는 '물극필반' 이치에 따른 필연적인 현상이다.

인간 세상에서 길吉과 흉凶, 화禍와 복福이 늘 쌍둥이처럼 함께 존재하고 있는 것과 같다. 《도덕경》 제58장은 길흉과 화복이 맞물려 있는 현상을 이같이 표현했다.

"화禍여, 복福이 의지하고 있구나! 복이여, 화가 숨어 있구나! 누가 그 궁극窮極을 알았겠는가!"

여기서 나온 성어가 바로 '화복상의禍福相依'이다. '화복상의'는 '물극필반'의 이치를 세상사에 적용한 성어이다. 좋은 일과 나쁜 일이 뒤섞여 있

158

다는 뜻의 새옹지마塞翁之馬와 호사다마好事多魔, 화가 문득 복으로 바뀐다는 뜻의 전화위복轉禍爲福 역시 '물극필반'과 이치를 달리 표현한 성어에 해당한다.

《사기》〈범저채택열전〉은 달도 차면 이내 기운다는 뜻의 '월만즉휴月滿則虧'로 표현해 놓았다. 이런 이치를 늘 가슴에 깊이 새기고 세상사에 임하면 실패하는 일이 상대적으로 적을 수밖에 없다. 삶의 본질을 통찰하는 관건이 여기에 있다.

4장 | 사람과 관계

만남은 운명이다

심야라고 해서 모를 수 있나

모 야 무 지
暮夜無知 _저물 모, 밤 야, 없을 무, 알 지

이슥한 밤에 하는 일이라서 보고 듣는 사람이 없다는 취지에서 나온 성어이다. 출전은 《후한서》〈양진전〉의 "늦은 밤이라 뇌물을 주는 것을 아무도 모른다(暮夜無知)."

양진楊震은 후한 중엽에 활약한 인물로 은사隱士 양보楊寶의 아들이다. 〈양진전〉에 따르면 그는 젊었을 때 경전에 밝고 두루 아는 바가 많아 '관서공자關西孔子 양백기楊伯起'로 불렸다. '백기'는 그의 자字이다.

그는 일찍이 현지 관리들이 수십 차례 벼슬에 나서길 권유했지만 거절하다가 50세에 대장군 등즐鄧騭의 천거로 형주자사와 동래태수를 지내게 되었다.

형주자사로 부임하러 갈 때 도중에 창읍현을 지나게 되었다. 한밤중이었다. 이때 창읍 현령 왕밀王密이 은밀히 숙소를 찾아와 품에서 황금 10근을 꺼낸 뒤 양진 앞에 내놓았다.

"이것이 무엇이오?"

깜짝 놀란 양진이 물었다.

"감사의 표시입니다. 받아주십시오."

왕밀은 양진의 천거로 현령이 된 인물이었다. 이를 사례하기 위해 은밀히 찾아와 황금을 내놓은 것이다. 강직한 양진이 되물었다.

"그대는 어찌 내 마음을 몰라주는가?"

직접 꾸중을 하면 무안할 것 같아 이처럼 돌려 말한 것이다. 왕밀이 대답했다.

"늦은 밤이라 아무도 모릅니다(暮夜無知)."

보는 사람도, 아는 사람도 없으니 무슨 뒤탈이 있겠느냐는 뜻이다. '모야무지' 성어가 여기서 나왔다. 당시 양진은 왕밀의 말이 떨어지기 무섭게 크게 화를 내며 꾸짖었다.

"하늘이 알고, 신이 알고, 그대가 알고, 내가 알고 있소. 어찌하여 아는 사람이 없다고 하는 것이오?(천지신지天知神知, 아지자지我知子知, 하위무지何謂無知)"

'모야무지' 성어를 '사지四知'로도 부르게 된 이유다. '사지'는 하늘과 신과 그대와 내가 모두 알고 있다는 취지에서 나온 것이다. 사마광의《자치통감》에는 '천지신지天知神知'가 '천지지지天知地知'로 되어 있다. 항간에는 이 구절이 더 널리 알려져 있다.

당시 왕밀은 양진의 격노에 크게 놀라 부끄럽기도 하여 이내 황금을 도로 품에 넣고 황급히 돌아갔다.

'모야무지'는 어둡고 깊은 밤이어서 아무도 뇌물 수수를 알 길이 없다는 의미로 사용된다. '안전한 뇌물'에 해당한다. 그러나 이는 뇌물을 주고 받는 당사자들의 생각일 뿐이다. 양진이 지적했듯이 언젠간 반드시 들통 나게 마련이다.

옛날이나 지금이나 대개 뇌물은 고마워하는 마음 또는 뭔가를 기대하는 마음으로 수수하게 마련이다. 이게 사회통념상 적당한 수준이면 크게 탓할 게 못 된다. 문제는 사회통념의 수준을 넘을 때이다. 예물禮物과 뇌물賂物이 갈리는 이유다. 마치 단순히 친선으로 시작한 오락이 문득 사회통념의 수준을 넘을 때 도박으로 변질되는 것과 같다.

뇌물은 무엇보다도 관공서 및 관원의 공평성을 깨뜨리는 원흉으로 작용하기에 문제가 되는 것이다. 뇌물로 인해 공평성이 무너지면 이내 관기官紀가 흐트러지고 만다. 관기가 흐트러지면 국가공동체의 기강인 국기國紀도 흔들리고, 이내 부정부패의 만연을 초래한다. 부정부패는 반드시 탐관오리의 횡행과 서민에 대한 가렴주구苛斂誅求로 인한 국망國亡으로 연결된다. 단 하나의 예외가 없다. 양진이 왕밀의 뇌물을 물리치며 '사지'를 언급한 근본 이유다.

〈양진전〉에 따르면 양진은 죽을 때까지 청백리의 삶을 고수했다. 이후 탁군 태수로 자리를 옮겼다. 성정이 공렴公廉해 자손들이 늘 채소로 식사를 하고 걸어 다녔다. 옛 친구인 고구故舊가 혹여 그에게 농사나 장사를 하는 산업産業을 열 것을 권했으나 양진은 이를 하려고 하지 않았다.

"후세에게 청백리의 자손이라는 말을 듣게 하려고 이런 모습을 남기고자 하니, 이 역시 넉넉하지 않소!"

고금을 막론하고 뇌물 수수가 횡행하는 상황에서 양진처럼 '청백리'의 삶을 살면 무함을 당하기 십상이다. 부정부패를 일삼는 자들이 양진과 같은 '청백리'로 인해 자신이 해를 입을까 전전긍긍한 나머지 역공을 펼치고 나서기 때문이다. '모난 돌이 정 맞는다!'는 우리말 속담은 바로 이런 경우를 지적한 것이다. 양진이 바로 그런 피해를 당했다.

뇌물 수수를 당연시한 부패한 자들에게 양진은 그야말로 '눈엣가시' 같은 존재였다. 양진은 결국 이들의 무함으로 인해 태위의 자리에서 밀려나고 말았다. 한안제漢安帝가 그에게 조서를 내려 본군本郡으로 돌아가도록 하자 그는 귀향 도중 낙양성의 서쪽에 있는 기양정에 이르러 이내 강개慷慨한 표정으로 여러 아들과 문인門人을 향해 이같이 말했다.

"죽음은 선비에게 일상적인 만남이다. 나는 은총을 입어 상사의 자리에 있었다. 간신의 교활을 미워했으나 주살하지 못했고, 총애를 입는 폐녀嬖女가 나라를 기울이고 어지럽히는 경란傾亂을 미워하면서도 금하지 못했다. 무슨 면목으로 다시 일월日月을 볼 것인가! 이 몸이 죽는 날 잡목으로 관을 만들고, 포布로 한 번 감싸되 재단은 몸을 덮을 정도면 족하다. 관을 조상의 무덤으로 운반하지 말고 제사도 진설하지 마라!"

그러고는 짐주鴆酒를 마시고 죽었다. 한안제 연광 3년(124)의 일이다. 예나 지금이나 관가에서 청렴한 삶을 사는 것은 쉽지도 않을 뿐만 아니라 자칫 목숨을 잃을 수도 있다. 짐주를 마시고 죽은 양진의 자진이 대표적인 사례이다.

지난 2016년 '부정 청탁 및 금품 등 수수의 금지에 관한 법률'인 이른바 '김영란법'이 발효되었다. 일각에서 법안이 너무 엄격해 아무것도 할 수 없다는 식으로 푸념하며 개정을 요구하고 있다. 이는 부정부패가 그만큼 만연해 있다는 사실을 반증하는 것이다. 공직자는 비록 양진 수준은 아닐지라도 '모야무지'와 '사지' 성어가 나오게 된 배경을 명심해 처신을 바르게 할 필요가 있다. '모야무지' 성어를 '모야회금暮夜懷金' 내지 '모야포저暮夜苞苴'로 표현키도 한다. 회금懷金은 금덩어리를 품 안에 넣었다는 뜻이고, 포저苞苴는 모시풀과 갈대인 추위萑葦 등을 엮어 어육 등을 감싸는 것을 가리킨다. 이후 '포저'가 선물 내지 뇌물을 뜻하는 말로 사용된 배경이다. '포苞'는 감싼다는 의미의 '포包'와 통한다.

털을 불어가며 잘못을 찾다

취 모 멱 자
吹毛覓疵 _불취, 털모, 찾을멱, 흠자

터럭을 '후후' 불어가면서 기어코 남의 잘못을 샅샅이 찾아내고자 하는 움직임을 가리킨다. 주로 꾀를 써서 남을 해치는 모해謀害 또는 없는 사실을 그럴듯하게 꾸며서 남을 어려운 지경에 빠뜨리는 무함誣陷을 시도할 경우 이런 모습을 보인다. 출전은 《한비자》〈대체〉에 나오는 "터럭을 입으로 불어 다른 사람의 작은 흠을 찾아내려 한다(吹毛而求小疵)."

옛날에는 천지를 살피며 끊임없이 변하는 변역變易의 이치를 터득한 자가 천하를 다스렸다. 이들은 강과 바다를 바라보며 쉼 없이 흐르는 동정動靜의 이치를 배웠다. 나아가 산과 계곡의 높낮이, 해와 달의 빛, 사계절의 운행, 구름과 바람의 배치와 변동을 바라보며 천지자연과 더불어 사는 순응의 이치를 터득했다. 덕분에 터럭을 입으로 불어 다른 사람의 작은 흠을 찾아내려는 '취모멱자'를 하지 않고, 겉에 끼인 때를 씻어내 속에 감춰진 상처를 알아내려는 이른바 '세구찰난洗垢察難'을 하지도 않는다는 것이다. '취모멱자'와 '세구찰난' 모두 천지자연과 더불어 사는 순응의 이치를 거스르고 남을 모해謀害 내지 무함誣陷코자 하는 의도에서 비롯됐다는 게 한비자의 통찰이다.

한비자가 사기詐欺 등의 '모해'와 사실이 아닌 일을 거짓으로 꾸며 해당 기관에 고소하거나 고발하는 무고誣告 등의 '무함'을 엄히 다스려야 한다고 주장한 이유다. 모두 통치의 기강과 백성의 안녕을 해치기 때문이라는 게 그의 지적이다.

실제로 동서고금의 역사 속에는 '모해'와 '무함'으로 인해 정권과 왕조가 뒤바뀌는 일이 자주 빚어졌다. 대표적인 사례로 춘추시대 중엽 초성왕楚成王의 태자 상신商臣이 '취모멱자'의 방식을 동원해 시군시부弑君弑父를 저지른 뒤 초목왕楚穆王으로 즉위한 사건이 그것이다. 이로 인해 준주5패인 중원의 제환공齊桓公 및 진문공과晉文公과 자웅을 다퉜던 초성왕은 기원전 626년 스스로 목을 매어 자진하는 비참한 최후를 맞았다.

《춘추좌전》에 따르면 당초 초성왕은 진문공과 천하를 놓고 다툰 남북 접전에서 패한 뒤 태자 상신의 무함에 속아 장수 투발鬪勃을 잃게 된 사실을 뒤늦게 알고는 크게 후회했다. 이에 태자 상신을 내쫓고 상신의 이복동생인 왕자 직職을 태자로 삼고자 했다. 그러나 이내 비밀이 누설됐다. 궁중에는 초성왕이 태자 상신을 미워한다는 소문이 나돌았다. 이를 접한 태자 상신이 크게 놀랐다. 자세한 진상을 알 길이 없자 이내 스승인 대부 반숭潘崇을 찾아가 물었다.

"요즘 대왕이 나를 태자 자리에서 쫓아내려 한다는 소문이 파다하오. 불안해서 잠을 못 잘 지경이오!"

반숭이 대답했다.

"우선 그 소문이 진실인지 여부를 알아야 할 것입니다."

"어찌하면 그것을 알아낼 수 있겠소?"

반숭이 대답했다.

"대왕의 여동생으로 강江나라로 출가한 고모 강미江芈가 친정인 초나라로 온 지도 오래되었지만 아직 강나라로 돌아가지 않고 있습니다. 누구보다도 강미가 이 소문에 대해 잘 알고 있을 것입니다. 그러니 연회를 베풀어 고모를 초대하도록 하십시오. 이후 고모가 오거든 고의로 불경스런 태도를 취하십시오. 그러면 성미가 급한 고모가 화를 내며 뭐라고 말할 것입니다. 여인은 화를 내면 바른말을 하는 법입니다."

상신이 반숭의 말대로 연회를 베풀어 고모 강미를 정중히 청했다. 상신이 고모 앞으로 나아가 정중히 절을 올린 뒤 술 3잔을 바쳤다. 이어 갑자기 태도를 바꿔 시종 대신 주방장인 포인庖人을 불러 고모인 강미의 시중을 들게 했다. 강미가 말을 걸어도 못 들은 체하며 대답도 하지 않았다. 마침내 강미가 화를 폭발시켰다.

"참으로 천하기 그지없구나! 군왕이 너를 죽이고 왕자 직을 세우려고 하는 것이 결코 이상한 일이 아니다!"

태자 상신이 급히 굽실거리며 강미에게 사죄했다. 그러나 강미는 돌아보지도 않고 수레를 타고 가버렸다. 상신이 그날 밤 반숭을 찾아갔다.

"대왕이 나를 폐하고 직을 세우려고 한다는 소문이 사실이오. 이를 어찌하면 좋겠소?"

그러자 반숭이 상신에게 물었다.

"큰일을 해낼 수 있습니까?"

상신이 머리를 끄덕였다.

"할 수 있소."

이에 반숭이 태자 상신에게 부왕父王인 초성왕을 강제로 끌어내리는 계책을 일러주었다. 태자 상신이 마침내 태자궁을 지키는 위사들을 이끌고 가서 부왕인 초성왕이 머무는 왕궁을 포위했다. 반숭이 칼을 들고 장사들과 함께 궁 안으로 들어갔다. 자다가 깨어난 궁중 사람들이 크게 놀라 제각기 사방으로 달아났다. 반숭이 곧바로 초성왕의 침실로 들어갔다. 초성왕이 궁지에 몰린 나머지 간청했다.

"내가 조금 전에 포인에게 명해 삶은 곰발바닥인 웅번熊蹯을 삶아오도록 했소. 그것이나 먹은 뒤 죽으면 원이 없겠소."

그러나 태자 상신과 반숭은 그 속셈을 읽고 들어주지 않았다. 본래 웅번은 삶기가 매우 어려워 삶는데 시간이 많이 걸렸다. 초성왕은 이 틈을 타 태자 상신에게 반격하려고 한 것이다. 결국 초성왕은 목을 매고 자진했다.

이 사건은 태자 상신이 '취모멱자'의 방식을 동원해 강나라로 출가한 고모 강미로부터 부왕인 초성왕의 하자瑕疵를 찾아낸 데서 비롯된 것이다. '취모멱자'로 인해 나라가 커다란 변란에 휩싸인 대표적인 사례에 해당한다. '취모멱자' 행보가 주로 모해 내지 무함을 시도할 때 나오는 것도 이런 맥락에서 이해할 수 있다.

주목할 것은 우리나라의 사기나 위증 및 무고 사건이 상상을 초월할 정도로 많다는 점이다. 사기나 위증 및 무고 사건 등이 난무하는 사회는 확실히 후진적이다. '취모멱자' 관행을 끊기 위한 고강도의 입법이 절실하다.

굳이 왜 이익만 따지나

하필왈리
何必曰利 _어찌 하, 오로지 필, 말할 왈, 이익 리

바람직한 치국평천하를 행하고자 할 경우 인의仁義에 입각해야 하는데 도 하필이면 국익國益과 국리國利를 앞세울 필요가 있느냐는 뜻이다. 출전 은 《맹자》〈양혜왕 상〉편 첫머리의 "대왕은 하필 이익을 말하는 것입니 까? 오직 인의가 있을 뿐입니다(王何必曰利, 亦有仁義而已矣)."

전국시대 말기에 활약한 맹자가 하루는 먼 길을 마다하고 양나라를 찾 아가 양혜왕梁惠王을 만나게 되었다. 양혜왕이 크게 기뻐하며 맹자에게 물 었다.

"노인장이 천 리가 멀다 하지 않는 불원천리不遠千里의 자세로 찾아왔으 니 장차 우리나라를 이롭게 해주려는 것입니까?"

맹자가 대답했다.

"대왕은 하필 이익을 말하는 것입니까? 오직 인의仁義가 있을 뿐입니다. 만일 대왕이 말하기를, '어떻게 해야 우리나라를 이롭게 할 것인가?'라고 하면 대부는 말하기를, '어떻게 해야 우리 집안을 이롭게 할 것인가?'라고 하고, 사서인±庶人은 말하기를, '어떻게 해야 내 몸을 이롭게 할 것인가?'라고 할 것입니다. 상하가 모두 각기 자기 이익만을 추구하면 나라는 위기에 처할 것입니다."

맹자는 기본적으로 군주를 가볍게 보고 백성을 귀중하게 여겼다. 맹자의 이런 입장을 통상 '귀민경군貴民輕君'이라고 한다. 나라와 백성은 군주가 없어도 영원히 지속되는 존재인데 반해 군주 자신은 일시 머물다가 사라지는 존재에 불과하다고 본 결과다. 이를 뒷받침하는《맹자》〈진심 하〉의 해당 구절이다.

"백성이 귀하고, 사직은 나음이고, 군주는 가볍다. 백성의 마음을 얻는 자는 천자, 천자의 마음을 얻는 자는 제후, 제후의 마음을 얻는 자는 대부가 되는 이유다."

맹자가 '귀민경군'의 입장을 피력한 것은 기본적으로 수신제가가 전제돼야 치국평천하도 가능하다고 보았기 때문이다.

남송 때 주희에 의해 집대성된 성리학은 맹자의 '귀민경군' 사상과 불가분의 관계를 맺고 있다. 사대부가 천하를 다스리는 주체에 해당한다고 역설하면서, 군주를 사대부의 일원인 '제1 사대부'에 불과하다고 깎아내린 게 그 증거다. 신하들이 군주를 일종의 제자로 간주하면서 스승의 입장에서 수제치평修齊治平의 이치를 가르치는 경연經筵 방식이 남송 때 시작된 것도 바로 이런 '귀민경군' 사상에서 비롯된 것이다.

양혜왕이 맹자를 처음으로 보자마자 반가운 나머지 양나라의 국익에 도움이 될 만한 계책을 묻자 '하필왈리' 운운하며 무안을 준 근본 배경도 바로 '귀민경군' 사상에서 비롯된 것이다.

사마천은 '하필왈리' 성어가 나오게 된 배경을 《사기》〈맹자열전찬^{孟子列傳贊}〉에서 이같이 평한 바 있다.

"나는 《맹자》를 읽다가 양혜왕이 '어떻게 해야 우리나라를 이롭게 할 것인가?'라고 물은 대목에 이르러 일찍이 책을 덮고 탄식하지 않은 적이 없었다. 아, 이익은 실로 난^亂의 시초이다. 공자는 이익을 드물게 말해 항상 그 난의 근원을 막았다. 그래서 공자는 말하기를, '이익에 따라 행동하면 원망이 많다'고 한 것이다. 천자로부터 서인에 이르기까지 이익을 좋아하는 폐단이 어찌 다르겠는가?"

사마천은 맹자가 언급한 '하필왈리' 성어의 취지에 크게 공명해 이런 사평^{史評}을 가한 것이다. 남송 때 성리학을 집대성한 주희는 하늘의 이치는 지극히 공평한데 반해 인간의 욕망은 지극히 사사롭다는 이론인 이른바 '천리인욕설^{天理人慾說}'을 신봉했다. 그는 '하필왈리' 대목을 이같이 풀이해 놓았다.

"인의^{仁義}는 인심의 고유한 것에서 근원한 까닭에 하늘의 이치가 극히 공적인 쪽으로 흐르는 천리지공^{天理之公}이고, 이익을 바라는 마음인 이심^{利心}은 남과 내가 서로 나타나는 데서 생겨난 까닭에 인간의 욕망이 극히 사적인 쪽으로 흐르는 인욕지사^{人慾之私}이다. 천리를 따르면 이익을 구하지 않아도 절로 이롭지 않음이 없고, 인욕을 따르면 이익을 구해도 얻지 못하고 해가 이미 따르게 되는 것을 말한 것이다."

주희의 이런 해석은 대략 맹자의 취의와 부합하나 정확히 일치하는 것은 아니다. 원래 맹자는 인간의 본성인 이른바 인의예지^{仁義禮智} '사단설^{四端說}'을 언급했으나 이를 '인욕'에 대립하는 '천리' 개념으로 파악치는 않왔다.

맹자의 '사단설'은 인성론적이고 본체론적인 개념으로 우주론적 개념인 '천리'와 차이가 있다. 그럼에도 맹자의 '사단설'이 주자학의 핵심 이론인 '천리인욕설'의 기초가 된 것만은 분명하다. 대략 주희처럼 풀이할지라도 큰 잘못은 없다.

철인왕哲人王이 다스리는 이상국을 주장한 서양의 플라톤과 영구평화론永久平和論을 역설한 칸트는 인의예지에 입각한 왕자王者의 덕정인 이른바왕도王道를 강조한 맹자 및 도학군주론道學君主論을 전개한 주희와 닮았다. 군주가 도덕적인 정사를 펼치면 천하가 태평해진다고 본 게 그렇다.

나름 일리가 있으나 치세治世와 난세亂世를 구분하지 않은 치명적인 약점이 있다. 난세에 플라톤과 칸트처럼 철인왕과 영구평화론 또는 맹자와 주희처럼 왕도와 도학군주론 등을 맹종할 경우 이는 패망의 길이다. 이들이 난세에 초점을 맞춘 후대의 마키아벨리 및 한비자 등으로부터 비현실적인 '아이디어 차원의 이론'이라는 비난을 받은 근본 이유가 여기에있다.

개가 사나워 술이 쉬어지다

구 맹 주 산
狗猛酒酸 _개 구, 사나울 맹, 술 주, 신맛 산

술집의 개가 사나우면 사람들이 찾지 않는 까닭에 이내 술이 쉬어진다는 뜻으로, 군주의 눈과 귀를 가로막아 나라를 어지럽히는 것을 의미한다. 출전은 《한비자》〈외저설 우하〉의 "술 받으러 간 아이를 개가 달려들어 무는 바람에 술이 쉬어 팔리지 않게 되다(狗迓而齕之, 此酒所以酸而不售也)."

송나라 사람으로 술을 파는 자가 있었다. 되를 속이지 않아 매우 공정했고, 손님을 대할 때 매우 공손했다. 술을 빚는 솜씨 또한 매우 훌륭했다. 술집을 알리는 깃발도 높이 세워 두었다. 그러나 술이 팔리지 않아 이내 쉬어버리고 말았다. 이를 이상히 여겨 마을 장로 양천楊倩에게 그 까닭을 묻자 양천이 되물었다.

"그대의 집에 있는 개가 사납지 않은가?"

"개가 사납기는 합니다. 그렇다고 그게 술이 팔리지 않는 것과 무슨 상관이 있습니까?"

양천이 대답했다.

"사람들이 두려워하기 때문이오. 어떤 사람이 어린 자식을 시켜 돈을 주고 호리병에 술을 받아오게 하면 개가 달려드는 경우가 있을 것이오. 술이 쉬고 팔리지 않는 이유가 여기에 있소."

여기서 '구맹주산' 성어가 나왔다. 나라에도 이처럼 사나운 개와 같은 존재가 있다. 군주 옆에서 발호하는 자들이 그들이다. 한비자는 국가 차원의 '구맹주산' 폐해를 이같이 지적했다.

"도를 아는 선비가 치국평천하의 법술法術을 가슴에 품고 만승 대국의 군주에게 이를 밝히고자 해도 대신들이 사나운 개처럼 달려들어 물어뜯는다. 이것이 바로 군주의 이목이 가려져 협박을 당하고, 치국평천하의 법술을 지닌 선비가 등용되지 못하는 이유다."

사서의 기록을 토대로 볼 때 군주 주변의 친인척과 환관, 권신 등이 바로 '구맹주산'의 장본인에 해당한다.

한비자는 같은 〈외저설 우하〉에서 구체적인 사례史例로 춘추시대 중엽에 처음으로 패업을 이룬 제환공과 관중이 언급한 사당의 쥐인 이른바 사서社鼠의 경우를 들었다. 이에 따르면 하루는 제환공이 관중에게 이같이 물었다.

"나라를 다스릴 때 가장 큰 걱정거리는 무엇이오?"

관중이 대답했다.

"토지신을 모신 사당의 신상에 구멍을 파고 들어간 쥐입니다."

제환공이 다시 물었다.

"왜 그런 것이오?"

관중이 대답했다.

"군주도 사당에 흙으로 빚어 만든 신상을 모시는 과정을 보았을 것입니다. 흙을 빚어 신상을 만들 때 나무를 세워 모형을 만들고 그 위에 진흙을 바릅니다. 이후 사당에 소조塑造된 신상을 안치하면 쥐가 신상의 틈을 찾아내 그 사이에 구멍을 뚫고 들어가 살게 됩니다. 연기를 피워 좇으려니 신상의 나무에 불이 옮겨 붙을까 우려되고, 물을 붓자니 신상의 표면에 칠한 흙이 떨어져 내릴까 우려됩니다. 사당의 신상 안에 들어가 사는 쥐를 잡지 못하는 이유가 바로 여기에 있습니다. 지금 군주의 좌우에 있는 자들은 나가서는 권세를 부려 백성들로부터 이익을 거둬들이고, 들어와서는 붕당을 만들어 악행을 숨깁니다. 궐 안에서 군주의 사정을 엿보아 궐 밖으로 이를 알리고, 안팎으로 권세를 키우며 일을 멋대로 조정하는 까닭에 여러 신하와 관원들이 날로 부유해지고 있습니다. 해당 관원이 이들을 주살하지 않으면 법이 어지러워지고, 주살하면 군주가 불안해집니다. 그런 까닭에 이들을 그대로 두고 있으니 이들이 바로 사당의 쥐입니다. 신하가 권력을 쥐고 멋대로 금령을 휘두르며 자신을 위하는 자는 반드시 이롭게 하면서 그렇지 않은 자는 반드시 해롭게 하니 이들이 사나운 개입니다. 무릇 대신들이 사나운 개가 되어 도를 터득한 선비를 물어뜯고, 군주의 좌우가 사당의 쥐가 되어 군주의 실정을 엿보는데도 군주는 이를 깨닫지 못하고 있습니다. 이런 상황에서 군주의 이목이 어찌 가려지지 않겠으며, 나라 또한 어찌 망하지 않겠습니까?"

여기서 '구맹주산' 성어에 나오는 술집의 사나운 개인 맹구猛狗와 교활하기 짝이 없는 사당의 쥐인 사서社鼠를 통틀어 일컫는 이른바 '맹구사서猛狗社鼠' 내지 '사서맹구社鼠猛狗' 성어가 나왔다. 군주의 이목을 가리고 사리사욕을 챙기며 나라를 어지럽히는 권신 등을 통칭하는 말이다.

사서에는 이런 '맹구사서'의 사례가 부지기수로 기록되어 있다. 대표적인 경우로 명나라 패망의 결정적인 배경이 된 환관 위충현魏忠賢을 들 수 있다. 천계제 주유교朱由校 때 위충현은 천계제의 유모인 객씨客氏와 더불어 천계제의 총애를 배경으로 천하를 어지럽혔다. 원래 농부農婦 출신인 객씨는 18세에 궁중으로 들어와 어린 황자 주유교의 유모가 되었다. 위충현은 객씨와 호흡이 잘 맞아 이른바 '대식對食'이 된 것을 계기로 천계제의 총애를 받게 되었다. '대식'은 밥상을 두고 마주 앉아 밥을 먹는다는 뜻으로 환관과 궁녀의 부부관계를 의미하는 은어이다. 두 사람은 7년간에 달하는 천계제의 재위기간 중 '대식' 관계를 유지하며 국정을 멋대로 요리했다.

원래 천계제는 어릴 때부터 유모인 객씨로부터 잠시도 떨어져 있지 않으려고 했다. 즉위 후에도 마찬가지였다. 위충현은 천계제가 생모처럼 따르는 객씨를 등에 업고 권력을 장악해 나갔다. 객씨의 도움으로 황제의 비서실장에 해당하는 병필태감의 자리에 오른 뒤 황제 대신 붓을 놀려 황제의 조칙詔勅을 멋대로 왜곡한 게 결정적인 배경이 되었다.

그는 동창과 서창, 금의위 등 비밀경찰조직을 모두 손에 넣었다. 사조직인 문관의 오호五虎와 무관의 오표五彪 역시 자신의 양아들 내지 심복 환관들로 채워 넣었다. 항주의 절경과 서호西湖를 비롯해 전국의 모든 명소에 살아 있는 자의 사당인 이른바 생사당生祠堂이 만들어졌다. '만세萬歲!' 칭호의 황제에 버금하는 '구천세九千歲!'의 칭송을 받은 이유다. 당시 관원들의 위충현에 대한 아부는 상상을 초월했다. 예부상서 고병겸顧秉謙의 아첨이 대표적이다.

"저는 대인의 양아들이 되고 싶었습니다. 그러나 대인이 허옇게 수염 난 아들을 싫어하실까 걱정되니 부디 저의 아들을 손자로 삼아주시기 바랍니다."

당시 위충현은 크게 흡족해하며 그를 내각의 수반인 수보首補에 임명했다. 사실상의 황제였다. 원래 천계제는 어렸을 때부터 목장木匠의 기질이 다분했던 까닭에 정사를 위충현에게 맡긴 뒤 목공예에 심취했다. 23세 때 즉위한 뒤 7년 동안 재위한 그는 온통 목공예로 세월을 보냈다. 그 사이 명나라는 사실상 패망 일보 직전으로 몰려갔다. 암군의 무능과 간신의 발호跋扈가 절묘하게 맞아떨어진 결과다.

그러나 그의 발호도 천계제가 병사하자 이내 끝이 나고 말았다. 그는 천계제의 동생인 숭정제 주유검朱由檢에 의해 축출되자 귀양 가는 도중 이내 자진했다. 그의 죽은 몸은 난도질을 당했고, 목은 저자에 내걸렸다. 내연녀인 객씨도 세의국으로 쫓겨난 뒤 맞아 죽었다. 그 사이 명나라는 붕괴 일보 직전의 위기상황에 처해 있었다. 일각에서 위충현을 두고 단 한 사람의 능력만으로도 제국을 능히 일거에 무너뜨릴 수 있다는 사실을 입증한 산증인으로 꼽는 이유다. 혹자는 지록위마指鹿爲馬 성어의 주인공인 진나라 때의 조고趙高조차 위충현 앞에서는 감히 명함을 내밀기 어렵다는 평을 내리기도 한다.

명나라의 마지막 황제 숭정제는 이자성李自成의 반란군이 급습하자 자금성의 뒷산에서 목을 매 자진했다. 흔히 알고 있는 것과 달리 명나라는 청나라에 의해 패망한 게 아니라 그 이전에 이미 부패와 내부 반란으로 인해 스스로 무너지고 말았다. 모두 '구맹주산' 내지 '맹구사서' 성어의 이치를 거울로 삼지 않은데 따른 후과였다. 고금동서를 막론하고 '맹구사서'가 발호하고도 계속 존속한 왕조와 정권은 존재하지 않았다.

물이 맑으면 고기가 없다

수 청 무 어
水淸無魚 _물수, 맑을청, 없을무, 고기어

지나치게 청렴한 나머지 사방을 너무 자세히 살피는 모습을 보이면 주변에 꾀는 사람이 없다는 의미이다. 출전은 《후한서》〈반초전〉의 "물이 너무 맑으면 고기가 없고, 사람이 너무 깐깐하면 무리가 없다(水至淸卽無魚, 人至察卽無徒水淸)."

반초班超는 무예가 뛰어나 한명제 때 북방의 50여 개 서역 제국을 복속시켰다. 그 공으로 서역도호가 되어 정원후에 봉해졌다. 반초가 소임을 다하고 귀국하자 후임 도호로 임명된 임상任尙이 부임 인사차 찾아와 유의할 점을 물었다. 반초가 대답했다.

"물이 너무 맑으면 고기가 없고, 사람이 너무 깐깐하면 무리가 없는 법이오!"

임상의 급한 성격을 감안해 이같이 대답한 것이다. 다스릴 때 너무 엄하면 아무도 따라오지 않는 까닭에 사소한 일은 덮어두고 대범하게 다스려야 한다는 취지이다. 그러나 임상은 반초의 충고를 무시하고 소신대로 다스렸다. 그 결과 반초가 복속시켰던 50여 개 서역 제국이 5년 만에 반기를 들고 한나라로부터 떨어져 나갔다. 서역도호부도 이내 폐지되었다. '수청무어' 성어가 나온 배경이다.

고금동서를 막론하고 공동체를 이끄는 지도자는 가장 작은 단위인 가정을 비롯해 마을과 직장, 국가공동체에 이르기까지 늘 겸손한 자세로 남의 입장에서 생각하는 이른바 역지사지易地思之의 자세를 지닐 필요가 있다. 그래야만 모든 구성원을 하나로 묶어 중지衆智와 중력衆力을 동원할 수 있다.

아무리 뛰어난 인물일지라도 매사에 모두 능할 수는 없는 일이다. 한비자는 이를 통찰했다. 〈외저설 좌하〉에 나오는 다음 일화가 이를 뒷받침한다.

하루는 주문왕이 숭崇나라를 치고 봉황의 언덕에 이르렀을 때 신발 끈이 풀리자 시종들을 시키지 않고 직접 묶었다. 태공망 여상呂尙이 의아해하며 물었다.

"어찌된 일입니까?"

주문왕이 대답했다.

"상군 곁에 있는 자는 모두 스승이고, 중군 곁에 있는 자는 모두 친구이고, 하군 곁에 있는 자는 모두 시종이오. 지금 이곳에 있는 신하들은 모두 선왕의 신하들이기에 이 일을 시킬 수가 없었소."

상군 곁에 있는 자는 모두 스승에 해당한다는 얘기는 곧 '중지'의 중요성을 언급한 것이다. 독력獨力과 독지獨智는 중력衆力만 못하고, '중력'은 중지衆智만 못한 법이다. 한비자가 '독력'과 '독지'에 기대는 자를 하군, '중력'

을 쓰는 자를 중군, '중지'를 활용하는 자를 상군으로 규정한 이유다.

모든 것이 급속히 변하는 21세기 제4차 산업혁명 시대에는 '중지'의 필요성이 더욱 높아졌다. 창조적인 마인드를 지닌 뛰어난 인재가 더욱 절실해진 이유다. 예로부터 뛰어난 인재는 한곳에 오래도록 머물지 않는 특징이 있다. 《논어》〈옹야〉의 다음 구절이 그 증거다.

"지자知者는 물을 좋아하고, 인자仁者는 산을 좋아한다. 지자는 동적이고, 인자는 정적이다. 지자는 즐기고, 인자는 장수한다."

여기서 '지자요수知者樂水'와 '인자요산仁者樂山' 성어가 나왔다. 제4차 산업혁명의 관점에서 볼 때 '지자요수'의 인재들 가운데서도 애플의 스티브 잡스처럼 인문학적 지식을 지니고 있는 '창조형 인재'가 절실히 필요하다. 그래야만 기술과 예술을 결합시켜 아이폰 같은 '대박' 상품을 만들어낼 수 있다. 그러기 위해서는 《관자》〈목민〉이 역설했듯이 주고자 하면 먼저 내주는 이른바 '취여지도取予之道'의 이치를 깨달을 필요가 있다. 큰 인재를 얻기 위해 먼저 크게 내주는 것을 말한다. 이는 대어를 낚고자 할 때 큰 미끼를 쓰는 이치와 같다.

뜻이 작으면 그릇이 작고, 그릇이 작으면 담는 것도 작게 마련이다. 나라가 작은 게 문제가 아니라 뜻과 꿈이 작은 게 문제다. 《손자병법》〈병세兵勢〉는 '취여지도'를 이같이 풀이해 놓았다.

"짐짓 불리한 형세를 꾸미면 적은 반드시 그 계략에 말려들고, 짐짓 이익을 내보이면 적은 반드시 이를 취하려 든다."

여기서 나온 성어가 이른바 '형즉적종形則敵從'과 '여즉적취予則敵取'이다. 크게 주어야 크게 얻을 수 있다는 취지와 통한다. 모두 '수청무어' 성어와 취지를 같이한다. 말할 것도 없이 이익을 향해 무한 질주하는 인간의 호리지성好利之性을 통찰한 결과다.

최고통치권자와 기업 CEO들은 기본적으로 자신들이 통제하는 관작이나 녹봉을 통해 얼마든지 시대에 부응하는 천하의 인재를 불러 모을 수 있다. 요체는 크게 주어야 크게 얻을 수 있는 이치를 관철하는데 있다. 유비가 제갈량을 유인할 때 구사한 삼고초려三顧草廬가 대표적인 사례다. 역사소설《삼국연의》는 인의仁義의 관점에서 '삼고초려'를 그려 놓았으나《한비자》의 관점에서 보면 '삼고초려' 역시 제갈량이라는 천하의 인재를 낚기 위한 거다린 미끼에 지나지 않는다.

어미 소가 송아지를 핥다

지독지정
舐犢之情 _핥을 지, 송아지 독, 어조사 지, 사랑 정

자녀에 대한 어버이의 지극하고 애틋한 정을 가리킨다. 출전은 《후한서》〈양표전〉의 "마치 어미 소인 노우老牛가 송아지를 핥아주는 사랑을 품은 듯했다(猶懷老牛舐犢之愛)." 노우지독老牛舐犢으로 표현키도 한다.

소는 동양 전래의 12지지地支 가운데 가장 근면한 동물로 손꼽힌다. 농경문화를 상징하는 동무이기도 하다. '지독지정' 내지 '노우지독' 성어의 출현도 바로 자식에 대한 '내리사랑'을 표현할 때 소만큼 좋은 동물도 없다는 판단에 따른 것으로 보인다.

우리말 속담에 '하늘이 무너져도 솟아날 구멍이 있다'는 말이 있다. 여기에서 말하는 하늘은 통상적인 의미의 천공天空이 아니라 지붕 즉 천장을 가리킨다. 이 속담 역시 소가 휴식을 취하는 외양간의 천장이 비바람에 의해 무너질지라도 이내 소가 천장 밖으로 머리를 내밀며 살아남곤 한데서 나온 것이다. 옛날의 외양간 지붕은 사람들이 사는 건물에 사용하는 개와蓋瓦와 달리 이엉 즉 개초蓋草로 덮었다. 여기서 '하늘이 무너져도 솟아날 구멍이 있다'는 우리말 속담이 유래되었다.

소의 머리 즉 우두牛頭는 힘을 상징하는 말로 쓰인다. 우리나라 씨름만이 황소를 우승 상품으로 주는 것도 이와 무관치 않을 것이다. 올해의 역사力士를 뽑는 씨름대회에서 우승을 거둔 자에게 '우두'를 상징하는 황소를 상으로 내린 것은 올해의 역사 가운데 최고의 인물이 등장했음을 공식 선언한다는 의미를 담고 있다.

나아가 소는 근면을 상징하는 동물이기도 하다. 동양에서는 종묘 제사에 소나 돼지 등을 희생犧牲으로 사용했다. 주목할 것은 '희'와 '생' 모두 소를 뜻하는 '우牛'를 부수로 갖고 있는 회의會意 문자인 점이다. 돼지나 개 또는 닭이 제물로 바쳐질지라도 '희생'으로 표현한다. 가장 귀한 제물은 말할 것도 없이 '희생'의 원래 뜻인 소이다. 종묘 제사에 사용되는 희생은 반드시 순색의 누런 황우黃牛였다. 천지의 신지神祇에게 바치는 제물이기에 잡된 털이 섞여 있으면 결격이었다. 종묘 제사에서 반드시 순색의 황우를 '희생'으로 택한 이유다.

인간의 관점에서 볼 때 해당 황우는 나라와 백성의 안녕을 위해 종묘 제사의 '희생'으로 선택된 셈이다. 사람들이 보다 큰 가치를 위해 기꺼이 한 몸을 바치는 것을 두고 '희생정신'으로 표현하는 것도 똑같은 논리에서 나온 것이다. 고금을 막론하고 모든 나라가 위국위민爲國爲民의 고귀한 '희생정신'을 발휘한 선인先人을 끝없이 기리는 것도 바로 이 때문이다.

고귀한 희생정신은 '내리사랑'을 상징하는 성어인 '지독지애' 내지 '지독지정'이 전제됐기에 가능한 일이다. 사람들은 12지지의 동물 가운데 오직 소만이 이런 애정을 보여준다고 믿었다. 어버이가 자녀를 사랑하는 '지독지정'을 옆으로 확산하면 스승이 제자를 사랑하고, 기업주가 사원들을 사랑하는 애정과 하등 다를 게 없다. 살벌하기 짝이 없는 21세기 G2시대의 난세에 '지독지애' 내지 '지독지정' 성어가 지니고 있는 의미도 여기서 찾을 수 있을 것이다.

'지독지애' 내지 '지독지정' 성어에서 유추된 희생정신은 남에게 폐를 끼치지 않고 평생 근면하게 살아가는 농부의 마음인 '농심農心'과도 맥을 같이한다. 모든 생물이 죽을 때는 대부분 자리에 누워 신음하다가 숨이 그치지만 특이하게도 소만큼은 병들어 죽기 직전에도 사력死力을 다해 일어서려고 애쓴다. 인간의 관점에서 볼 때 인간 주변의 수많은 동물 가운데 죽을 때까지 이토록 우직하며 성실한 희생정신을 발휘하는 동물은 존재하지 않는다.

'지독지애' 내지 '지독지정'을 순 우리말로 '내리사랑'이라고 한다. 이와 반대되는 말이 '치사랑'이다. '내리사랑'은 존재해도 '치사랑'은 없다는 게 통설이다. 이와 관련해 지난 2017년 3월 23일 모 일간지에서 매우 주목할 만한 통계청의 조사결과를 보도했다.

통계청이 실시한 '2016 한국의 사회지표'에 따르면 13세 이상 응답자 38,600명 가운데 '가족 관계에 만족한다'는 응답이 전체의 56.5%로 나타났다. 남자의 만족 비율이 여자보다 약간 높았다. 배우자와의 만족도를 묻는 질문에는 65.0%가 만족한다고 답했고, 남자가 만족하는 비율이 여자보다 20%나 높게 나타났다. 남자들이 여자보다 부부관계에서 더 많이 만족하는 것으로 조사되었다.

주목할 것은 남녀를 막론하고 자녀와의 관계에서 매우 높은 만족을 느끼고 있는 점이다. 전체적인 만족도는 71.6%이고, 남자(71.4%)와 여자(71.9%) 사이에 거의 차이가 없었다. 이에 반해 부모와의 관계에서 만족도를 느끼는 비율은 63.9%로 훨씬 낮았다.

한마디로 말해 한국인들은 남녀를 막론하고 자신의 부모 또는 배우자와의 관계보다 자식들과의 관계에서 더 큰 만족을 느끼는 것으로 조사된 셈이다. '지독지애' 내지 '지독지정'에 대한 한국인의 기본 입장이 이번 통계를 통해 사실로 드러난 것이다. '내리사랑'의 한국적 표현에 해당한다. "자식을 이기는 부모는 세상에 없다."는 우리말 속담을 거듭 상기하게 만드는 대목이다.

부인이 사자후로 꾸짖다

하 동 사 후
河東獅吼 _물 하, 동녘 동, 사자 사, 울부짖을 후

하동 출신 부인의 질투가 하도 심해 남편에게 마치 사자후獅子吼를 토하 듯이 크게 대들며 시끄럽게 군다는 뜻이다. 출전은 북송 때 문인 소동 파의 시 〈기오덕인겸간진계상〉.

'하동사후河東獅吼'는 북송 때 활약한 중국 최고의 문인 소동파蘇東坡의 시 〈기오덕인겸간진계상寄吳德仁兼简陈季常〉에 나오는 다음 구절에서 따온 것이다.

용구거사 진계상 역시 불쌍도 하구나	龙丘居士亦可憐
쓸데없는 얘기로 밤새며 잠을 안 자니	谈空说有夜不眠。
홀연 하동 마누라의 사자후 들려오자	忽闻河東獅子吼
지팡이 떨어뜨리고 망연히 넋을 잃다	拄杖落手心茫然

남송 때 활약한 홍매洪邁는《용재수필容齋随笔》권3의 〈진계상陳季常〉에서 소동파의 이 시를 수록해 놓았다. 이미 그때 '하동사후' 성어가 널리 인용됐음을 암시한다. 공처가를 상징하는 '하동사후' 성어가 얼마나 오랫동안 인구에 회자했는지 대략 짐작케 해준다.

원래 '사자후獅子吼'는 불교 용어이다. 부처가 설법하면서 외도外道와 사설邪說을 일거에 제압하는 위엄이 마치 사자들이 포효하는 것과 닮았다는 취지에서 나온 말이다.

진계상의 부인은 하동 유씨柳氏이다. 남편인 진계상은 공처가의 전형에 해당한다. 유씨가 큰소리로 화를 낼 때의 모습이 마치 부처의 '사자후' 설법과 닮았다는 취지에서 '하동사후' 성어가 나온 것이다.

《용재수필》을 비롯해 20세기 초 리쭝우李宗吾가 낯가죽이 두껍고 속마음이 시커먼 이른바 면후심흑面厚心黑의 계책을 통해 서구열강의 침략으로부터 중국을 구해내자며 펴낸《후흑학厚黑學》의 일화에 따르면 원래 소동파의 절친한 친구 진계상은 이름이 조慥이고 자가 계상季常으로, 스스로 용구선생龍丘先生을 칭한 인물이다. 그는 빈객을 좋아해 자주 주연을 베풀고는 날이 밝을 때까지 이런저런 이야기를 나눴다. 가기歌伎를 즐겨 곁에 둔 이유다. 소동파는 황주에서 유배 생활을 할 때 진계상과 자주 어울렸다.

진계상의 아내 유씨는 사나운 성격에 질투가 심했다. 모두 한껏 흥이 고조되어 있을 때 옆방에서 사자가 포효하듯이 큰소리를 질렀다. 그러면 진계상은 크게 놀라 손에 들고 있던 지팡이를 떨어뜨리며 벌벌 떨었다. 소동파가 이를 보고 '홀문하동사자후' 구절이 들어간, 옛 오나라 땅에서 인덕仁德과 간결함을 지닌 진계상 선생에게 바친다는 제목의 〈기오덕인겸간진계상〉을 지었다. '하동사후' 성어가 나온 배경이다.

이후 '하동사후'는 성질이 사나운 여인, 특히 표독한 아내나 악처를 뜻하게 되었다. 이는 동시에 '하동사후'처럼 사나운 여인을 모시고 사는 공처가를 상징하는 성어로 통용됐다. 리쭝우가 《후흑학》〈공처가 철학〉에서 소동파의 절친한 친구인 진계상을 역사상 가장 유명한 공처가로 손꼽으면서, 소동파의 이 시 구절을 인용한 이유다.

리쭝우는 〈공처가 철학〉에서 공처가가 되지 않으면 결코 대업大業을 이룰 수 없다고 단언하며 수문제 양견楊堅을 대표적인 공처가로 꼽았다. 독고獨孤 황후가 화를 내자 수문제 양견이 이를 매우 두려워해 산속으로 들어간 뒤 이틀 동안이나 숨어 있었던 게 대표적인 사례이다. 그는 대신인 양소楊素 등이 독고 황후를 설득한 뒤에야 비로소 황궁으로 돌아올 수 있었다. 리쭝우는 수문제가 천하를 통일한 것은 공처가 철학을 터득한 덕분이라고 평했다. 그가 내세운 '공처가 철학'은 다음과 같은 것이었다.

"처를 보면 쥐처럼 굴고, 적을 보면 호랑이처럼 굴라!"

원문은 '견처여서見妻如鼠, 견적여호見敵如虎!'이다. 리쭝우는 수나라의 뒤를 이은 당나라의 건국 공신 방현령房玄齡도 대표적인 공처가로 꼽았다. 수나라 말기 천하가 어지러워지자 당태종 이세민이 부친인 당고조 이연을 도와 사방으로 분주히 뛰어다니며 적들을 제압했다. 이때 대공을 세운 사람이 바로 당대의 꾀주머니인 지낭智囊의 칭송을 들은 방현령이었다.

당대 최고의 '지낭'이라는 칭송을 들었던 방현령은 늘 아내의 핍박을 받은 공처가였다. 심한 박해를 받았으나 속수무책이었다. 그러던 중 좋은 계책이 하나 떠올랐다. 그는 주군인 태종이 천자이므로 당연히 마누라를 제압해 줄 수 있을 것으로 생각했다. 곧 태종 이세민을 찾아가 자신의 괴로움을 하소연했다. 이세민이 말했다.

"경의 부인을 불러주시오. 내가 처리해 주도록 하겠소!"

이세민은 방현령의 부인을 만났으나 그녀의 몇 마디에 곧 말문이 막혀 입을 다물어 버리고 말았다. 그는 방현령을 몰래 불러 이같이 말했다.

"경의 부인은 보기만 해도 무서우니 이후 그녀의 명령을 잘 따르는 것이 상책일 듯싶소!"

리쭝우는 이밖에도 남북조시대 남조 동진東晉이 북조의 막강한 전진前秦을 막을 수 있었던 것도 왕도王導와 사안謝安 같은 공처가 덕분이었다고 평했다.

통상 공처가는 유약한 남자라는 이미지가 강한데도 어떻게 해서 공처가가 되는 것이 출세의 지름길이 되는 것일까?

리쭝우는 3가지 비결을 들었다.

첫째, 아내의 말을 잘 듣는 훈련이 되어 밖에서도 다른 사람들의 말에 귀를 기울일 줄을 알게 된다. 리쭝우는 지적하기를, "부인을 두려워하는 정도에 따라 관직이 정비례한다!"고 했다. 아내를 윽박지르는 못난 남편은 독선에 빠져 신하들의 간언을 무시하는 암군과 닮았다는 것이다.

둘째, 엄처시하에서 혹독하게 살다 보니 웬만한 상황에서는 눈 하나 깜빡하지 않을 정도의 담력이 만들어진다. 리쭝우는 풀이하기를, "공처가들은 엄처시하에서 호된 훈련을 받은 덕분에 태산이 무너지는 상황에서도 얼굴색 하나 변하지 않는 자세를 기를 수 있었다."고 했다.

셋째, 공처가 마인드로 2인자 리더십을 익혀야만 뛰어난 1인자 리더십을 구사할 수 있다. 1인자는 무대에서 화려한 조명을 받는 주인공이고, 2인자는 1인자를 더 돋보이게 만드는 무대감독에 해당한다. 1인자의 마음을 거스르지 않는 방식으로 올바른 조언을 해야만 서로 '윈-윈'을 할 수 있다. 그런 자만이 1인자에게 발탁되어 언젠가 1인자 자리에도 앉을 수 있다. 황제 사후 태후가 섭정이 되어 천하를 다스리는 것을 생각하면 된다.

실제로 집안에서 큰소리치고 가족을 불편하게 만드는 사람치고 밖에서 크게 성공한 사람은 그리 많지 않다. 성공한 사람들 대부분이 공처가까지는 아닐지 몰라도 대부분 최소한 애처가이다. 자녀양육을 포함해 집안경영을 아내에게 맡긴 뒤 바깥일에 충실해야 성공할 수 있다는 얘기다. 요즘과 같은 맞벌이 시대에는 '공처가 철학'을 여인이 남편을 두려워하는 '공부가恐夫家 철학'으로 바꿀 만하다. 그래야 바깥에서도 크게 인정받으며 승승장구하는 '알파 우먼'이 될 수 있다.

정실이 지게미를 함께 먹다

조 강 지 처
糟 糠 之 妻 _술지게미 조, 쌀겨 강, 어조사 지, 아내 처

먹을 것이 없어 막걸리를 거르고 남은 찌꺼기인 술지게미와 쌀겨 등을 먹으며 고생을 함께한 아내란 뜻이다. 출전은 《후한서》〈송홍전宋弘傳〉의 "빈천할 때 알던 친구는 잊을 수 없고, 술지게미를 같이 먹으며 고생한 처는 당堂 아래로 내려 보내지 않는다(貧賤之知不可忘, 糟糠之妻不下堂)."

〈송홍전〉에 따르면 광무제 유수가 태중대부인 경조 출신 송홍宋弘을 대사공으로 삼았다. 송홍이 거문고를 잘 타는 패군 출신 환담桓譚을 천거해 의랑 및 급사중이 되게 했다. 광무제 유수가 번잡한 곡조의 연주를 좋아해 환담에게 자주 거문고를 연주토록 했다. 송홍이 이 소식을 듣고 좋아하지 않았다. 환담이 궁에서 나오는 것을 엿보다가 조복朝服을 바르게 입고 대사공부에 앉은 뒤 휘하 관원을 내보내 그를 불러오게 했다. 환담이 도착하자 자리를 내주지도 않은 채 나무란 뒤 이같이 물었다.

"능히 스스로 고치겠는가, 아니면 내가 법에 근거해 검거토록 만들 것인가?"

환담이 머리를 숙이며 사과의 뜻을 표했다. 한참 후에 그를 보내주었다. 이후 군신들이 크게 모였을 때 광무제가 환담에게 탄금彈琴토록 하자 환담이 송홍을 보고는 평상시의 태도인 상도常度를 잃어버렸다. 광무제가 괴이하게 생각해 묻자 송홍이 자리를 떠나는 이석離席을 하고 관을 벗는 면관免冠을 한 뒤 사죄했다.

"신이 환담을 천거한 것은 충정忠正으로 군주를 보도輔導할 것을 기대했기 때문입니다. 그러나 조정이 춘추시대 당시 음란한 음악으로 비난받은 정나라 음악인 이른바 정성鄭聲을 탐하도록 만들었으니 이는 신의 죄입니다."

광무제 유수가 얼굴을 바로 하며 사과했다.

당시 광무제의 누이인 호양공주湖陽公主가 새로이 과부가 되었다. 광무제가 그녀와 함께 조신朝臣들을 평하면서 속마음을 은근히 살폈다. 호양공주가 말했다.

"송공宋公의 위용과 덕기德器는 군신들이 미칠 수 없습니다."

광무제가 말했다.

"바야흐로 그 문제를 적극 고려토록 하겠소."

이후 송홍이 불려오게 되었다. 이어 호양공주로 하여금 병풍 뒤에 앉아 있게 했다. 광무제가 송홍에게 물었다.

"귀하게 되면 사귀던 친구를 바꾸고 부유하게 되면 아내를 바꾼다는 취지의 '귀역교貴易交, 부역처富易妻' 속담이 있소. 이를 인정人情이라고 할 수 있지 않겠소?"

송홍은 이미 결혼한 몸이었다. 그는 광무제의 질문이 무슨 뜻인지 짐작하고 이같이 대답했다.

"신은 전에 빈천할 때 알던 친구는 잊을 수 없고, 술지게미를 같이 먹으며 고생한 처는 당堂 아래로 내려 보내지 않는다는 취지의 '빈천지지불가망貧賤之知不可忘, 조강지처불하당糟糠之妻不下堂' 구절을 들은 적이 있습니다."

광무제가 호양공주를 돌아보며 말했다.

"일이 잘 안 될 듯하다!"

'조강지처불하당' 고사와 성어가 나온 배경이다. 성어는 흔히 줄여서 '조강지처'로 표현한다.

'조강지처불하당' 고사가 나온 시대에는 동서양을 막론하고 여성의 사회 진출이 거의 없다시피 했다. 경제력이 없는 여성은 남편에게 버림받으면 정상적인 방법으로는 생존이 거의 불가능했다. 이런 여성을 위한 최소한의 안전장치로 '조강지처불하당' 개념이 생긴 듯하다.

도덕적으로 볼지라도 훗날 성공을 거두었다고 해서 한참 어려울 때 함께 고생한 아내를 걷어차는 것은 매우 비도덕적이다. 그런 인물은 은덕을 배신으로 갚는 이른바 배은망덕을 행한 것이나 다름없다. '조강지처불하당'의 기본 윤리를 어기고 그런 '배은망덕'을 행한 사람치고 잘 풀린 경우가 거의 없다.

한때 사법고시 등에 합격한 남자들이 고시 공부로 고생할 때 여러모로 자신을 챙겨줬던 여인을 내팽개치고 배경이 좋은 여인과 결합한 경우가 제법 많았다. 요즘은 세월이 많이 바뀌어 아내의 꿈을 위해 남편이 직장을 그만두는 '조강지부糟糠之夫' 얘기마저 나오고 있어 '호랑이 담배 피던 시절의 얘기' 쯤으로 치부될지 모르겠다. 그러나 아직도 50대 이상의 남자들은 대개 '조강지처'가 아니면 전적인 믿음을 보내지 않는 게 현실이다. 재취로 들어온 여인에게 큰돈을 선뜻 맡기지 않는 풍조가 그렇다.

이는 비단 유교문화권인 한국에서만 통하는 것이 아니다. 서구에서도 성공한 후 '조강지처'를 버리고 젊고 예쁜 여인과 재혼할 경우 사회적으로 좋은 시선을 받기가 쉽지 않다. 힘든 시기를 함께 보낸 여인을 배신한 자를 어찌 믿을 수 있겠냐는 도덕률이 존재하는 탓이다. 심지어는 색욕에 미친 자라는 비난을 받기도 한다. 물론 미국의 트럼프 대통령처럼 3번째 부인과 재혼해 대통령에 당선되는 경우도 있으나 이는 매우 드문 사례에 속한다. 동서고금을 막론하고 '조강지처'를 버릴 경우 그 위험 부담이 매우 큰 게 현실이다.

관중과 포숙아 같이 교우하다

관포지교
管鮑之交 _대롱 관, 말린 생선 포, 어조사 지, 사귈 교

춘추시대 중엽 제나라의 관중管仲과 포숙아鮑叔牙가 보여준 우정을 뜻하는 말이다. 형편이나 이해관계에 상관없이 친구를 무조건 위하는 경우를 가리킨다. 출전은 《열자列子》〈역명力命〉의 "훗날 관중은 나를 낳아준 사람은 부모이나, 나를 알아준 사람은 포숙아였다고 말했다. 이를 두고 세인들은 칭송키를, '관중과 포숙아는 교우를 잘했다'고 말했다(此世稱'管鮑善交'者)." '관포지교'를 《열자》〈역명〉처럼 '관포선교管鮑善交'로 표현키도 하는 이유다.

《사기》〈관안열전〉에 '관포지교' 성어가 나오게 된 배경을 상세히 소개한 일화가 있다.

관중은 젊었을 때 포숙아와 함께 시장에서 생선 장사를 했다. 장사가 끝나면 관중은 언제나 그날 수입에서 포숙아보다 2배 이상의 돈을 가지고 돌아갔다. 포숙아를 따르는 사람들이 늘 이같이 불평했다.

"같이 번 돈에서 반씩 나눠 갖지 않고 관중은 2배나 더 가져가고 있소. 그런데도 당신은 왜 가만히 있는 것이오?"

포숙아는 오히려 관중을 두둔했다.

"관중은 구구한 돈을 탐해 나보다 배나 더 가지고 가는 것은 아니다.

그는 집안이 가난하고 식구가 많다. 내가 그에게 더 가져가도록 사양한 것이다."

두 사람은 또 전쟁에 함께 나간 적이 있다. 출전할 때마다 관중은 언제나 맨 뒤로 숨었다. 싸움이 끝나 돌아올 때면 오히려 맨 앞에 서서 걸었다. 사람들이 관중을 두고 용기 없고 비겁한 자라고 비웃었다. 그럴 때마다 포숙아는 관중을 이같이 두둔했다.

"관중은 용기가 없거나 비겁한 것이 아니다. 그에게는 늙은 어머니가 계시다. 자기 몸을 아껴 늙은 어머니에게 효도하려는 것이다."

관중과 포숙아는 함께 일을 하면서 서로 의견이 맞지 않은 적이 많았다. 사람들이 관중을 비난하자 포숙아는 오히려 관중을 변호했다.

"사람이란 누구나 때를 잘 만날 수도 있고 불우할 때도 있는 법이다. 만일 관중이 때를 만나 일을 하면 1백 번에 한 번도 실수가 없을 것이다."

훗날 관중은 이 소식을 듣고 이같이 감탄했다.

"나를 낳아 준 사람은 부모이고, 나를 알아주는 사람은 포숙아이다."

후대인들은 두 사람의 우정을 '관포지교管鮑之交'로 불렀다. 이와 반대되는 우정은 '오집지교烏集之交'라고 한다. 까마귀들의 사귐이라는 뜻이다. 《관자》〈형세〉편에 나온다.

"사람을 사귈 때 거짓을 일삼으면서 인정도 없이 은밀히 모든 것을 취하려는 자들이 있다. 이들을 일컬어 '오집지교'라고 한다. '오집지교'를 통해 만나는 사람들은 비록 처음에 서로 기뻐하며 사귀지만 후에 반드시 큰 소리를 내며 다투게 된다."

'오집지교'는 모든 것이 '관포지교'와 정반대이다. 모든 것을 이해관계로 접근하기 때문이다.

당나라 때 활약한 시성詩聖 두보杜甫는 〈빈교행貧交行〉에서 '관포지교'를 이같이 칭송한 바 있다.

그대는 관중과 포숙아의 가난할 때 교우를 모르나　君不見管鮑貧時交
그 도리를 지금 사람들은 마치 흙을 버리듯 하지　此道今人棄如土

이 시는 두보가 과거에 낙방하고 잠시 장안에 머무르고 있을 때 지은 것이다. 인록산의 난이 일어나기 3년 전인 당시 그의 나이는 41세였다. 그는 옛 친구들을 찾아갔으나 낙방거사인 그를 따뜻이 맞이해 줄 사람은 하나도 없었다. 〈빈교행〉은 야박한 고우故友들을 질타하기 위해 지은 것이다. 이는 '관포지교'가 그만큼 희귀한 사례에 속한다는 사실을 반증하고 있다.

'관포지교'와 더불어 인구에 널리 회자되는 성어로 '문경지교刎頸之交'를 들 수 있다. 목이 달아날지라도 변치 않을 만큼 가까운 친교를 뜻한다. 원래 이 성어는 전국시대 말기 조혜문왕趙惠文王 때의 명신 인상여藺相如와 장수 염파廉頗가 맺은 두터운 친교에서 나온 것이다. 염파는 인상여의 출세를 시기하며 크게 불화했으나 인상여의 넓은 도량에 감격한 나머지 이내 깨끗이 사과한 뒤 죽음을 함께해도 변치 않을 정도의 친교를 맺게 되었다.

문경지교刎頸之交와
오집지교烏集之交

'문경지교'는 목을 베어 줄 정도의 깊은 우정을 말한다. 그러나 이 성어는 항우와 유방이 천하의 패권을 놓고 다투는 시기인 이른바 초한지제楚漢之際 당시 두터운 친교를 쌓은 장이張耳와 진여陳餘의 배신 일화로 인해 그 의미가 크게 훼손되었다.

장이와 진여 두 사람은 어렸을 때부터 함께 생장해 오면서 의기가 크게 투합했다. 이 성어의 원래 주인공인 전국시대 말기의 조나라 재상 인상여와 장수 염파 못지않은 우정을 과시한 배경이다. 두 사람이 진시황 사후 처음으로 진나라에 반기를 든 진승陳勝을 찾아간 것도 이런 맥락에서 이해할 수 있다.

《사기》〈장이진여열전〉은 나이가 젊은 진여가 장이를 '부친처럼 섬겼다'고 기록해 놓았다. 원문은 '부사父事'이다. 섬긴다는 뜻의 동사 사事 앞에 나온 부父는 '부친처럼'의 뜻을 지닌 부사어로 사용된 경우다. 사마천은 《사기》 전체를 통틀어 '부사'라는 용어를 3번 사용했다. 〈장이진여열전〉의 장이와 진여의 경우를 포함해 〈장승상열전〉에 나오는 장창張蒼과 왕릉王陵, 〈유협열전〉에 나오는 전중田仲과 주가朱家의 경우가 그렇다. 모두 의리의 표상에 해당한다.

원래 유가에서는 나이를 크게 중시했다. 장유長幼의 질서를 5륜五倫의 하나로 간주한 게 그렇다. 그럼에도 나이 차이를 잊고 친교를 맺는 경우가 있다. 이를 '망년지교忘年之交'라고 한다. 지난 2011년 서울교대 입시에 이와 관련된 문제가 출제된 바 있다. 스승과 제자의 관계는 부자父子와 군신君臣, 부부夫婦, 장유長幼, 붕우朋友의 관계를 논한 이른바 '5륜五倫' 가운데 어디에 속하는지 묻는 문제였다. 대부분 '부자'와 '군신', '장유'를 들었다. 그러나 학교는 '붕우'를 정답으로 처리했다. 수험생들 가운데 정답을 맞힌 사람이 하나도 없었다고 한다.

'스승의 그림자는 밟지 않는다'고 배운 사람들 입장에서 볼 때 이 문제는 약간 논란의 소지가 있기는 하다. 그러나 '붕우'를 정답으로 처리한 게 잘못된 것은 아니다. 불가에서는 사제지간을 붕우의 관계로 바라보는 전통이 오래전에 확립되었다. 승려들이 서로를 도반道伴으로 부르는 게 그렇다. '부처의 길을 같이 걸어가는 짝'의 뜻이다. 남송 때 주희에 의해 집대성된 성리학은 불가에서 많은 것을 끌어들였다. 성리학을 도학道學으로 칭하며 불가에서 의발衣鉢을 전수하듯 공자사상이 증자와 맹자에게 전수되었다는 식의 정통론正統論을 전개한 게 그렇다.

이론 면에서 주희를 뛰어넘었다고 평가받는 조선조 중엽의 퇴계 이황은 나이 어린 제자에게조차 하대하지 않았다. 제자를 '도반'으로 생각했기 때문이다. 근 30세 차이가 나는 젊은 학자 기대승과 성리학의 핵심 이론인 이기론理氣論을 심화한 사단칠정四端七情 문제를 놓고 치열한 논쟁을 벌인 것도 서로 상대를 '도반'으로 간주했기에 가능했던 일이다. 큰 틀에서 보면 이 또한 나이를 뛰어넘은 '망년지교' 덕분으로 해석할 수 있다.

장이와 진여의 관계도 이런 맥락에서 바라볼 필요가 있다. 사서의 기록을 종합해 볼 때 장이와 진여는 나이 차이가 대략 20세 안팎이었을 것으로 추정된다. 나이가 젊은 진여가 장이를 부친처럼 모셨는데도 장이는 진여를 마치 붕우를 대하듯이 가까이하면서 '문경지교'를 맺었다.

전국시대 말기 진시황은 위魏나라를 병탄할 당시 장이와 진여가 위나라의 명사라는 소문을 뒤늦게 듣고 장이에게 1,000금, 진여에게 500금의 현상금을 내건 바 있다. 위기에 처한 두 사람은 황급히 성명을 바꿔 진현陳縣으로 들어간 뒤 신분을 감춘 채 작은 고을의 문지기로 지내며 재기할 날을 기다렸다. 이 와중에 진여가 신분이 탄로 날 수도 있는 실수를 저질렀다. 향리鄕吏가 지나갈 때 한눈을 파는 바람에 제대로 인사를 하지 못해 향리의 화를 돋운 게 그렇다. 향리가 근무태만의 구실을 붙여 태장笞杖을 가하려고 하자 진여가 거칠게 대항하려는 모습을 보였다. 순간 장이가 재빨리 진여의 발을 밟으며 그대로 태장을 맞게 했다. 향리가 돌아간 뒤 장이가 진여를 이끌고 뽕나무 아래로 가서 나무랐다.

"전에 내가 그대에게 어떻게 말했던가? 지금 작은 모욕을 당하자 이를 참지 못해 한낱 소리小吏 한 사람을 죽이려 드는 것인가?"

진여가 사과했다.

"제가 어리석었습니다!"

장이가 진여의 발을 밟은 것은 말할 것도 없이 때가 올 때까지 참고 견디면서 몸가짐을 신중하게 해야 한다는 취지였다. 당대의 명사인 진여가 이를 모를 리 없다. 그럼에도 그가 그토록 과민한 반응을 보인 것은 신분을 감춘 채 문지기로 살아가는 현실에 대한 불만이 그만큼 컸음을 반증한다. 진나라에 최초로 반기를 든 진승이 진현으로 진공했을 때 장이와 진여가 크게 소리를 지르고 뛰며 기뻐한 배경이 여기에 있다. 새로운 제국을 건설할 수 있다는 희망을 발견했기 때문이다. 고려 말에 정도전이 널리 함흥까지 무부武夫인 이성계를 찾아간 것에 비유할 만하다.

그러나 정도전은 새 왕조의 건립에 성공했지만 장이와 진여는 실패했다. 진승의 그릇이 작았기 때문이다. 진승이 이들의 충고를 무시한 채 먼저 왕위에 오르는 하책을 택한 게 결정적인 패인으로 작용했다. 원래 장이와 진여는 고향도 같고 생장 및 결혼 배경 등 여러 면에서 서로 닮은 점이 많았다. 서로 '문경지교'를 자부한 배경이다. 그러나 두 사람은 끝내 군웅들이 천하를 놓고 다투는 과정에서 서로 원수가 되고 말았다.

까마귀가 모인 것처럼 처음에는 좋았다가 뒤에는 틀어지는 교제는 '오집지교烏集之交'에 불과하다. 결과론적인 얘기이기는 하나 장이와 진여의 '문경지교'와 '망년지교'는 처음에는 관중과 포숙아의 우정의 모습을 보였으나 불행하게도 결국은 '오집지교'로 끝나고 말았다. 중국의 역대 인물 가운데 '문경지교'와 '망년지교'로 시작해 '오집지교'로 끝난 경우는 오직 장이와 진여밖에 없다. 난세가 만들어낸 비극에 해당한다.

현직 대통령의 탄핵 사태를 전후해 은인의 등에 칼을 꽂는 식의 '조폭'을 방불하는 배신 행각 소식이 끊이지 않고 있다. '오집지교'가 난무하는 양상이다. 온갖 사고가 끊이지 않는 등 나라가 크게 어지러운 것도 이 때문이 아닐까?

엎지른 물은 다시 담을 수 없다

복 수 난 수
覆 水 難 收 _엎지를 복, 물 수, 어려울 난, 거둘 수

이미 저지른 일은 어찌할 수 없다는 의미이다. 출전은 남북소시대 남조 동진 때 왕가王嘉가 편제한 《습유기》의 "한번 엎지른 물은 다시 거두기 어려운 법이다(覆水定難收)."

《습유기拾遺記》에 실린 일화에 따르면, 주나라의 건국 공신인 강태공姜太公은 오랫동안 너무 가난하여 그의 부인 마씨馬氏가 견디다 못하여 남편을 버리고 떠나버렸다. 이후 강태공이 주무왕을 도와 주나라를 건국한 뒤 제齊나라의 제후가 되어 돌아오는 길에서 마씨 부인을 만났다. 마씨가 길바닥에 머리를 조아리며 옛날 정을 생각해 다시 부부의 연을 맺고 아내로서 강태공을 섬기며 살겠다고 애원했다.

강태공이 마씨에게 그릇에 물을 떠오게 했다. 마씨가 물을 떠오자 강태공은 사람을 시켜 그 물을 땅에 쏟아 붓게 한 뒤 마씨에게 쏟은 물을 다시 그릇에 담아보라고 했다. 마씨는 흙만 주워 담을 수밖에 없었다. 그러자 강태공이 이같이 말했다.

"그대는 서로 떨어진 것을 다시 합칠 수 있다고 생각하겠지만 한번 엎지른 물은 다시 거두기 어려운 법이오!"

여기서 '복수난수' 성어가 나왔다. 한번 엎지른 물은 다시 동이에 되돌릴 수 없다는 뜻의 '복수불반분覆水不返盆'으로 표현키도 한다. 《후한서》〈광무제기〉에 나오는 '반수불수反水不收'와 《후한서》〈하진전〉의 '복수불수覆水不收'도 같은 뜻이다.

《후한서》〈주매신전朱買臣傳〉에 '복수난수' 성어를 연상시키는 일화가 나온다. 한무제는 즉위하면서 문학文學에 재주 있고 지혜가 있는 선비들을 선발해 순서를 가리지 않고 발탁했다. 사방에서 선비들이 너도나도 서신을 올려 시비손익是非損益을 논했다. 스스로 자신의 뛰어남을 내세우는 사람이 수천 명이나 됐다. 황제는 그 가운데 준수하고 특이한 자들을 뽑았다. 오吳 땅 출신 주매신朱買臣을 비롯해 조 땅 출신 오구수왕吾丘壽王과 촉蜀 땅 출신 사마상여司馬相如, 평원平原 출신 동방삭東方朔 등이 그들이다.

주매신은 젊었을 때 집이 가난해 땔나무를 시장에 내다 파는 것을 호구지책糊口之策으로 삼았다. 그럼에도 그는 글 읽기를 좋아해 땔감을 지고 걸으면서도 글을 읊조렸다. 아내도 함께 나무를 이고 그 뒤를 따라다녔다. 남편한테 길거리에서 읊조리지 말 것을 부탁했으나 주매신은 오히려 더욱 큰소리로 글을 읊조렸다. 부인은 그런 남편을 몹시 경멸한 나머지 이내 그 곁을 떠나고 말았다.

이후 주매신은 향리鄕吏의 천거를 받아 관원이 된 뒤 한무제의 지우지은知遇之恩에 힘입어 회계태수會稽太守로 오게 됐다. 그가 부임지로 갈 때 이전의 아내가 나타나 머리를 조아려 용서를 빌었다. 주매신 역시 강태공처럼 시종을 시켜 한 동이의 물을 가져오게 했다. 이어 이를 땅에 뿌린 뒤 다시 주워 담도록 했다. 그래야 헤어진 일을 없었던 일로 하겠다고 한 것이다. 이게 가능할 리 없다. 고금동서를 막론하고 쏟은 물은 다시 주워 담을 길이 없는 법이다.

오래전에 주요 일간지 사회면에 실린 씁쓸한 얘기가 생각난다. 생활이 어려워 이혼했다가 아이들 때문에 함께 살아온 여인이 로또복권 1등에 당첨된 남편으로부터 '영원히 헤어지자'는 말을 듣고 격분한 나머지 당첨금 분할을 위한 가압류 신청을 했으나 법원으로부터 기각을 당했다는 소식이다.

횡재를 했다고 같이 살고 있는 여인을 내치려는 남자도 문제지만, 가압류 신청을 한 여인도 어지간하다는 느낌이다. 어려울 때 이혼을 요구하지 말고 좀 더 참고 살았으면 좋은 결과가 있지 않았을까 하는 아쉬움이 남는다. 어려운 상황에 처했을 때 함께 극복해 나가기보다는 쉽게 갈라서는 쪽을 택하는 저간這間의 '염량세태'를 생각하면 누구를 탓할 일도 아닌 듯하다.

5장 | 학문과 배움

책을 읽고 생각을 단련한다

성 안에 비바람이 가득 차다

만성풍우
滿城風雨 _찰 만, 성 성, 바람 풍, 비 우

여론이나 소문이 널리 퍼져나가 사람들의 입에 계속 오르내리는 것을 가리킨다. 출전은 북송 말기의 승려 석혜홍이 쓴 《냉재야화》 제4권에 나오는 "온 성에 비바람이 가득하니 중양절이 가깝구나!(滿城風雨近重陽)."

북송 말기 황주에 반대림潘大臨이라는 시인이 있었다. 근면하고 학문을 좋아했다. 집안이 빈한했음에도 뛰어난 시를 많이 지었다. 어느 해인가 가을날에 가까운 친구인 사무일謝無逸이 그를 찾아와 물었다.

"최근에 지은 좋은 시가 있는가?"

반대림이 대답했다.

"가을의 풍경은 하나하나가 모두 좋은 시구를 떠올리게 하네! 어제 내가 침대에서 일어나 눈을 감고 정신을 가다듬을 때 문득 창밖에서 숲을 뒤흔드는 비바람 소리인 풍우성風雨聲이 들렸네. 곧바로 몸을 일으켜 벽 위에다 '성 안에 비바람 소리가 가득하니 중양절이 가깝구나!'라는 내용의 시구를 썼지. 이때 문득 세금을 독촉하러 온 사람이 홀연히 눈앞에 나타났네. 순간 시흥詩興이 깨져 다음 구절을 지을 길이 없었네. 지금 이 한 구절밖에 없으니, 이 구절을 그대에게 주도록 하겠네."

'만성풍우' 성어가 나오게 된 배경이다. '만성풍우근중양'이라는 뛰어난 구절을 써 놓고도 도중에 흥이 깨져 더 이상 글을 쓸 수 없게 된 일로 인해 이후에는 어떤 일이 여러 사람의 입에 오르내리며 의견이 분분해진 상황을 가리키는 성어로 널리 퍼지게 되었다.

이 성어는 21세기에 들어와서도 중국인들이 널리 사용하고 있다. 다만 뉘앙스가 약간 달라졌다. 스캔들 등의 사건으로 사회가 소란스러워지는 성어로 자리 잡은 게 그렇다.

원래 바람과 비는 늘 같이 붙어 다닌다. 수많은 시인들이 '풍우風雨'의 시어를 자주 사용하는 이유다. 이와 관련된 시구 가운데 가장 유명한 것이 당나라 시인 허혼許渾의 〈함양성동루咸陽城東樓〉에 나오는 다음 구절이다.

산비 오려 하니 바람이 누대에 가득 찼다 山雨欲來風滿樓

원래 '풍우' 내지 풍운風雲은 새로 닥칠 변화를 상징한다. 한자를 사용하는 동아 3국에서 변화를 주도하는 사람을 두고 '풍운아風雲兒'로 표현하는 이유다. 운雲은 우雨의 전 단계에 해당하는 까닭에 '풍운' 역시 '풍우' 못지 않은 격변을 암시한다.

주목할 것은 이 말의 원적지가 일본이라는 점이다. 대략 '사무라이문화'로 요약되는 일본의 역사문화가 이런 용어를 만들어낸 배경이 됐을 것이다. 한때 일본에서 낙양의 지가를 올린 바 있는 성인만화 《성시풍운아 城市風雲兒》가 '풍운아' 용어의 대표적인 사례이다. 일본 도쿄 신주쿠의 대표적인 명물 '풍운아라멘風雲兒拉麵'도 이 말의 원적지가 일본임을 잘 보여주고 있다.

한국도 일본 못지않게 이 말을 자주 사용한다. 《풍운아 김옥균》 내지 《풍운아 홍길동》 등의 소설과 만화책이 계속 나오고 있는 현실이 이를 웅변한다.

'풍우' 내지 '풍운'은 곧 닥쳐올 변화를 상징한다. 새로운 시기時機와 맞아떨어지면 기존의 가치와 관행을 일기에 뒤엎는 혁명적인 상황이 도래한다. '풍우'와 '풍운' 이외에도 유사한 용어가 널리 사용된다. 바람에 이는 물결인 풍파風波, 바람에 이는 거센 파도인 풍랑風浪, 북쪽에서 매섭게 몰아치는 이른바 북풍한설北風寒雪 등이 그렇다.

특히 '북풍한설'은 전란戰亂 등의 극히 각박한 상황 내지 난세를 표현코자 할 때 널리 사용된다. 《시경》〈국풍, 패풍邶風〉에 〈북풍北風〉 제목의 시가 나온다.

북풍이 차갑게 불고	北風其涼
눈비 펑펑 쏟아지다	雨雪其雱
나를 사랑하는 그대	惠而好我
손잡고 함께 가리라	攜手同行
어찌 여유를 부리나	其虛其邪
어서 빨리 떠나리라	既亟只且

조선조 정조의 시문집인《홍재전서弘齋全書》에 〈북풍〉을 인용한 일화가 나온다. 이에 따르면 하루는 정조가 신하들과 함께 〈북풍〉을 감상하다가 문득《순자》〈수신修身〉의 다음 구절을 인용했다.

좋은 농부는 홍수 가뭄에 농사를 포기하지 않고 良農不爲水旱不耕

좋은 상인은 밑진다고 장사를 그만두지 않고 良賈不爲折閱不市,

사군자는 빈궁해서 수도修道를 태만치 않지 士君子不爲貧窮怠乎道

그러고는 신하들을 이같이 힐난했다.

"북풍과 한설로 비유되는 난세에 나라를 구제할 방도는 찾지 않고 자신만 살겠다고 나라를 버리는 것이 옳은가? 홍수나 가뭄이 든다는 이유로, 이익이 남지 않는다는 이유로 좋은 농부와 상인이 생업을 그만두는 일이 없듯이, 군자는 난세에도 자신의 소임을 다해야 하는 게 아닌가?"

군주는 나라와 백성의 앞날을 책임진 궁극적인 당사자이다. 반드시 유능한 인재를 곁에 두고 끊임없이 보필을 받아야 하는 이유다. 특히 '북풍한설'로 상징되는 난세에는 더욱 그렇다. 정조가《시경》〈북풍〉을 읽다가 《순자》〈수신〉을 인용하며 신하들을 질타한 것도 이 때문일 것이다.

큰 그릇의 완성은 늦다

대기만성
大器晚成 _큰 대, 그릇 기, 늦을 만, 이룰 성

위인은 결코 짧은 시간에 만들어질 수 없다는 의미다. 출전은 《도덕경》 제13장의 "아주 크게 모난 것은 원과 같아 모서리가 없고, 아주 큰 그릇은 늦게 만들어지고, 아주 큰 소리는 고요하고, 아주 큰 형상은 모양이 없다(大方無隅, 大器晚成, 大音希聲, 大象無形)."

삼국시대를 마무리 짓고 천하를 통일한 서진 때의 사가 진수陳壽의 정사 《삼국지》 〈위지魏志〉에 '대기만성'과 깊은 인연이 있는 일화가 소개되어 있다.

이에 따르면 삼국시대 당시 위魏나라에 최염崔琰이라는 명장이 있었다. 그의 사촌 동생 최림崔林은 외모가 시원치 않아서인지 출세를 못하고 일가친척들로부터 멸시를 당했다. 그러나 최염만은 최림의 인물됨을 꿰뚫어 보고 이렇게 말했다.

"큰 종鐘이나 세 발 솥인 정鼎은 그렇게 쉽사리 만들어지는 게 아니다. 이와 마찬가지로 큰 인물도 대성大成하기 전까지는 오랜 시간이 걸리게 마런이다. 너도 그처럼 '대기만성'을 하는 형이니, 두고 보면 나중에 틀림없이 큰 인물이 될 것이다."

과연 그 말대로 최림은 장성한 뒤 천자를 보좌하는 삼공三公 가운데 한 사람이 되었다.

《후한서》에도 '대기만성'을 상기시키는 인물이 소개되어 있다. 주인 공은 후한을 세운 광무제 유수劉秀 때 명성을 떨친 마원馬援이다. 당초 그는 변방의 미관微官으로 있었다. 이후 점차 공을 세워 대공을 세운 장군에게만 주어지는 복파장군伏波將軍의 자리까지 올랐다.

그는 건무 20년인 44년 가을 9월에 교지交趾로부터 돌아와 광무제 유수의 명을 받은 맹기孟冀로부터 원정의 노고를 위로받자 이같이 말한 바 있다.

"대장부라면 의당 싸움터에서 죽어 그 시체가 말가죽인 마혁馬革에 덮이거나 싸여야 한다. 어찌 아녀자 손에 간호를 받으며 죽을 수 있겠는가?"

당시 그는 복파장군이 되어 교지의 반란을 막 토평討平하고 돌아오는 길이었다. 많은 사람들이 '대기만성'을 통해 후세의 귀감이 될 만한 인물의 표상으로 마원을 꼽는 이유다.

스스로 뼈를 깎듯이 애쓰며 노력하지 않으면 좋은 결과를 맺기가 힘들다. 정성과 노력이 부족하면 끝이 초라하게 마련이다. 거대한 산은 오랜 세월을 걸쳐 토석土石을 가리지 않고 받아들였기에 그토록 높아졌고, 드넓은 바다는 오랜 세월에 걸쳐 세상의 모든 세류細流를 받아들였기에 그토록 깊어진 것이다. 사람도 이와 꼭 같다. 오랜 시간과 노력이 투여돼야만 천하가 필요로 하는 인물이 될 수 있다. 《도덕경》 제13장에서 '대기만성'을 언급한 근본 이유가 바로 여기에 있다.

주목할 것은 《도덕경》이 '대기만성'을 강조하기 위해 이른바 '정언약반 正言若反'의 기법을 사용한 점이다. 이는 외견상 반대인 듯한 표현을 구사해 핵심을 찌르는 수법을 말한다. 도가의 시조인 노자가 《도덕경》에서 즐겨 쓰는 기법이 '정언약반'이다. 매우 밝은 것은 일견 어두운 듯이 보이고, 매우 빠르게 전진하는 것은 일견 뒤로 물러나는 듯이 보이고, 아주 흰 것은 일견 검은 듯이 보이고, 가장 높은 것은 일견 낮은 듯이 보인다고 언급하는 식이다.

'대기만성' 표현은 우주 삼라만상의 성쇠 이치를 한마디로 축약해 놓은 것이나 다름없다. 느리게 움직이는 거북이 장수를 누리고, 재빠른 몸놀림을 보이는 생쥐가 일찍 죽는 이치와 같다. 사람의 성쇠 이치도 이와 하등 다를 게 없다. '먼저 핀 꽃이 먼저 진다.'는 뜻의 우리말 속담이 이를 상징한다. 《채근담菜根譚》에 이를 뒷받침하는 유명한 구절이 나온다.

"오래 엎드린 새는 반드시 높이 날고(伏久者, 飛必高), 먼저 핀 꽃은 홀로 일찍 시들기 마련이다(開先者, 謝獨早). 이런 이치를 알면 발을 헛디딜 우려도 면하고, 조급한 마음도 없앨 수 있다."

오래 엎드린 새는 반드시 높이 난다는 뜻의 '복구비고伏久飛高'와 먼저 핀 꽃은 홀로 일찍 시든다는 뜻의 '개선사조開先謝早' 성어가 여기서 나왔다. 매나 독수리 같은 맹금은 먹이를 노릴 때 오랫동안 움츠린 모습을 보인다. 충분히 힘을 모은 뒤 일시에 폭발시키고자 하는 것이다. 한번 날면 반드시 높이 나는 이유다. 그게 바로 '복구비고'이다. 먼저 핀 꽃은 빨리 지게 마련이다. 힘을 빨리 소진하기 때문이다. 그게 바로 '개선사조'이다. 이런 이치를 알면 일을 서두르다가 그르치는 일을 최대한 막을 수 있다.

사람이라면 누구나 자신이 하는 일에서 성공하기를 고대한다. 문제는 이를 너무 서두르는데 있다. 우리말에 '급하다고 바늘허리에 실 매어 쓸까'라는 속담이 있다. 일에는 일정한 순서가 있고 때가 있는 법이다. 아무리 급해도 순서를 밟아서 일을 추진해야 한다는 뜻이다. '우물에 가서 숭늉 찾는다.'는 우리말 속담도 같은 뜻이다. 급할수록 차분해질 필요가 있다. 허욕과 허세를 버리는 게 관건이다. 그렇지 못하면 스스로를 재촉하게 된다. 성급한 나머지 쉴 틈도 없이 질주하면 자칫 남쪽으로 가야 하는데도 북쪽으로 가는 결과를 낳을 수 있다. 서둘러 재촉한 탓이다. 서두르면 행동이 거칠어지고 방향을 잘못 잡게 된다. '찬물도 쉬어가며 마신다.'는 우리말 속담이 이에 대한 좋은 경구에 해당한다. 공자가 《논어》에서 역설했듯이 아는 길도 물어갈 줄 아는 마음가짐이 필요하다.

청색이 남색에서 나오다

청출어람
靑出於藍 _푸를 청, 날 출, 조사 어, 쪽 람

푸른빛의 염료를 쪽에서 얻지만, 그 빛이 쪽이란 풀보다 더 진하다는 취지이다. 제자가 스승보다 뛰어나거나, 자식이 아비보다 뛰어날 때 사용한다. 출전은 《순자》〈권학〉의 "청색은 남색藍色에서 취하지만 더욱 푸르다(靑, 取之於藍而靑於藍)."

　　흔히 공자를 사상적 교조로 삼는 유학인 이른바 공학孔學의 적통嫡統이 맹자를 중심으로 한 맹학孟學으로 이어진 것으로 알고 있으나 이는 잘못이다. 한때 이단으로 몰렸던 순자의 학문인 순학荀學이 공학의 적통을 이었다고 보는 게 타당하다. 순학은 이른바 치국평천하에 초점을 맞춘 치평학治平學에서 출발한 공학의 이념과 이론을 정치하게 발전시킨 결정판에 해당한다. 맹학은 '치평학'에서 출발한 공학의 기본 취지를 망각하고 수신제가에 초점을 맞춘 이른바 수제학修齊學으로 함몰된 정치철학에 가깝다. 겉만 '치평학' 내지 '공학'일 뿐 사상사적으로 보면 오히려 묵자를 추종하는 묵학墨學에 가깝다.

원래 묵자가 죽을 때까지 전설적인 하나라의 건국자인 우왕의 행적을 좇기 위해 애쓴 것은 지상에 이상국을 세우고자 한 결과다. 이상은 늘 그렇듯이 현실과 동떨어진 것이기는 하되 사람들을 감동하게 만든다. 묵자의 사상적 후계자인 맹자가 겉으로는 묵가를 금수禽獸와 같은 무리라고 욕하면서도 그의 희생정신만큼은 높이 평가한 이유다. 《맹자》〈진심 상〉의 해당 대목이다.

"묵자는 겸애를 주장하며 머리끝에서 발뒤꿈치까지 온몸이 다 닳도록 천하를 이롭게 할 수만 있다면 이를 실현키 위해 노력했다!"

맹자도 묵자 못지않은 이상주의자였다. 왕도王道를 역설한 게 그렇다. 사상사적으로 보면 이는 묵자가 역설한 의정義政을 살짝 돌려 표현한 것이다. 《논어》에는 맹자가 그토록 역설한 인의仁義가 단 한마디도 나오지 않는다. 이에 반해 《묵자》에는 무려 29회나 언급되어 있다. 묵자는 사상 최초로 '인'에 '의'를 덧붙인 '인의' 개념을 창안해낸 당사자이다. 맹자가 '인의'를 자신의 독창적인 견해인 양 내세운 것은 스스로 묵자의 사상적 후계자임을 감추기 위한 위장된 몸짓에 지나지 않는다. 묵자와 맹자 모두 '인의' 가운데 '의'에 방점을 찍고 있는 사실이 이를 뒷받침한다.

'의'를 판정하는 기준은 하늘의 뜻이다. 이는 인격신에 가까운 천의天意 내지 천지天志 개념으로 나타나고 있다. 묵자는 예수가 '카이사르의 것은 카이사르에게, 하나님의 것은 하나님에게'를 언급한 것과 달리 천의 내지 천지를 세속의 정치에 그대로 적용할 것을 주문했다. 그가 의정義政을 제창하며 힘에 근거한 역정力政을 질타한 이유다. 훗날 맹자는 '의정'을 왕도王道, '역정'을 패도覇道로 바꿔 표현하며 '인의'를 자신의 창견創見인

양 내세웠다. 남송 대의 주희가 장자사상을 변용한 선불교禪佛教 교리에서 많은 것을 차용해 성리학을 집대성했음에도 유교의 수호자를 자처하며 불교를 질타한 것과 닮았다. 사상사적으로 볼 때 맹자는 묵가로 분류하는 게 옳다.

묵자가 '역정'을 반대하며 '의정'을 전면에 내세운 것은 궁극적으로 만인을 두루 사랑하는 겸애兼愛와 전쟁을 결사반대하는 비공非攻을 증명하기 위한 것이었다. 그는 자신의 주장을 관철하기 위해 동분서주했다. 이를 두고 《회남자》〈수무훈脩務訓〉은 이같이 기록해 놓았다.

"너무 바삐 돌아다니는 바람에 공자는 밥을 짓기 위해 아궁이 불을 때 굴뚝이 검어질 짬이 없었고, 묵자는 앉은 자리가 따뜻해질 틈이 없었다."

공자를 묵자와 같은 반열에 올려놓고 칭송한 셈이다. 원문은 '공자무검돌孔子無黔突, 묵자무난석墨子無暖席'이다. 여기서 '공석묵돌孔席墨突' 성어가 나왔다. 정신없이 바삐 돌아다니는 것을 비유할 때 사용한다. 공자와 묵자 모두 나라와 백성들을 위해 바삐 돌아다녔다는 점에서 하등 차이가 없다.

맹자가 겉으로는 공자의 사상적 후계자를 자처하면서도 속으로는 묵자의 사상을 그대로 좇은 것도 이런 맥락에서 이해할 수 있다. 이를 통찰한 인물이 바로 순자이다. 《순자》가 맹자를 '사이비 유가'로 질타한 근본 배경이다.

원래 순자는 맹자보다 반세기 뒤인 전국시대 말기에 조趙나라에서 태어났다. 그는 평소 유자儒者로서의 자부심이 대단했다. 그의 이런 자부심은 곧 공학을 왜곡시킨 맹자에 대한 신랄한 비판으로 이어졌다. 이는 평소 순자가 출세에 목을 매는 무리를 '속유俗儒'로 질타하면서 당시의 천박한 학문 풍토를 개탄한 사실과 무관치 않았다. '속유'는 예의를 높일 줄도 모르면서 입만 열면 《시詩》와 《서書》를 떠들고, 의관을 비롯한 몸가짐 또한 속인과 다를 바 없는 자들을 말한다.

순자가 볼 때 맹자 또한 '속유'에 불과했다. 《순자》〈유효儒效〉에 나오는 다음과 같은 언급이 이를 뒷받침한다.

"군주가 속인을 등용하면 대국인 만승지국萬乘之國일지라도 패망하고, 속유俗儒를 등용하면 만승지국은 겨우 보존된다. 그러나 우아한 유자인 아유雅儒를 등용하면 백리지지百里之地라도 오래도록 보존되고, 등용한 지 3년이면 천하를 하나로 통일해 제후들을 신하로 삼을 수 있다. 만승지국에서 '아유'를 등용하면 국정과 제도문물이 안정되어 하루아침에 천하를 제패할 수 있다."

공학의 적통을 이은 자신과 같은 사람을 등용해야만 천하를 통일할 수 있다고 장담한 것이다. 객관적으로 볼 때 순자는 유가사상을 포함한 제자백가 사상을 집대성해 공학의 기본 이론을 완성시킨 전국시대 최후의 대유大儒였다. 그는 당시 학문이 가장 극성했던 제나라에 머물며 제자백가 사상을 두루 섭렵한 것은 물론 최강국인 진秦나라를 방문해 실상을 살피는 등 천하정세를 두루 살폈다. 수많은 제자들을 이끌고 천하를 주유하며 고오한 자세로 제후들 앞에서 왕도를 설파한 맹자와 극히 대조되는 모습이다. 《순자》의 첫 편인 〈권학勸學〉의 첫머리에서 학문하는 기본 취지를 설명하고, 그 요체는 죽을 때까지 학문을 그치지 않는 데 있다고 역설한 근본 배경이 여기에 있다. 《논어》가 첫 편인 〈학이學而〉에서 학이시습學而時習을 강조한 것과 하등 차이가 없다. 〈권학〉의 핵심어가 바로 '청출어람'

이다. 원문의 취지에 충실한 성어는 '청청어람^{靑靑於藍}'이다. '청출어람'에는 청색이 남색에서 나왔다는 뜻만 드러날 뿐 청색이 남색보다 더욱 푸르다는 뜻이 드러나지 않기 때문이다.

눈을 비비고 대상을 보다

괄 목 상 대
刮 目 相 對 _비빌 괄, 눈 목, 서로 상, 대할 대

다른 사람의 학식이나 재주가 깜짝 놀랄 만큼 늘었다는 취지의 성어이다. 출전은 《삼국지》〈오서, 여몽전〉에 대한 배송지 주에서 인용한 《강표전江表傳》의 "선비는 사흘만 헤어져 있다 만나도 다시 눈을 비비며 서로 대해야만 하는 상대가 되는 법이오(士別三日, 即更刮目相待)." 중국에서는 '괄목상대' 대신 '괄목상간刮目相看' 성어를 주로 사용한다.

〈강표전〉에 따르면 오나라 장수 여몽呂蒙은 어려서 매우 가난했던 까닭에 제대로 먹고 입지도 못했고, 글을 읽는 것은 상상도 못했다. 가슴에 큰 뜻을 지닌 그는 이후 많은 전공을 쌓은 덕분에 장군의 자리까지 올랐으나 늘 학식이 부족한 게 흠이었다.

하루는 손권이 여몽과 장흠蔣欽을 불러 말했다.

"지금 경들은 이 나라의 대관이 되었으니 앞으로는 학문을 익혀 스스로 식견을 넓히는 게 좋겠소."

여몽이 대꾸했다.

"제가 지금 군무에 눈코 뜰 새 없이 바빠 글 읽을 겨를이 없습니다."

손권이 말했다.

"내가 어찌 경들에게 경서 등을 읽어 박사가 되라고 한 것이겠소? 그저 옛사람들이 남긴 책을 많이 읽어 두라고 한 것일 뿐이오. 경들이 군무에 바쁘다고 하나 어디 나만큼이야 바쁠 리 있겠소? 나도 젊었을 때《시경》, 《서경》,《예기》,《좌전》,《국어》 등을 두루 읽었소. 단지《역경》만 읽지 못했소. 내가 보위에 오른 후 여러 사서와 병서를 두루 읽은 게 커다란 도움이 되었소. 경들처럼 뛰어난 인물들이 글을 읽으면 당연히 도움이 되지 않겠소? 속히《손자병법》과《육도》등의 병서와《좌전》과《국어》를 비롯해《사기》와《한서》등의 사서를 읽도록 하시오. 공지가 말하기를, '중일 토록 식음을 폐하며 생각해도 유익함이 없으니 배우는 것만 못하다'고 했소. 광무제 유수劉秀도 매일 군무를 처리하느라 바빴지만 책을 손에서 놓은 적이 없었소. 지금 맹덕 조조曹操 역시 스스로 '늙어갈수록 더욱 학문을 좋아하게 되었다'고 했소. 경들은 어찌하여 스스로 노력할 생각을 하지 않는 것이오?"

여기서 손에서 책을 놓지 않는 '수불석권手不釋卷' 성어가 나왔다. 당시 여몽은 손권의 훈계를 듣고 깨달은 바가 있어 마음과 힘을 다해 열심히 글을 읽었다.

하루는 주유周瑜를 대신해 군사업무를 책임지게 된 노숙魯肅이 여몽을 찾아가 국사를 논의하게 되었다. 여몽의 이론이 고매하고 정연했다. 크게 놀란 노숙이 여몽의 어깨를 쓰다듬으며 찬탄했다.

"나는 대제大弟가 오직 무략武略밖에 없는 줄 알았소. 지금 보니 학문이 넓고 고매하니 이제는 과거 오군에 있을 때와는 완전 딴판이오!"

여기서 오군에 있을 당시 사물에 어두웠던 여몽을 지칭하는 '오하아몽吳下阿蒙' 성어가 나왔다. '오하아몽' 지적을 받은 여몽이 노숙을 힐난했다.

"선비는 사흘만 헤어져 있다 만나도 다시 눈을 비비며 서로 대해야만 하는 상대가 되는 법이오. 대형大兄이 지금 이같이 말하니 어떻게 하여 전국시대를 풍미한 양후 위염魏冉과 같다는 칭송을 듣는 것이오? 대형은 지금 주유의 업적을 제대로 잇지 못하고 있소. 더구나 지금 천하의 관우를 곁에 두고 있는 상황이오. 관우는 덕망이 높은데다 학문을 좋아해 《춘추좌전》을 입에 달고 산다고 하오. 단지 웅기와 자부심이 지나친 나머지 사람을 얕잡아 보는 게 흠이오. 지금 그와 대치하고 있는 중이니 응당 책략을 써서 상대해야 할 것이오."

그러고는 곧 노숙을 위해 3가지 계책을 일러주었다. 노숙이 이를 공손한 자세로 받아들인 후 일절 발설하지 않았다. 후에 이 사실을 안 손권이 찬탄했다.

"사람은 성장하면서 날마다 진보한다고 말하나 그 누구도 여몽과 장흠에 비할 바가 아니다. 이미 부귀 영달했는데도 호학하는 모습을 버리지 않고, 여러 고전을 두루 읽는 것을 좋아하고, 재물을 가벼이 여기며 의를 높이고, 행하는 일은 모두 좇을 만하니 두 사람 모두 가히 국사國士로 부를 만하다. 이 어찌 아름다운 일이 아니겠는가!"

짧은 시간에 학문이나 재주가 현저하게 진보했음을 뜻하는 '괄목상대' 성어가 나온 전거가 여기에 있다. '괄목상대' 성어는 이처럼 '수불석권' 성어와 불가분의 관계를 맺고 있다. 동양에서는 예로부터 '수불석권'을 명군의 기본 요건으로 간주해왔다. 그러나 이를 실행한 인물은 많지 않다. 중국의 역대 제왕 가운데 이를 실천한 대표적인 인물을 꼽으라면 많은 사람들이 대개 조조와 당태종, 강희제 등 3인을 들고 있다. 여기에 대략 '신 중화제국'의 창업주인 마오쩌둥을 끼워 넣을 수 있을 것이다.

소뿔에 책을 걸고 읽다

우 각 괘 서
牛角掛書 _소 우, 뿔 각, 걸 괘, 글 서

소를 타고 길을 가면서도 책을 읽을 정도로 열심히 공부했다는 취지의 성어이다. 출전은 《신당서》〈이밀전李密傳〉의 "《한서》 한 질을 소의 뿔 위에 올려놓은 뒤 소를 몰아 앞으로 가면서 책을 읽었다(挂《汉书》一帙 角上, 行且读)."

이밀은 선비족이 세운 북위의 명문가 출신이다. 모획謀劃에 밝고 문무 겸전文武兼全의 재주를 지니고 있는데다 가슴에 품은 뜻 또한 원대해 늘 천하를 구하고 백성들을 도탄에서 건지는 구세제민救世济民을 자신의 임무로 삼았다.

그는 젊었을 때 부친의 벼슬에 따른 음직蔭職으로 수양제 양광楊廣을 궁 밖에서 호위하는 친위부대도독 소속의 병사로 있었다. 이마가 날카롭고 각이 진데다가 눈동자의 흑백이 명철해 눈에 띄었다. 하루는 수양제가 시위侍衛를 둘러보다가 그의 특이한 모습을 발견하고는 궁으로 돌아온 뒤 훗날 고구려 침공군의 사령관으로 발탁된 우문술宇文述에게 물었다.

"방금 전 좌측 시위대 속에서 새까만 눈동자를 지닌 젊은 소년을 보았는데 그는 어떤 사람이오?"

우문술이 대답했다.

"그는 죽은 포산군공 이관의 아들 이밀입니다."

수양제가 말했다.

"그 소년의 몸가짐이 실로 예사롭지 않으니 특별히 그를 궁 안으로 불러들여 숙위를 맡기도록 하시오."

우문술이 이내 이밀을 부른 뒤 이같이 말했다.

"현제賢弟의 천자天資가 이토록 뛰어나니 응당 먼저 제학才學을 닦은 뒤 관직을 얻는 게 좋을 것이오. 궁정의 경위는 소쇄한 직책인 까닭에 재주를 배양하는데 도움이 되지 않소."

이밀이 크게 기뻐하며 곧바로 병을 핑계로 사직한 뒤 전심으로 독서를 하며 학문을 닦았다. 사람들이 거의 그를 볼 수 없었다.

하루는 형 포유包愉로부터 오경五经, 왕중통王仲通으로부터 《사기》와 《한서》를 전수받은 국자교수国子助教 포개包愷가 구산에 머물고 있다는 사실을 알게 되었다. '국자'는 전래의 태학太學과 같은 곳으로 유일한 국립대학에 해당했다. 곧 포개를 찾아가 학문을 배우고자 했으나 길을 가는 동안 시간이 아까운 나머지 책을 읽을 방법을 강구했다. 이내 부들로 안장을 엮어 소 등에 얹은 뒤 그 위에 앉아 소의 두 뿔에 《한서》 한 질을 걸었다. 한 손으로 소의 고삐를 잡고, 다른 한 손으로 책장을 넘기며 《한서》를 열독했다.

이때 조정 대신으로 있는 월국공 양소楊素가 은거하고 있는 곳을 지나게 되었다. 양소는 이 광경을 보고는 매우 기특하게 생각해 말고삐를 잡고는 천천히 그의 뒤를 따라갔다. 그러다가 도중에 이밀에게 간단히 목례를 한 뒤 물었다.

"도대체 어떤 선비이기에 이토록 호학好學하는 것이오?"

이밀은 그가 양소인 것을 단박에 알아채고는 황망히 소 위에서 내려 두 번 절을 한 뒤 자신의 이름을 밝혔다. 양소가 물었다.

"지금 무엇을 읽고 있는 것이오?"

이밀이 대답했다.

"《한서》의 〈항우전項羽傳〉 부분을 읽고 있습니다."

양소는 경이로운 생각이 들어 함께 얘기를 나누며 크게 기뻐했다. 이내 자신의 아들 양현감楊玄感 등에게 말했다.

"내가 이밀의 학식과 그릇 등을 보니 너희들은 도저히 상대가 되질 않는다."

훗날 수양제에게 반기를 들게 된 양현감이 마음을 다해 이밀과 사귀게 된 근본 배경이 여기에 있다.

대업大業 9년(613), 수양제가 고구려 정벌을 위해 양현감을 여양으로 파견해 군수품의 운송을 감독케 했다. 이때 천하가 크게 시끄러웠다. 곧 기병起兵할 생각으로 은밀히 사람을 장안에 있는 이밀에게 보내 맞이한 뒤 득천하得天下의 계책을 물었다. 이밀이 양현감에게 상중하의 3가지 계책을 제시했다.

"상책은 탁군을 기습하여 점거한 뒤 유관을 옆에 낀 채 유관 밖에서 수나라 군사를 궤산潰散시키는 방안입니다. 중책은 장안을 공격해 점령한 뒤 관중에 머물며 수양제에 대항하는 방안입니다. 하책은 수나라 도성인 낙양을 함몰시키는 방안입니다."

양현감이 대답했다.

"내가 볼 때 그대가 말한 하책이 오히려 상책이 아닌가 싶소. 지금 조정 관원들의 가속이 모두 낙양에 있소. 낙양을 공략해 손에 넣지 않으면 어떻게 백성들에게 영향을 미칠 수 있겠소? 나아가 낙양성을 지나가면서 공략치 않으면 어찌 우리의 무력을 드러낼 수 있겠소?"

그러고는 이밀의 계책을 채택하지 않았다. 양현감이 거사에 실패한 근본 배경이 여기에 있다. 그릇이 작았던 탓에 문무겸전의 식견으로 천하를 거머쥘 수 있는 계책을 자세히 일러줬음에도 이를 채택치 못한 셈이다. 고금을 막론하고 학문을 닦지 못하면 치천하治天下는 물론 득천하得天下에도 성공을 거둘 길이 없다. 북송 말기 대대적인 개혁을 실시한 왕안석王安石은 〈권학문〉에서 독서의 이로움을 이같이 설파한 바 있다.

독서는 비용이 거의 들지 않고   讀書不破費
독서를 하면 1만 배나 이롭다   讀書萬倍利

왕안석이 설파했듯이 큰 인물이 되려면 식견이 넓어야 하고, 그러기 위해서는 평생 책을 손에서 놓지 않는 수불석권手不釋卷의 자세가 필요하다. 동서고금을 막론하고 가장 적은 비용으로 가장 많은 이치를 깨닫는 방안으로 독서보다 나은 게 없다. 시간과 돈이 없어 책을 사서 읽을 겨를이 없다는 것은 핑계에 지나지 않는다. 남북조시대 남조 동진 때 차윤車胤

과 손강孫康이 각각 반딧불과 쌓인 눈빛으로 책을 읽어 큰 공을 세웠다는 고사에서 나온 '형설지공螢雪之功' 성어의 취지를 새겨볼 필요가 있다. '형설지공'은 취지 면에서 '우각괘서' 성어와 꼭 같다.

나무 닭 같은 전사가 되다

태약목계
呆若木鷄 _어리석을 태, 같을 약, 나무 목, 닭 계

나무를 깎아 만든 닭처럼 멍하니 있다는 뜻으로, 넋을 읽고 우두커니 서 있는 것을 비유하는 성어이다. 출전은 《장자》〈달생達生〉의 "멀리서 바라보면 마치 나무로 만든 닭과 같으나, 싸움닭 본래의 덕이 완전히 갖춰져 있다(望之似木鷄矣, 其德全矣)."

투계鬪鷄는 중국의 고대부터 유행해 온 도박성 오락이다. 춘추전국시대에 투계가 매우 성행했다. 왕도 예외 없이 이를 즐겼다. 〈달생〉의 일화에 따르면 기성자紀渻子라는 투계 전문가가 주선왕周宣王을 위해 싸움닭을 길렀다. 10일 후 주선왕이 물었다.

"싸움닭으로 완성되었는가?"

기성자가 대답했다.

"아직 안 되었습니다. 이제 공연히 허세를 부리며 자기 기운을 믿고 있을 뿐입니다."

10일 후 다시 묻자 이같이 대답했다.

"아직 안 되었습니다. 소리와 그림자에 곧바로 신경질적인 반응을 보이고 있습니다."

10일 후 또다시 묻자 이같이 대답했다.

"아직 안 되었습니다. 상대방을 노려보며 기운이 성한 상태입니다."

10일 후 또다시 묻자 이같이 대답했다.

"거의 다 되었습니다. 다른 닭이 우는 소리를 내도 이에 대응함이 없습니다. 저 놈을 바라보면 마치 나무로 만든 닭인 목계木鷄와 같습니다. 싸움닭 본래의 덕이 온전히 갖춰졌습니다. 다른 닭들이 저 놈을 보면 감히 싸울 엄두조차 내지 못하고 곧바로 뒤돌아 달아납니다."

'목계'는 나무를 깎아 만든 닭처럼 멍하니 있어 멍청이 같지만 실은 아주 훈련이 잘 된 닭을 가리킨다. 두려움이나 놀람 따위로 얼이 빠져 우두커니 서 있는 것처럼 보일 뿐이다. 이 일화는 최강의 경지에 오르면 결코 함부로 몸을 움직이는 경거망동輕擧妄動을 하지 않는다는 의미를 함축하고 있다.

이 일화는 운동선수들의 훈련 및 시합에 매우 유용하게 사용할 수 있다. '태약목계'의 모습을 보일 경우 상대를 적잖이 긴장하게 만들어 실수를 유발시킬 수 있기 때문이다.

사실 이는 운동경기에만 유용한 것도 아니다. 사회생활을 하다보면 거의 모든 경우 라이벌 내지 경쟁 상대가 존재하기 때문이다. 이 경우 스스로 '태약목계'의 자세를 취할 필요가 있다. 상대가 함부로 나대지 못할 공산이 크기 때문이다. 실제로 현명한 행보를 보이는 사람일수록 자기의 재주나 지혜를 드러내지 않는다. 무협지나 무협영화에 나오듯이 고도의 무술을 연마한 고단자들은 더욱 겸손한 모습을 취한다. 단 한 번의 가격으로 상대방을 죽음에 이르게 만드는 이른바 일격필살의 무공을 지니고 있기 때문이다. 자신의 마음을 절제하지 못할 경우 '살인극'이 빚어질 수 있다. 일반 사회생활에도 마찬가지이다.

머리가 비상한 사람은 무공이 높은 자와 마찬가지로 결코 자기의 재주나 지혜를 드러내지 않고 적당히 숨긴다. 상대가 읽지 못하는 사물의 이면 내지 반면反面을 읽고 있기에 암수暗數를 쓸 경우 상대가 이른바 진퇴양난의 함정에 빠질 수도 있기 때문이다. 자칫 암수에 걸린 상대방이 목숨을 잃을 수도 있다. 이는 일종의 독수毒手에 해당한다.

중국 사서에는 '독수' 일화가 대거 실려 있다. 진시황의 뒤를 이은 진2세 호해胡亥가 환관 조고趙高의 이른바 지록위마指鹿爲馬 독수에 걸려 끝내 자진한 게 대표적이다. 진시황이 천하순행 도중 급서하자 조고는 승상 이사李斯와 모의해 첫째 아들 부소扶蘇를 자진케 만든 뒤 호해를 제2세 황제로 옹립했다.

이어 천하통일에 가장 공이 큰 승상 이사를 죄를 씌워 죽이고 후임 승상이 된 뒤 마침내 황제의 자리에 오를 생각을 했다. 먼저 자신에게 복종하지 않을 자를 가려내고자 꾀를 냈다. 하루는 조고가 사슴을 호해에게 바치며 말했다.

"이것은 아주 좋은 말입니다."

"승상은 어찌 농을 하시오. 이것은 말이 아니라 사슴이지 않소?"

"아닙니다. 이것은 말입니다."

호해가 신하들을 바라보며 물었다.

"이것이 말이오? 사슴이오?"

많은 신하들이 조고를 두려워한 나머지 '말'이라고 했다. 결국 꼭두각시로 전락한 호해는 이내 조고에게 죽임을 당하고 말았다.

중국에서는 '태약목계' 못지않게 '목계양도木鷄養到' 성어를 자주 사용한다. 싸움닭을 '목계'처럼 훈련시켜 마침내 일가一家를 이룬다는 뜻이다. '태약목계' 대신 '목계양도' 성어로 자주 사용하는 것은 현대 중국어에서 '목계'가 '얼간이'의 뜻으로 변용돼 사용되고 있는 사실과 무관치 않을 듯싶다.

낙양의 종이 값을 올리다

낙 양 지 귀
洛 陽 紙 貴 _강이름 낙, 볕 양, 종이 지, 귀할 귀

좌사가 〈삼도부〉를 짓자 서진의 도성인 낙양 일대의 종이 값이 크게 올랐다는 뜻으로, 사람들이 〈삼도부〉를 서로 베껴 쓰는 바람에 종이 값이 덩달아 비싸졌다는 취지이다. 이후 베스트셀러를 상징하는 성어로 널리 사용되었다. '낙양지가洛陽紙價高'로 표현키도 한다. 출전은 《진서晉書》〈좌사전〉의 "호귀豪貴한 집안이 작품을 경쟁적으로 서로 전사傳寫하는 바람에 낙양에서는 종이 값이 크게 비싸졌다(豪貴之家竞相传写, 洛陽爲之紙貴)."

서진 때 옛 제나라 땅에 시인 좌사左思가 있었다. 추남인데다가 말까지 더듬었으나 일단 붓을 잡으면 장려한 시를 일필휘지로 써 내렸다. 그는 임치에서 집필 1년 만에 〈제도부齊都賦〉를 탈고한 뒤 도성인 낙양으로 이사했다. 이어 삼국시대 서촉의 도성인 성도, 동오의 도성인 건업, 북위의 도성인 업성의 풍물을 읊은 〈삼도부三都賦〉를 10년 만에 완성했다. 그러나 알아주는 사람이 없었다.

하루는 장화張華라는 유명한 시인이 우연히 〈삼도부〉를 읽어보고 격찬했다.

"이것은 반장班張의 유流이다!"

'반장'은 후한 때 〈양도부兩都賦〉를 지은 《한서漢書》의 저자 반고班固와 〈이경부二京賦〉를 지은 장형張衡을 가리킨다. 반고 및 장형과 어깨를 나란히 할 만한 뛰어난 유파라는 뜻이다. 이를 계기로 〈삼도부〉는 낙양의 화제작이 되었다. 조정 대신은 물론 일반 귀족과 문인 및 부호들이 이를 다퉈 베껴 쓰는 바람에 낙양의 종이가 이내 동이 날 지경이었다. 물건이 달리면 가격이 오르는 것은 당연한 이치이다. 너도나도 가격에 구애받지 않고 종이를 사자 종이 값이 천정부지로 치솟았다.

예나 지금이나 당대의 권위 있는 인물로부터 호평을 받을 경우 일약 베스트셀러 반열에 오르는 경우가 비일비재하다. 좌사의 〈삼도부〉가 장화의 칭송을 계기로 '낙양지귀'의 고사를 만들어낸 게 대표적이다.

사실 이는 '낙양지귀' 이전에 흔히 있었다. 이를 상징하는 성어가 바로 《전국책》〈초책楚策〉에 나오는 '백락일고伯樂一顧' 내지 '백락지기伯樂知驥' 성어이다.

전국시대 말기 종횡가인 한명汗明이 초나라 재상 춘신군 황헐黃歇을 만나 이같이 유세했다.

"그대는 천리마인 기驥에 관한 얘기를 들어보지 않았습니까? 무릇 '기'가 수레를 끌 나이가 되어 소금 수레를 끌고 태항산을 오르게 되었습니다. 산 중턱에 이르러 수레를 더 이상 끌고 나가지 못하는 상황에 처하게 되었을 때 마침 말을 잘 보는 전설적인 상마가相馬家 백락伯樂이 이곳을 지나다가 이를 보게 됐습니다. 곧 수레에서 내려 통곡하면서 비단옷을 벗어 '기'에게 덮어 주자 '기'가 가쁜 숨을 내뿜다가 고개를 들어 크게 울부짖었습니다. 왜 그랬겠습니까? 바로 백락이 천리마를 알아보고 뒤를 돌아보는 백락지기伯樂知驥를 행한 일에 감동했기 때문입니다. 지금 저는 불초하여 궁벽한 시골구석에서 곤액을 당한 지 이미 오래됐습니다. 그대는 어찌하여 천리마와 다름없는 저로 하여금 그대를 위해 마음껏 포부를 펼치도록 도와주지 않는 것입니까?"

여기서 '백락일고' 내지 '백락지기' 성어가 나왔다. '낙양지귀' 고사와 똑같은 취지이다.

유명인사 내지 귀인을 만나 문득 명성을 떨치거나 부귀한 인물이 되는 것을 두고 통상 용의 등에 올라타거나 봉황의 날개에 붙는 반룡부봉攀龍附鳳으로 표현한다. 《사기》〈관안열전〉은 천리마의 꼬리에 붙어 1천 리를 내달린다는 뜻의 부기미附驥尾로 표현했다.

2018년의 지방선거에서 사상 최초로 3선의 민선시장에 성공한 박원순 서울시장은 과거 '부기미' 성어를 잘못 사용해 국민들의 공분公憤을 자아낸 적이 있다. 지난 2015년 8월, 그는 베이징의 한 호텔에서 기자간담회를 갖고 "시진핑 주석의 일대일로一帶一路를 적극 활용할 필요가 있다. 파리는 만리를 날아갈 수 없다. 중국이라는 말 궁둥이에 딱 달라붙어 가면 된다. 장따밍姜大明 국토자원부 장관과 만나 평양시장도 초청하고 나도 초청해 달라고 요청했다."고 말해 고개를 갸우뚱하게 만든 적이 있다. '부기미' 성어의 출전은 원래 《사기》의 꽃에 해당하는 '열전'의 첫 편인 〈백이열전〉에 나오는 사마천의 사평이다. 사마천은 이같이 말했다.

"공자의 수제자 안연顏淵이 비록 학문에 독실하기는 했으나 천리마의 꼬리에 붙어 1천 리를 가는 부기천리附驥千里를 한 것처럼 공자의 칭찬 이후 그 덕행이 더욱 뚜렷해졌다."

'부기천리'는 통상 부기미^{附驥尾} 또는 부기^{附驥}로 줄여 쓴다. 사마천이 이를 언급한 것은 호학군자^{好學君子}의 상징인 안연과 같은 인물일지라도 공자와 같은 뛰어난 스승이 인정을 해주었기에 더욱더 덕행에 힘을 썼고, 결국 만고에 걸쳐 그 이름을 남길 수 있게 됐다는 취지에서 나온 것이다. 박 시장의 '부기천리' 언급에는 이런 취지가 전연 드러나지 않고 있다. 오히려 망국적인 사대주의 냄새가 진하게 배어나오고 있다. '부기천리' 성어의 근본 취지를 왜곡한 대표적인 사례에 해당한다.

'부기천리' 성어의 기본 취지와 유사한 성어로 반홍사해^{攀鴻四海}를 들 수 있다. 전한 중엽 왕포^{王褒}는 〈사자강덕론^{四子講德論}〉에서 말하기를, "파리나 모기 같은 자와 종일토록 있어 봐야 계단조차 넘기 힘들다. 그러나 천리마의 꼬리에 붙으면 1천 리를 가고, 기러기 날개인 홍핵^{鴻翮}에 올라타면 사해를 일거에 날아갈 수 있다."고 했다. 이를 통해 왕포 역시 '부기천리'를 용의 등에 올라타고, 봉황에게 붙는 이른바 반룡부봉^{攀龍附鳳}의 취지로 풀이했음을 알 수 있다. '반룡부봉' 성어의 전거^{典據}는 《한서》 〈서전^{叙傳}〉의 다음 구절이다.

"한고조 유방이 한나라를 세울 때 대공을 세운 번쾌^{樊噲}는 원래 백정, 하후영^{夏侯嬰}은 마부, 관영^{灌嬰}은 비단장수, 역상^{酈商}은 필부 출신에 지나지 않았다. 그러나 이들 모두 '반룡부봉'을 행한 덕분에 천하를 주름잡게 됐다."

이를 통해 '부기천리'는 '반룡부봉'과 마찬가지로 '백락일고'와 '낙양지귀'와 기본 취지를 완전히 같이하는 것임을 쉽게 알 수 있다. 사대주의 발언의 느낌이 물씬 나는 '파리' 운운의 박 시장 언급과는 하늘과 땅만큼의 차이가 난다.

6장 | 정치와 책략

리더십을 발휘하는 비결

섶을 지고 불을 끄려 하다

부신구화
負薪救火 _질부, 섶 신, 구원할 구, 불 화

섶나무를 등에 지고 불로 뛰어들어 불을 끄고자 하는 어리석음을 가리킨다. 출전은 《한비자》〈유도〉의 "법을 무시하며 법이 미치지 못하는 곳에서 사리사욕을 채우니 이는 마치 섶나무를 지고 불을 끄러 들어간 것과 같다(皆釋国法而私其外, 則是負薪而救火也)."

〈유도〉는 나라가 강해지거나 약해지는 이유를 설명한 편장篇章이다. 법술法術을 받들면 나라가 강해지고, 무시하면 나라가 약해진다는 게 골자이다. '부신구화'의 해당 대목이다.

"춘추시대 당시 초장왕은 생전에 26개국을 병합해 영토를 3천여 리나 넓혔다. 그러나 그의 사후 초나라는 이내 쇠퇴하고 말았다. 제환공도 30여 국을 병합해 영토를 3천여 리나 넓혔다. 그러나 그의 사후 제나라도 이내 쇠퇴하고 말았다. 전국시대 말기 연나라 또한 연소왕 사후 쇠망하고 말았다. 위나라도 위안희왕 사후 쇠망하고 말았다. 지금 그 나라들이 모두 쇠망하게 된 것은 군신들과 관원이 나라를 어지럽히는 일에만 힘을 쓰고, 나라를 다스리는 일에는 힘을 쓰지 않았기 때문이다. 나라가 어지러워지고 쇠약해졌는데도 법을 무시하며 법이 미치지 못하는 곳에서 사리사욕을 채웠으니 이는 마치 섶을 지고 불을 끄러 들어간 것과 같다."

《사기》〈위세가〉는 '부신구화'를 '포신구화抱薪救火'로 표현해 놓았다. 〈위세가〉에 따르면 위안희왕 4년인 기원전 241년에 진秦나라가 위나라와 한나라 및 조나라 등 진晉나라에서 셋으로 쪼개진 이른바 3진三晉을 연파했다. 이어 모두 15만 명의 병사를 죽인 뒤 위나라 장수 망묘芒卯를 쫓아버렸다. 이때 위나라 장수 단간자段干子가 진나라에게 남양 땅을 건네주는 조건으로 휴전을 청했다. 종횡가인 소대蘇代가 위안희왕을 찾아와 유세했다.

"작위를 노리는 자는 단간자이고, 땅을 탐내는 자는 진나라입니다. 지금 대왕이 땅을 탐내는 자로 하여금 작위를 노리는 자를 장악하게 하고, 작위를 노리는 자로 하여금 땅을 탐내는 자를 장악하게 하면 이는 위나라의 땅을 완전히 잃지 않는 한 그치지 않을 것입니다. 하물며 땅을 바치면서 진나라를 섬긴다면 이는 마치 섶나무를 안고 불을 끄러 가는 것이니 섶나무가 모두 타버리지 않으면 불은 꺼지지 않을 것입니다."

'부신구화'와 '포신구화' 모두 섶나무 즉 땔나무를 등에 지고 가거나 아니면 가슴에 안고 가는 차이만 있을 뿐 불을 더욱 활활 타게 만드는 역할만 한다는 취지에서 나온 것이다. 겉으로만 불을 끄는 구화救火이지, 사실은 불에 부채질을 하여 불길을 더욱 거세게 만드는 선화煽火에 지나지 않는다. '부신구화'와 '포신구화' 모두 본인 스스로 '부신선화負薪煽火'의 어리석음을 범하고 있는데도 이를 전혀 자각하지 못한 채 불길을 끄는 것으로 착각하는 경우를 가리킨다.

겉으로는 양의 머리를 내걸고 속으로는 개고기를 파는 악덕 상인의 사기 행각을 흔히 '양두구육羊頭狗肉'으로 표현한다. '양두구육'은 사기꾼이 의도적으로 남을 속여 패망으로 이끌려고 하는 것이라 사기를 당한 사람이 이내 깨달을 수 있다.

이에 반해, '부신구화'는 자신이 사기를 당하고 있다는 사실을 전혀 모르고 있는 까닭에 '양두구육'보다 훨씬 악성이다. '부신구화'의 미혹에 빠질 경우 철저히 패망할 때까지 자신이 '부신선화'의 어리석음을 범하고 있다는 사실을 전혀 모른다.

《춘추좌전》에 대표적인 '부신구화' 사례가 실려 있다. 춘추시대 말기 제장공齊莊公은 늘 심심하면 대부 최저崔杼 및 경봉慶封의 집에 행차해 이들과 함께 술도 마시고 음악도 듣곤 했다. 하루는 제장공이 최저의 집으로 행차하자 최저가 후처인 당강棠姜으로 하여금 술을 따르게 했다. 제장공은 당강의 미색을 보고 크게 혹했다. 곧 당강의 오라비인 동곽언에게 많은 뇌물을 주고 밀회의 주선을 당부했다. 마침내 동곽언의 주선으로 당강과 사통하게 되었다. 제장공은 자주 최저의 집에 행차하다가 이내 꼬리가 잡혀 최저에 의해 살해되고 말았다.

제장공의 뒤를 이어 공자 저구杵臼가 제경공齊景公으로 즉위했다. 제경공의 즉위에 공을 세운 우상右相 최저의 위세가 날로 높아졌다. 좌상左相 경봉은 국사를 최저에게 맡긴 뒤 유락遊樂에 빠졌으나 최저가 국사를 홀로 처결하자 점차 반감을 품게 되었다. 이때 최저가 전처의 아들 최성崔成을 쫓아낸 뒤 후처인 당강 소생의 최명崔明을 후계자로 삼고자 했다. 최성이 동복동생 최강崔疆과 함께 경봉을 찾아가 도움을 청하자 경봉이 한참 뒤에 대답했다.

"그대들은 잠시 물러가 있도록 하시오. 내가 계책을 세운 뒤 알려주도록 하겠소."

곧 가신 노포별盧蒲嫳을 불러 이를 상의하자 노포별이 이같이 대답했다.

"최씨 집안에 난이 일어났는데 무엇을 근심하는 것입니까? 최씨 일족이 약해지는 것은 곧 경씨 집안이 강해지는 것을 뜻합니다."

며칠 후 최성과 최강이 다시 경봉을 찾아가자 경봉이 말했다.

"실로 그대들의 부친에게 이로운 일이라면 내가 최명 일당을 제거해 그대들을 돕도록 하겠소."

그러고는 은밀히 부하들을 보내 최명의 후원 일당을 제거했다. 최저가 이 사실을 보고받고 대로했다. 곧장 경봉의 집으로 달려갔다.

"최성과 최강이 이 애비를 배반했소. 내 집안이 이같이 될 줄이야 내가 어찌 짐작이나 했겠소?"

경봉이 천연덕스럽게 위로했다.

"최씨와 경씨 가문은 하나요. 만일 자식들의 죄를 묻겠다면 내가 그대를 위해 힘껏 도와 드리도록 하겠소."

곧바로 노포별로 하여금 가병들을 이끌고 가서 최성과 최강 등 최씨 일족을 도륙케 했다. 최명은 외출 중이라 간신히 화를 면했다. 최씨 집안이 쑥대밭이 되자 당강이 자진했다. 노포별이 경봉의 집으로 가서 최저 앞에 최성과 최강의 목을 내놓자 최저가 사례한 뒤 급히 집으로 달려갔다. 당강의 시신을 보고 혼비백산한 최저가 풀썩 주저앉아 통곡했다.

"내가 간악한 경봉에게 속아 멸문지화滅門之禍를 당하고 말았다. 아내도 자식도 없는 마당에 더 이상 사는 게 무슨 의미가 있겠는가?"

그러고는 이내 자진했다. 이튿날 경봉이 공궁으로 들어가 제경공에게 말했다.

"최저는 선군을 시해한 자입니다. 신이 역신逆臣을 제거했습니다."

제경공은 크게 두려워한 나머지 겨우 머리를 끄덕이며 아무 말도 하지 못했다. 경봉이 마침내 제나라 정권을 장악했다. 이 일화에서 최저는 '멸문지화'를 당하는 순간끼지 경봉에게 집안일 치리를 부탁하는 우를 범했다. '부신구화'의 전형에 해당한다. '부신구화'는 당사자가 그 내막을 전혀 눈치 채지 못하는 까닭에 철저히 패망한 이후에야 비로소 자신의 어리석음을 깨닫게 된다. 《한비자》〈유도〉가 '부신구화'의 위험을 역설한 것도 바로 이 때문이다.

실로 꿰매듯 틈을 메우다

오 승 미 봉
伍承彌縫 _대오 오, 이을 승, 메울 미, 꿰맬 봉

전차부대 사이의 틈을 보병부대가 실로 꿰매듯 메워주는 전법을 가리키는 말이다. 원래는 좋은 의미이나 이후 날림으로 대책을 세워 문제를 일으키는 나쁜 의미로 바뀌어 사용되었다. 출전은 《춘추좌전》〈노환공 5년〉조의 "전차부대를 앞세우고 보병부대가 그 뒤를 따르면서 전차부대의 틈을 실로 꿰매듯 메웠다(先偏後伍, 伍承彌縫)."

춘추시대 초기만 해도 춘추5패春秋五霸의 우두머리인 제환공齊桓公에 앞서 천하를 호령하는 패자霸者의 행보를 보인 인물이 있었다. 바로 정장공鄭莊公이다. 그는 사실상 첫 패업을 이뤘음에도 '춘추5패'의 명성을 제환공에게 넘겨야만 했다. 주 왕실에 대한 불경죄를 저질렀기 때문이다.

정장공은 여러 면에서 첫 패자가 될 만했음에도 '존왕'의 명분을 확보하지 못해 패자의 영예를 놓친 것은 물론 후대의 사가들로부터 '간웅奸雄'이라는 지적까지 받아야만 했다. 정장공으로서는 나름 억울한 일면이 있다. 21세기 현재에 이르기까지 학계에서도 이를 제대로 규명치 못하고 있다. 실력보다 명분에 과도한 무게를 실어 준 후과다.

기원전 720년 봄 3월, 도읍을 호경에서 낙읍으로 옮기는 이른바 동천東遷 이후 무려 51년 동안이나 보위에 앉아 있던 주평왕周平王이 병사했다. 그는 주왕조의 역대 왕 중 가장 오랫동안 재위했음에도 별다른 업적을 남기지 못했다. 오히려 생전에 정장공과 사이가 매우 좋지 않아 왕실의 권위를 땅에 떨어뜨렸다.

주평왕은 평소 정장공이 조정에 나오지 않고 늘 본국에 가 있는 것을 못마땅하게 생각했다. 이에 괵공虢公에게 은밀히 집정을 맡아달라고 주문했다. 이 사실이 중간에 새어 나갔다. 소문을 전해 들은 정장공이 과연 크게 화를 냈다. 주평왕을 만나 사의를 표하자 주평왕이 시치미를 뗐다.

"과인은 괵공에게 그러한 부탁을 한 적이 없소!"

"괵공의 재주는 신보다 뛰어납니다. 신이 물러나지 않으면 군신群臣들이 저를 두고 권세를 탐하여 물러설 줄 모른다고 할 것입니다."

주평왕이 희귀한 제안을 했다.

"경은 2대째 집정을 해오고 있소. 이미 40여 년간을 과인과 함께 합심해 왔는데 이제 경이 과인을 의심하니 어찌하면 좋겠소? 경이 끝까지 과인을 믿지 못한다면 태자 호狐를 경에게 보내도록 하겠소."

제후국에 왕실의 태자를 인질로 보내겠다는 제안은 전무후무한 일이었다. 정장공이 사양했다.

"어찌 신하에게 태자를 내려 보낼 수 있겠습니까?"

"경이 나라를 잘 다스린 까닭에 과인이 태자로 하여금 정나라의 정사를 두루 돌아보도록 하는 것이오. 이를 두고 사람들이 뭐라고 말할 수 있겠소?"

결국 주평왕의 태자 호와 정장공의 아들 홀忽이 사실상의 인질이 되어 각각 정나라와 주 왕실로 가게 되었다. 춘추전국시대를 통틀어 이는 처음이자 마지막 있었던 희귀한 일이다. 후대의 사가들은 이를 근거로 정장공을 '간웅'으로 낙인찍었다.

이후 주평왕이 병사하자 주 왕실의 태자 호는 임종을 하지 못한 불효를 애통해하다가 즉위도 하지 못한 채 이내 죽고 말았다. 이에 그의 아들 임林이 대신 보위에 올랐다. 그가 주환왕周桓王이다. 정장공은 주공 흑견黑肩과 함께 정사를 맡게 되었다. 일종의 '공동 섭정'이 된 셈이다. 주환왕은 조부인 주평왕에 이어 부친마저 급작스레 세상을 떠난 일로 인해 정장공에게 커다란 불만을 품었다. 주 왕실과 정나라가 대치하게 된 배경이다.

기원전 707년, 주환왕이 정장공의 집정 권한을 박탈했다. 일종의 괘씸죄였다. 이해 가을, 주환왕이 진陳과 채蔡, 위衛, 괵虢 등의 군사들을 이끌고 정나라를 쳤다. 이때 주환왕이 중군中軍이 되었다. 괵공 임보林父가 우군, 주공 흑견이 좌군을 이끌었다. 진陳나라 군사는 여기에 속했다.

당시 정나라의 공자 자원子元이 정장공에게 좌군으로 채나라와 위나라 군사를 방어하고 우군으로 진나라 군사를 방어하는 계책을 건의했다.

"진나라는 어지러워 병사들이 싸울 마음이 없으니 그들을 먼저 습격하면 반드시 달아날 것입니다. 천자의 병사들도 그것을 보면 반드시 대열이 어지러워질 것입니다. 채나라와 위나라 병사들 역시 오래 지탱하지 못하고 틀림없이 먼저 달아나려고 할 것입니다. 이때 병력을 모아 천자의 병사들을 집중 공격하면 승리할 수 있습니다."

정장공이 이를 좇았다. 대부 만백曼伯이 우군을 통솔하고, 대부 채중족

祭仲足이 좌군을 통솔했다. 대부 원번原繁과 고거미高渠彌는 중군을 통솔해 정장공을 받들고 물고기 비늘 모양의 어리진魚麗陣을 펼쳤다. 앞에는 전차 25승을 배치하고, 보병 5명이 그 뒤를 따르게 하면서 나머지 보병들로 하여금 전차 사이를 메우도록 하는 이른바 '오승미봉'의 계책을 펼친 것이다. 덕분에 정나라는 천자 연합군에게 대승을 거뒀다. 널리 사용되는 '미봉彌縫' 용어의 전거가 여기에 있다. 중국에서는 21세기 현재까지도 '미봉' 용어를 조화, 알선, 노력 등 매우 긍정적인 의미로 사용하고 있다.

원래 부정적인 뜻을 지닌 '미봉책彌縫策' 성어는 일본에서 나온 것이다. 한국도 유사한 의미로 사용하고 있다. 중국에서는 이때 주로 '고식지계姑息之計'와 '인순고식因循姑息', '고식책姑息策' 등을 사용한다. 유사한 의미로 사용되는 한국 고유의 성어로는 '동족방뇨凍足放尿'를 들 수 있다. 순수한 한국어 속담인 '언 발에 오줌 누기'를 한자로 바꿔놓은 것이다. '미봉' 용어를 사용할 때는 동아 3국의 서로 다른 용례를 감안할 필요가 있다. 중국인에게 '미봉책'을 언급하면 전혀 다른 의미로 받아들이기 때문이다.

화살이 비단도 못 뚫다

강 노 지 말
强 弩 之 末 _강할 강, 쇠뇌 노, 어조사 지, 끝 말

아무리 힘차게 쏘아 보낸 화살도 멀리 가면 비단조차 뚫기 어렵게 된다
는 뜻이다. 출전은 《사기》〈한안국열전〉의 "강한 쇠뇌에서 발사한 화살
도 멀리 날아가면 마지막에는 아주 가벼운 노나라 비단인 노호조차 뚫
을 수 없다(彊弩之極, 矢不能穿魯縞)." 통상 원문의 '강노지극彊弩之極'이
'강노지말强弩之末'로 바뀌어 사용되고 있다.

한고조 유방은 흉노를 정벌코자 출전했다가 오히려 흉노에게 포위되
는 위기를 맞이했다. 간신히 진평陳平의 뇌물 계책 덕분에 포위망을 벗어
날 수 있었다. 이후 유방은 흉노에게 매년 선물을 보내야만 했다. 한무제
때에 이르러 흉노의 왕인 선우單于가 거듭 무례한 모습을 보이자 마침내
정벌을 결심하게 되었다.

건원 6년인 기원전 135년에 한안국韓安國이 지금의 감사원장에 해당하
는 어사대부에 제수되었다. 이때 흉노가 다시 화친을 청하자 한무제가 군
신들에게 이를 논의케 했다. 한안국과 함께 빈객 접대를 총괄하는 대행
왕회王恢가 말했다.

"한나라가 흉노와 화친할지라도 몇 년 후 다시 약속을 저버릴 것입니다. 허락지 말고 군사를 보내 치느니만 못합니다."

한안국이 반박했다.

"1천 리 밖으로 나가 싸우는 것은 군대에 이롭지 못합니다. 지금 흉노는 병사가 강하고 말이 튼튼한 것만 믿고 있습니다. 저들은 금수와 같은 마음을 품고 있습니다. 새떼처럼 무리를 지어 옮겨 다니는 까닭에 제압키가 어렵습니다. 그 땅을 얻을지라도 국토를 넓혔다고 할 수 없고, 그 백성을 얻을지라도 국력 강화에 도움이 되지 않습니다. 이들은 상고 때부터 천자의 백성으로 어기지 않은 이유입니다. 한나라 군사가 수천 리 밖에서 이들과 이익을 다투면 곧 인마人馬 모두 지쳐버릴 것입니다. 오히려 흉노는 그 틈을 타 우리를 제압코자 할 것입니다. 강력한 쇠뇌의 화살도 마지막에 가서는 노나라에서 생산된 얇은 비단조차 뚫을 수 없고, 돌풍도 마지막에 가서는 기러기 털조차 떠오르게 할 수 없습니다. 당초 강력하지 않은 게 아니라 마지막에 가서는 힘이 쇠약해지기 때문입니다. 흉노를 치는 것은 불리합니다. 화친하느니만 못합니다."

당시 논의에 참가한 군신群臣들 가운데 한안국에게 동조하는 자가 많았다. 한무제가 화친을 허락한 이유다.

이듬해인 한무제 원광 원년(기원전 134), 안문군 마읍의 호족인 섭옹일聶翁壹이 대행 왕회를 통해 상서했다.

"흉노가 처음으로 한나라와 화친해 변경 사람을 가까이하며 신임하고 있습니다. 이런 때 이익으로 유인해 치는 게 좋겠습니다."

곧 섭옹일을 몰래 첩자로 삼은 뒤 흉노로 도주해 선우單于에게 이같이 말하게 했다.

"저는 마읍의 현령과 현승 및 관원을 베어 죽이고, 현성 전체를 들어 항복함으로써 재물을 모두 얻게 할 수 있습니다."

선우가 그의 말을 믿은 까닭에 그리할 수 있다고 여겼다. 섭옹일의 말을 좇도록 한 이유다. 섭옹일이 돌아온 뒤 거짓으로 사형수 몇 명의 목을 베어 마읍의 성에 매달아놓았다. 선우의 사자에게 증거로 보여주며 이같이 말했다.

"마읍의 장관은 이미 죽었으니 서둘러 쳐들어오시오."

선우가 변경의 요새를 뚫은 뒤 기병騎兵 10여만 명을 이끌고 무주의 요새로 들어왔다. 당시 한나라는 전차병, 기병, 보병 등 모두 30여만 명을 마읍의 성 주변 골짜기에 숨겨 두고 있었다. 위위 이광李廣이 효기장군, 태복 공손하公孫賀가 경거장군, 대행 왕회가 장둔장군, 태중대부 이식李息이 재관장군, 어사대부 한안국이 호군장군에 임명되었다.

제장들 모두 한안국의 호군에 소속되어 있었다. 선우가 마읍에 들어오면 한나라 군사가 일제히 돌격하기로 약속했다. 왕회, 이식, 이광은 따로 대代 땅에서 흉노의 보급부대를 치기로 했다. 당시 선우는 한나라의 만리장성 인근 무주의 요새에 진입한 이후 마읍에서 1백여 리가 안 되는 곳까지 계속 쳐들어왔다. 그러나 들에는 가축만 보일 뿐 사람이 단 한 명도 보이지 않았다. 선우가 괴이하게 여겨 봉화대를 공격해 무주의 무관인 위사尉史를 붙잡았다. 찔러 죽이겠다고 위협하며 묻자 위사가 대답했다.

"한나라 군사 수십만 명이 마읍 성 주변에 매복하고 있습니다."

선우가 좌우를 돌아보며 말했다.

"하마터면 한나라에 속을 뻔했다!"

곧바로 군사를 변경의 요새 밖으로 물리면서 이같이 말했다.

"내가 그 위사를 얻은 것은 하늘의 뜻이다!"

그러고는 그 위사를 천왕天王으로 불렀다. 한나라 군사는 변경의 요새까지 추격했으나 따라잡을 수 없다고 판단해 추격을 중지했다. 이 일화에서 '강노지말' 성어가 나왔다. 아무리 한때 강력한 세력으로 존재했을지라도 일단 쇠약해지면 아무런 힘도 발휘하지 못한다는 취지로 사용된다. '강노지말'은 항간에서 흔히 얘기하는 '영원한 1등은 없다'는 속언과 취지를 같이한다.

달을 보고 숨을 헐떡거리다

오우천월
吳牛喘月 _나라이름 오, 소 우, 헐떡거릴 천, 달 월

더운 지역인 오나라의 소는 달만 보고도 해인 줄 알고 지레 겁을 먹어 숨을 헐떡거린다는 뜻이다. 우리말의 '자라 보고 놀란 가슴 솥뚜껑 보고 놀란다'는 속담과 취지를 같이한다. 출전은 후한 때의 학자 응소應劭가 쓴 《풍속통의風俗通義》의 "더위를 먹은 오나라 땅의 소는 달만 보고도 지레 겁을 먹어 숨을 헐떡거린다(吳牛望月則喘)."

'오우천월'로 인해 천하를 손에 넣을 수 있는 절호의 기회를 놓친 사례가 있다. 장본인은 남북조시대 북조 전진前秦의 황제 부견苻堅이다. 남쪽 정권인 동진東晉과 격돌한 비수지전淝水之戰에서 그는 '오우천월'의 모습을 보여주는 바람에 다 이긴 싸움을 놓치고 말았다. 이로 인해 '비수지전'은 막강한 군사를 보유했다고 반드시 승리하는 게 아니라는 사실을 보여준 대표적인 전사戰史로 기록되었다.

부견은 어렸을 때부터 영특했다. 눈에서 빛이 났다. 조부인 부홍苻洪은 부견을 크게 총애했다. 7세 무렵 부견은 할아버지 부홍 곁에서 명을 기다리면서 행동거지가 모두 예에 맞았다. 부홍이 크게 기뻐했다. 8세 무렵 부견이 부홍에게 선생님을 붙여달라고 요구하면서 유학을 열심히 공부했다. 부홍이 찬탄했다.

"우리 일족은 변방에서 살아온 까닭에 오직 술과 고기를 먹는 것밖에 모르는데 누가 너처럼 어렸을 때부터 학문을 열심히 배우리라고 생각이나 했겠는가?"

보위에 오른 부견은 20여 년에 걸쳐 정성을 다해 나라를 다스렸다. '전진'이 부강한 나라가 된 이유다. 그의 최대 목표는 천하통일이었다. 동진을 정복해야만 했다. 양양에서 동진의 장수 주서朱序를 포획한 후 부견은 천하통일의 시기가 무르익었다고 판단했다. 곧 군신群臣들을 모아놓고 자신의 구상을 밝힌 뒤 신하들에게 각자 자신의 의견을 발표토록 했다. 비서감 주동朱彤을 제외한 대신들 전원이 반대했다. 동진의 군신이 화목하고 장강을 도강하는 게 쉽지 않다는 점 등을 들었다. 부견이 말했다.

"춘추시대 말기 오나라 부차도 강남의 월나라 구천을 포로로 잡았고, 삼국시대 말기 사마씨의 군사는 3대에 걸친 동오의 손오를 포로로 잡았다. 진나라가 장강의 험고함에 기대고 있으나 이는 큰 문제가 안 된다. 수많은 우리 군사의 말채찍으로 장강을 치면 가히 그 흐름도 끊을 수 있다."

여기서 그 유명한 '투편단류投鞭斷流' 성어가 나왔다. '투편단류'는 채찍을 던져 강의 흐름을 끊는다는 뜻으로 병력이 많고 강대함을 비유하여 이르는 말이다. 부견은 전연과 전량을 항복시켜 강북을 통일한 여세를 몰아 동진을 멸해 천하를 통일하려고 보병 60만, 기병 27만의 대군을 거느리고 장안을 출발했다.

당시 동진의 조정은 부견이 나라를 기울여 친정에 나섰다는 소식을 접하고 대경실색했다. 급히 승상 사안謝安에게 명해 군사들을 이끌고 가서 부견의 남침을 저지케 했다. 전쟁 초기 싸움은 전진에게 유리하게 진행되었다. 동진의 조정이 크게 놀라 곧 모든 병사를 동원해 총력 저지에 나섰다. 동진의 용양장군 호빈胡彬이 먼저 협석을 굳게 지켰다. 그는 양식이 떨어지자 짐짓 양식을 나르는 모습을 보여 적들을 속인 뒤 사자를 시켜 속히 구원에 나설 것을 청하는 서신을 사석에게 보냈다. 그러나 사자는 도중에 부견의 동생인 부융苻融에게 잡히고 말았다. 크게 기뻐한 부융은 부견에게 이 사실을 알렸다.

"도적들 숫자가 얼마 안 돼 이내 포로로 잡을 듯싶습니다. 다만 저들이 도주하는 것이 우려되니 속히 진군해 단 한 번의 싸움으로 승리를 거두기 바랍니다."

부견이 크게 기뻐하며 곧바로 대군을 항성에 주둔시킨 뒤 직접 8,000명의 기병을 이끌고 수춘으로 달려갔다. 이때 문득 동진의 용양장군 유뢰劉牢가 5,000명의 병사를 이끌고 밤에 전진의 영채를 급습했다. 양성을 비롯해 전진의 대장 10명의 목이 떨어지고 병사 15,000여 명이 목숨을 잃었다. 동진의 군사가 여세를 몰아 수륙을 병진하며 영격에 나섰다.

부견과 부융은 성에 올라 동진의 부대가 정연하고 병사들의 사기가 높은 것을 보았다. 북쪽으로 눈을 돌리자 팔공산 위에 있는 초목이 모두 동진의 군사처럼 보였다. 이는 동진의 회계왕 사마도자司馬道子가 풀과 종이 등을 이용해 만들어놓은 인형이었다. 부견이 놀라 부융에게 말했다.

"이는 모두 적들이 아닌가. 어찌하여 적들의 숫자가 얼마 안 된다고 말한 것인가?"

부견은 전에 포로로 잡혔던 주서를 사석에게 보내 투항을 권유케 했다. 그러나 주서는 오히려 사석에게 전진의 허실을 낱낱이 일러 주었다.

　"속히 적들의 선봉과 결전을 치르시오. 선봉을 꺾으면 승리할 가능성이 높소. 저들의 백만 대군이 몰려오면 감당키 어렵소."

　당시 전진의 장수 장자張蚝는 비수 남쪽에서 사석의 군사를 대파한 뒤비수의 다른 쪽 수변에 군진을 펼쳤다. 이때 동진의 정로장군 사석謝石이사자를 부융에게 보내 이같이 전했다.

　"당신의 대군은 깊이 들어와 수변에 군진을 펼쳤으니 이는 지구전의계책이 아니오. 당신이 약간 뒤로 후퇴한 뒤 빈 곳에서 쌍방의 전사가 서로 겨루도록 하고 당신과 나는 말을 타고 이를 관전하는 게 어떻겠소?"

　부융은 동진의 군사가 절반쯤 강을 건넜을 때 곧바로 공격을 가할 심산이었다. 다만 부견의 승인을 받은 후 군사를 이동시키는 게 낫다고 판단했다. 이때 문득 전에 투항했던 동진의 장수 주서가 큰소리로 외쳤다.

　"진秦나라 군사가 패했다!"

　이 소리를 듣고는 전진의 군사로 편입돼 있던 선비족과 강족, 갈족의병사들이 크게 놀라 사방으로 달아나기 시작했다. 후방에 있는 군사들도앞에서 무슨 일이 일어났는지 알 길이 없어 곧바로 무기를 버리고 함께도주했다. 부융은 말에 채찍을 가하며 이들을 저지코자 했으나 오히려 그가 타고 있던 말이 죽어 넘어지고 말았다. 전진의 군사들이 일패도지一敗塗地하자 동진의 군사들이 승세를 이어 급박하게 그 뒤를 추격했다.

　이 와중에 부융은 유시를 맞은 채 단기로 회북까지 도주했다. 당시 혼란에 빠진 전진의 군사는 아군이 적군으로 보이는 혼란 속에 서로 짓밟으며 달아났다. 물에 빠져 죽는 자가 부지기수였다. 겨우 목숨을 건진 남은 군사들은 갑옷을 벗어던지고 밤을 새워 달아났다. 얼마나 겁에 질렸던지 바람소리와 학의 울음소리만 들려도 동진의 군사가 뒤쫓아 온 줄 알고 도망가기 바빴다. 여기서 '풍성학려風聲鶴唳' 성어가 나왔다. 겁을 먹은 사람이 하찮은 일이나 작은 소리에도 몹시 놀람을 비유하는 말이다. 적을 두려워한 나머지 온 산의 초목까지도 모두 적군으로 보인다는 뜻의 '초목개병草木皆兵' 성어가 여기서 나왔다.

이로써 동진을 병탄해 천하를 통일코자 한 부견의 야망은 헛된 꿈이 되고 말았다. 선비족과 강족, 갈족 등 여러 민족으로 병사를 구성했음에도 단지 숫자만 많은 것만 믿고 무모하게 정벌에 나선 게 가장 큰 패인이었다. 지피知彼 이전에 지기知己부터 제대로 안 되었던 셈이다. 당대의 명군으로 손꼽히던 부견은 부융의 주력군이 '오우천월'과 취지를 같이하는 '풍성학려'와 '초목개병'에 놀라 황급히 달아나는 바람에 승리를 코앞에 두고도 패한 셈이다.

간과 뇌를 땅에 쏟아내게 하다

간 뇌 도 지
肝腦塗地 _간 간, 뇌 뇌, 진흙 도, 땅 지

간과 뇌가 땅 위에 쏟아져 내려 흙과 뒤범벅이 된다는 뜻으로, 전란으로 인해 백성들이 참혹한 죽음을 맞이한다는 의미이다. 출전은 《사기》 〈유경열전〉의 "천하의 인민들로 하여금 간과 뇌를 땅에 쏟아내도록 하는 것이다(使天下之民肝腦塗地)."

〈유경열전劉敬列傳〉에 따르면 유경劉敬은 제나라 출신으로, 본명이 누경 婁敬이다. 한고조 5년인 기원전 202년, 누경이 농서로 수자리를 살러 가면서 낙양을 지나게 되었다. 이때는 아직 장안에 도읍을 하지 않은 까닭에 한고조 유방이 동쪽 낙양에 머물고 있었다.

하루는 누경이 수레 앞의 횡목을 풀어 놓고 양가죽 옷을 입은 채 제나라 출신 우장군虞將軍을 만나 이같이 말했다.

"신은 황상을 뵙고 나라에 보탬이 되는 일에 관해 말씀드리고자 합니다."

우장군이 좋은 새 옷으로 갈아입히려 하자 누경이 말했다.

"신은 비단옷을 입고 있으면 비단옷을 입은 채로, 베옷을 입고 있으면 베옷을 입은 채로 뵐 것입니다. 옷을 갈아입지 않겠습니다."

우장군이 안으로 들어가 한고조 유방에게 이를 고하자 유방이 그에게 음식을 내린 뒤 알현코자 한 이유를 물었다. 누경이 대답했다.

"폐하가 낙양에 도읍코자 하는 것은 주나라와 융성을 다투려는 것입니까?"

유방이 대답했다.

"그렇소."

누경이 말했다.

"폐하는 천하를 얻기 위해 항우와 싸우면서 70회의 큰 전투와 40회의 작은 전투를 치렀습니다. 천하 백성의 간뇌로 땅을 칠하는 간뇌도지肝腦塗地와 아비와 자식의 해골이 들판에 나뒹구는 폭골중야暴骨中野 양상이 끊임없이 빚어진 이유입니다. 지금도 통곡하는 소리가 끊이지 않고, 부상을 당한 자가 아직 일어나지도 못한 상황입니다. 진나라의 관중 땅은 산에 에워싸여 있고, 황하를 끼고 있고, 사면이 천애의 요새로 견고하게 막혀 있습니다. 문득 위급한 사태가 빚어질지라도 100만 대군을 동원할 수 있습니다. 진나라의 옛 터전인 관중을 차지하고 더없이 비옥한 땅을 소유하면 이것이 바로 천연의 곳간인 이른바 천부天府라고 할 수 있습니다. 폐하가 관중에 도읍하면 산동이 아무리 어지러워져도 진나라의 옛 땅은 보존할 수 있습니다."

유방이 뭇 신하들에게 이에 관한 의견을 묻자 군신들 모두 산동 출신인 까닭에 입을 모아 낙양에 도읍하는 게 낫다고 대답했다. 주나라는 낙양에서 수백 년 동안 왕 노릇을 한데 반해 진나라는 장안 인근의 함양에 도읍한 까닭에 불과 2대 만에 멸망했다는 게 논거였다.

유방이 주저하며 결정하지 못하자 장량이 나서 관중으로 들어가는 게 유리하다고 분명히 말했다. 유방은 결단이 빨랐다. 바로 그날로 수레를 서쪽으로 몰아 관중에 도읍토록 했다. 이때 유방이 누경을 이같이 칭송했다.

"본래 진나라의 옛 땅에 도읍코자 한 것은 누경이다. 루婁는 바로 류劉와 음이 비슷하다. 그에게 유씨 성을 하사한다."

그러고는 그에게 유씨 성을 하사한 뒤 낭중에 임명하고, 봉춘군奉春君으로 불렀다. '누경'의 이름이 문득 '유경'으로 바뀐 이유다. '간뇌도지'와 '쪽골중야'만큼 사성賜姓의 배경을 잘 설명해주는 성어도 없다.

〈유경열전〉의 기록을 보면 성씨를 '유씨'로 바꾼 '유경'의 활약은 눈부신 바가 있다. 한고조 7년인 기원전 200년, 유방은 한왕韓王 한신韓信이 반기를 들자 친히 군사를 이끌고 토벌에 나섰다. 한왕 한신은 토사구팽兎死狗烹의 희생양이 된 회음후淮陰侯 한신과 동명이인이다.

유방은 진양에 이르러 한왕 한신이 흉노와 합세해 한나라를 치려 한다는 소문을 듣게 되었다. 곧 흉노에 사자를 보냈다. 흉노가 장사壯士와 살찐 우마는 숨긴 채 노약자와 야윈 가축만 보여주었다. 사자가 10명이나 흉노에 다녀갔지만 하나같이 입을 모아 흉노를 칠 만하다고 말했다. 유방이 이를 미심쩍어하면서 다시 유경을 사자로 보냈다. 유경은 돌아와 이같이 보고했다.

"두 나라가 싸울 때는 이로운 점을 과시하고 자랑하는 게 당연한 것입니다. 신이 흉노에 가 보니 여위고 지쳐 보이는 노약자만 눈에 띕니다. 이는 단점을 보여줘 유인한 뒤 복병의 기습을 통해 승리를 거두려는 속셈입니다. 저의 어리석은 생각으로는 흉노를 치면 안 됩니다."

당시 한나라 군사는 진격하는 병사의 숫자만도 이미 20여만 명에 달하고 있었다. 유경의 보고를 접한 유방이 크게 화를 낸 이유다.

"제나라 출신 포로 녀석아! 주둥이를 놀려 벼슬을 얻더니 이제는 감히 망령된 말로 아군의 사기마저 떨어뜨리려는 것인가!"

그러고는 유경에게 칼을 씌워 광무현에 가둔 뒤 계속 진격해 평성에 이르렀다. 흉노가 과연 기병奇兵을 구사해 백등산에서 한고조 유방을 포위했다. 유방은 포위된 지 7일 만에 흉노의 군주인 선우單于 묵돌冒頓의 부인 연지閼氏에게 금은보화 등의 각종 뇌물을 보낸 뒤 간신히 포위에서 풀려날 수 있었다. 유방은 크게 느낀 바가 있어 곧바로 광무로 가서 유경에게 크게 사죄했다.

"내가 그대의 말을 듣지 않았다가 평성에서 커다란 곤경을 당했소. 당시 흉노를 쳐도 좋다고 말한 사자 10여 명의 목을 모두 베어 버렸소."

그러고는 유경에게 식읍으로 2천 호를 내리고 관내후로 삼고 건신후建信侯로 불렀다. 예로부터 '간뇌도지' 성어가 몸과 마음을 다해 군주에게 충성하는 갈진충군竭盡忠君 내지 충성을 다해 나라에 보답하는 진충보국盡忠報国, 군주에게 충정을 다하며 나라를 사랑하는 충군애국忠君爱国 등의 행보를 상징하는 성어로 널리 사용된 배경이 여기에 있다.

육참골단肉斬骨斷과 이대도강李代桃僵

사상 최초의 부녀 대통령이라는 진기록을 세웠다가 재임 말년에 탄핵된 뒤 영어圖圄의 몸이 된 박근혜 전 정부 인사들의 탄식과 한숨이 쏟아지는 와중에 맞은편에는 환호작약하는 일군의 인사들이 있었다. 바로 2012년의 18대 대선에서 석패惜敗한 뒤 설욕을 벼르다가 현직 대통령에 대한 전무후무한 탄핵사태에 올라타 어부지리로 제19대 대선에서 승리를 거둔 문재인 정권의 공신들이다. 이는 19대 대선의 승리를 위해 오랫동안 '절치부심切齒腐心'하며 '와신상담臥薪嘗膽'을 한 결과로 볼 수 있다. 문재인 정부의 핵심 인사들이 이미 오래전부터 자신의 살을 내어주고 상대의 뼈를 끊는다는 뜻을 지닌 순 일본산 고사성어 '육참골단肉斬骨斷'의 용어를 자주 사용한 사실이 이를 뒷받침한다.

원래 '육참골단' 성어는 지난 2009년 인기리에 방영된 MBC 드라마 〈선덕여왕〉에서 주인공 미실이 처음으로 사용하면서 국민들에게 널리 알려졌다. 정치권에서 이 성어가 널리 사용된 것은 〈일요시사〉가 야당인 민주당의 고전 배경을 여권의 '육참골단' 정치와 야당의 소탐대실小貪大失 행보에서 찾은 데서 비롯되었다. 이를 뒷받침하는 2013년 7월 15일자 〈일요시사〉의 관련 기사이다.

"야당인 민주당은 정권 심판 여론과 더불어 선거 직전 터진 돈 봉투 파문, 민간인 사찰, 논문 표절, 공천 헌금 등 새누리당에 악재가 잔뜩 쌓여 있는데도 모든 선거에서 예상 밖의 패배를 당했다. 정부여당이 출범 초기의 인사정책 실패부터 최근의 국정원 선거 개입 의혹에 이르기까지 칼자루는 늘 민주당이 쥐고 있었음에도 민주당은 신기할 정도로 고전을 면치 못하고 있는 것이다. 그 이면에는 새누리당의 이른바 '육참골단' 정치와 민주당의 '소탐대실' 행보에 있다는 게 정치권의 대체적인 분석이다. 민주당은 절호의 기회를 맞고도 번번이 작은 것을 탐하다 큰 것을 놓치고 있는 셈이다."

원래 '육참골단' 성어는 일본에서 나온 것이다. 적잖은 사람들이 에도 막부 때 활약한 전설적인 사무라이 미야모토 무사시宮本武藏의 병법서인 《고린쇼五輪書》에서 나온 것으로 얘기하고 있으나 이는 잘못이다. 일본의 국립국어연구소는 확실한 유래를 알 수 없는 성어로 파악하고 있다. 다만 18세기에 활약한 사무라이 야마모토 조초山本常朝의 언행을 기록한 《하가쿠레葉隱》에 피부를 베어내 뼈를 끊는다는 취지의 구절이 나오는 점에 비춰 《하가쿠레》를 전거로 보는 견해가 있기는 하다.

현재 일본의 권위 있는 일본어 사전인 《고지엔廣辭苑》은 이 성어를 '니쿠오肉を 키라세테斬らせて 호네오骨を 타츠斷つ'라는 식으로 풀어서 기록해 놓았다. 일본은 4자성어를 발음만 듣고 이해하기 어려울 때는 이처럼 풀어서 사용한다. 일본에서 사용되는 어법에 어긋나는 '돼도난마' 성어의 경우가 대표적이다.

이를 굳이 4자로 된 한문성어로 표현코자 하면 육참골단肉斬骨斷이 아닌 '참육단골斬肉斷骨'로 표현하는 게 옳다. '육참골단'으로 표현하면 '육참'과 '골단' 모두 자동사 구문으로 해석되는 까닭에 자신의 살을 베어낸 뒤 뼈까지 끊어낸다는 뜻의 엉뚱한 의미가 된다. 육肉과 골骨을 동시 뒤에 나오는 목적어로 사용하는 '참육'과 '단골'의 타동사 구문으로 만들어야만 자신의 살을 베어낸 뒤 상대의 뼈를 끊어낸다는 뜻이 된다. 혹자는 토사구팽兎死狗烹 성어의 경우 명사가 동사 앞에 나오는 경우를 반론으로 제기할지 모르겠다. 그러나 여기의 '토사'와 '구팽'은 모두 자동사 구문으로 되어 있어 사냥 대상인 토끼가 모두 죽게 되면 사냥개는 이내 솥에 삶아진다는 뜻이 된다. 이를 타동사 구문인 '사토'와 '팽구'로 바꾸면 토끼를 모두 죽인 뒤 사냥개를 삶는다는 뜻이 되어 뉘앙스가 달라진다.

'니쿠오肉を 키라세테斬らせて 호네오骨を 타츠斷つ'라는 식으로 풀어 쓴 일본어 성어를 굳이 한자로 된 4자성어로 만들고자 하면 반드시 '참육단골'로 사용해야 하는 이유다. 실제로 중국에서는 일본에서 수입한 이 성어를 사용할 경우 '육참골단'이 아닌 '참육단골'로 바꿔 사용하고 있다. 고통을 받을지라도 상대에게 그 이상의 타격을 안겨 궁극적인 승리를 거두는 경우를 지칭할 때 사용한다.

원래 중국에서는 유사한 뜻을 지닌 '고육지계苦肉之計' 내지 '고육책苦肉策'을 즐겨 사용한다. 그 유래가 깊다. 대표적인 게 바로《삼국연의》이다. 적벽대전 당시 오나라 장수 황개黃蓋가 조조의 수군을 격파하려고 거짓 투항인 위항僞降을 성사시키기 위해 짐짓 죄를 지어 곤장을 맞는 고육지계 장면이 그렇다.

우리나라는 지난 2009년 MBC 드라마 〈선덕여왕〉이 절찬리에 방영된 이래 전거도 없는 순 일본산 성어 '육참골단'이 유행하고 있다. 특히 정치권이 더욱 심하다. 이는 지난 2015년 5월 27일의 민주당 최고위원회의에서 당시 문재인 대표가 행한 이런 언급이 결정적인 계기로 작용했다.

"국민이 바라는 혁신을 위해 고통스러운 일을 마다하지 않겠습니다. 저 자신부터 기득권을 내려놓고 '육참골단'의 각오로 임하겠습니다."

그러자 안철수 당시 민주당 의원이 똑같이 '육참골단' 성어를 동원해 문 대표를 거세게 비판하고 나섰다.

"낡은 진보와 당의 부패를 과감하게 청산하고 결별하는 것이야말로 '육참골단'의 혁신이다."

문 대표의 '육참골단'을 말만 앞세운 구두선口頭禪에 지나지 않는다고 비판한 것이다. 원래 당시 야권의 '육참골단' 공방은 청와대 정무수석으로 들어간 당시 조국 서울대 교수의 발언에서 비롯된 것이다. 이를 뒷받침하는 2015년 2월 5일자 〈경향신문〉 칼럼 내용이다.

"대중의 무관심 속에 치러진 이번 대표 선거에서 유력한 차기 대권후보 문재인이 신승辛勝하였다. 이번 선거 결과는 이 정당이 김대중, 노무현, 김근태의 정신을 따르는 정당임을 재확인해 준 것이다. 현 상황은 '이명

박근혜' 보수정권의 민낯과 밑천을 다 보여주었다. 집권세력은 대한민국을 '이승만과 박정희만의 나라'로 만들면서, 반대자를 억압하거나 무력화하고 있다. 정당의 혁신 없이 총선 승리는 없다. 총선의 승리가 없으면 문재인도 없다. 그러면 문재인은 무엇을 결단해야 하는가? '육참골단'이 해답이다. 잘라내야 자라난다. 나눠야 커진다!"

'육참골단'이 야권을 중심으로 한 정치권에 회자하게 된 근본 배경이 바로 여기에 있다. 조국 교수는 이해 6월 14일에 자신의 트위터를 통해 새정치민주연합의 혁신위원회 출범에 즈음해 자신의 '육참골단' 제안에 공감해 준 것에 감사를 표시하면서 '육참골단'과 동일한 취지의 성어인 이대도강李代桃僵의 자세가 필요하다고 언급했다.

원래 '이대도강'은《삼십육계》의 제11계에 나오는 성어이다. 자두나무가 복숭아나무를 대신해 희생한다는 의미로, 일정한 손실이 불가피할 경우 국부적인 손실을 감내하면서 전체의 이익을 도모하는 것을 뜻한다. 잘못된 어법으로 구성된 순 일본산 성어인 '육참골단'보다 훨씬 나은 것은 분명하나, 이 또한 생소하기는 마찬가지이다. 직후에 나온 〈한국일보〉의 정병진 논설고문의 지적이 이를 뒷받침한다.

"최근 '이대도강'과 '육참골단' 성어가 문재인 대표와 조국 교수가 주거니 받거니 하면서 야당의 생존전략으로 소개되고 있다. 그러나 말들이 너무 어렵고 낯설다. 말이란 국민들이 쉽게 알아듣는 것을 고민해서 골라 써야 한다. 그러나 요새 새정치민주연합에서 나오는 말들을 보면 어떻게든 쉬운 얘기를 어렵게 사용하려고 애쓰고 있는 것 같다. 조 교수가 '육참골단'이라는 말을 쓰더니 문 대표가 덩달아 이 말을 동원해 자신의 혁신에 대한 각오를 밝혔다. 그러자 이번엔 다시 '이대도강' 성어가 등장했다. '육참골단'은 일본식 성어이다. 'Final Fantasy Tactics'이라는 게임에서는 사무라이 검법의 일환으로 소개되고 있다. 조 교수나 문 대표가 혹여 게임을 열심히 하다가 그 말이 마음에 와 닿아 이를 사용했는지는 모르겠다. 국민 정서상 일본 사무라이 용어를 선뜻 받아들이기는 힘들다."

신랄한 지적이다. 사실 당시 대다수 언론이 '육참골단'과 '이대도강' 성어의 난무를 하나같이 지적했다. 2015년 5월 29일 〈동아일보〉 박성원 논설위원의 채널A의 칼럼 논평이 대표적이다.

"문 대표는 '육참골단'을 언급하며 사무총장을 비롯해 주요 당직자 9명의 사표를 수리했다. 그러나 정작 대표 자신은 '백의종군' 대상에서 쏙 빼놓았다. 그는 백의종군의 '심정'만 표시했을 뿐 실행이 없다. 이래서야 어떤 혁신안을 내놓은들 누굴 설득할 수 있겠는가? 내년 총선, 이듬해 대선에서 친노 기득권을 움켜쥐고 마이웨이 하겠다는 속내라는 의구심을 불식하기 어렵다. 문 대표는 '비움의 미학'을 발휘할 필요가 있다. 이는 수권 야당의 대표주자로서, 희망을 잃어버린 듯한 경제와 청년들 앞에 대안을 제시할 수 있는 새로운 자리매김을 위해서도 필요한 일이 아닐까?"

'육참골단'과 '이대도강' 모두 진실성이 결여된 말의 성찬에 지나지 않는다고 지적한 것이다. 특히 어법도 맞지 않는 일본식 성어 '육참골단'은 〈한국일보〉의 논설이 지적했듯이 당시 조 교수와 문 대표가 게임을 열심히 하다가 마음에 와 닿아 사용한 게 아니냐는 의심을 받을 소지가 크다. 정치권에서 속히 불식시켜야 할 대표적인 성어에 해당한다.

인문학의 관점에서 볼 때 고사성어는 단순한 옛날 얘기가 아니다. 동아 3국의 역사문화 맥락에서 나온 매우 귀중한 무형재산에 속한다. 민격民格과 국격國格을 높이기 위해서라도 일반 국민도 쉽게 알 수 있고 품격 있는 고사성어를 널리 보급할 필요가 있다. 나라와 국민을 위해 헌신하는 정치철학도 이런 노력 위에서 가능할 것이다.

우회하는 듯 곧게 가다

우직지계
迂直之計 _돌아갈 우, 곧을 직, 어조사 지, 꾀 계

우회하는 듯 보이나 곧게 가고, 곧게 가는 듯 보이나 우회하는 계책을 말한다. 나중에 출발한 군대가 오히려 먼저 도착하는 계책이 이에 해당한다. 출전은 《손자병법》〈군쟁〉의 "우회하는 것처럼 보이면서 곧게 가는 '우직지계'의 이치를 아는 자가 싸움에서 승리한다(先知迂直之計者勝)."

〈군쟁軍爭〉은 유리한 시기와 지세 등을 확보하기 위해 다투는 것을 말한다. 여기의 군軍은 군사조직 및 편제 등을 뜻한다. 〈군쟁〉은 그 요체를 우회하는 듯 보이나 곧게 가고, 곧게 가는 듯 보이나 우회하는 '우직지계'에서 찾았다.

우직지계를 제대로 발휘하기 위해서는 먼저 주도권을 장악해야 하고, 이를 위해서는 유리한 시기와 지세 등을 먼저 차지해야 한다. 한마디로 말해 고지 선점이 관건인 셈이다. 매사가 그렇듯이 상대보다 먼저 고지를 점하기 위해서는 빠른 기동력과 엄정한 기밀 유지 등 여러 조건이 선결되어야 한다.

《사기》와《전국책》은 전국시대 말기 고지 선점에 성공해 나라를 지킨 조나라 장수 조사趙奢와 똑같이 고지를 점거했는데도 참화를 당한 그의 아들 조괄趙括에 관한 일화를 실어 놓고 있다. 아버지와 아들이 앞뒤로 장수가 된 사례는 많지만 외양상 동일한 전술을 폈는데도 아비는 보국지신保國之臣이 되고, 아들은 나라를 망친 망국지신亡國之臣이 된 경우는 이게 유일하다. 왜 이런 일이 빚어진 것일까? 임기응변의 이치를 몰랐기 때문이다.

조사의 아들 조괄은 부친과 정반대되는 인물이다. 그는 자신의 능력을 뛰어넘는 직책을 맡는 바람에 패망한 대표적인 경우에 속한다.《손자병법》이 '군쟁은 유리한 측면과 불리한 측면을 동시에 지니고 있다'고 언급한 취지를 제대로 이해하지 못한 게 그렇다. 매사를 어떤 원칙에 입각해 고식적으로 해석한 탓이다.

기원전 260년, 진소양왕이 장수 왕기王齕에게 명해 대군을 이끌고 가서 조나라를 치게 했다. 전국시대의 향방을 결정짓는 이른바 정평대전長平大戰의 서막이다. 당시 진나라 군사는 기세 좋게 진공했으나 염파廉頗가 이끄는 조나라 군사의 저지에 막혀 더 이상 나아갈 수 없었다. 진소양왕이 이때 왕흘王齕에게 명해 전군을 이끌고 한나라 상당으로 가서 주둔케 했다. 협공을 펼칠 심산이었다. 상당의 한나라 백성들이 모두 조나라로 달아났다. 왕흘이 군사를 장평 쪽으로 돌렸다. 염파가 싸움에 응하지 않자 두 나라 군사가 오랫동안 장평을 사이에 두고 대치하게 되었다.

이때 조효성왕은 염파가 겁을 집어먹은 것으로 오해하고는 조사의 아들인 조괄을 상장군으로 삼고 진나라를 대적케 했다. 하지만 조나라가 진나라 장수인 무안군 백기白起의 상대로 겨우 병서나 읽은 풋내기 조괄을 내세운 것은 승리를 상납한 것이나 마찬가지였다.

결국 조괄이 이끄는 조나라 군사는 백기의 포위망에 갇혀 양식이 떨어진 지 46일이 지나자 서로 몰래 전우를 죽이고 그 살을 씹어 먹는 최악의 사태로 몰리게 되었다. 조괄은 최후 수단으로 직접 정예군 5,000명을 이끌고 가서 육박전을 폈다. 이때 진나라 군사들이 기다렸다는 듯이 사방에서 화살을 난사했다. 조괄은 화살을 맞고 그 자리에서 즉사했다. 대장이 죽자 조나라 군사가 일대 혼란 속에 빠졌다. 백기가 제장들을 시켜 조나라 군사에게 항복을 재촉케 했다. 조나라 영루 안에 있던 병사 20만 명이 모두 투항했다.

여기서 '지상담병紙上談兵' 성어가 나왔다. 이론에만 치우쳐 실제 상황에는 전혀 맞지 않는 계책이나 그런 상황을 지칭하는 말이다. 백기에게 항복한 조나라 군사는 모두 40만 명이나 되었다. 백기는 조나라 포로를 모두 구덩이 속으로 몰아넣어 산 채로 죽이는 갱살坑殺을 행했다. 사서는 당시 앞뒤로 참살된 자가 모두 45만 명에 달한다고 기록했다. 《자치통감》은 미성년인 소년 병사 240명만이 살아남아 귀국하게 되었다고 기록했다. 이들을 생환시킨 것은 진나라의 위엄을 널리 선양하기 위한 조치였다. 조괄의 '지상담병'으로 인한 참패는 《손자병법》〈군쟁〉이 역설하는 '우직지계'의 이치를 이해하지 못한데 따른 것이다.

송병락 서울대 명예교수는 지난 2015년에 펴낸 《전략의 신》에서 베트남의 전쟁 영웅 보구엔잡武元甲 장군을 '우직지계'의 대가로 꼽은 바 있다. 보구엔잡은 프랑스군과 벌인 디엔비엔푸 전투를 승리로 이끌어 100년 가까운 프랑스 식민통치를 끝낸 인물이다. 이는 식민통치를 받은 약소국이 선진 종주국과 싸워 승리한 첫 번째 사례이기도 하다. 원래 베트남은 원 나라 때 천하제일의 무력을 자랑한 몽골군을 세 번에 걸쳐 몰아낸 역사를 지닌 나라이기도 하다. 보구엔잡이 프랑스를 몰아낸 것도 이런 역사문화 유전자와 무관치 않다.

송 교수가 보구엔잡을 '우직지계'의 대가로 꼽은 것은 나름 일리가 있다. 디엔비엔푸 전투 당시 보구엔잡은 접근하기 쉬운 길이 아니라 정글을 통과하게 만든 우회로를 통해 프랑스군을 포위했다. 프랑스군은 이를 전혀 눈치 채지 못하고 접근로에 지뢰와 칠조망 등을 이중삼중으로 설치해 놓았다. 만일 보구엔잡이 정면 공격을 시도했다면 마치 계란으로 바위를 치는 것이나 다름없었을 것이다. 결국 보구엔잡의 '우직지계'로 인해 프랑스군은 스스로 독 안에 든 쥐 꼴이 되어 항복하고 말았다.

20세기 초 저명한 군사전략가인 영국의 리델 하트 역시 역저《전략론》에서 《손자병법》〈군쟁〉에 나오는 '우직지계'를 높이 평가했다. 그는 '우직지계'를 '간접접근법'으로 번역한 뒤 비즈니스나 인간관계에도 '간접접근법'을 그대로 적용할 수 있다고 주장했다. '간접접근법'은 정확한 번역어라고 할 수는 없으나 나름 기본 취지만큼은 충분히 전하고 있다.

사실 리델 하트가 지적한 것처럼 일상생활에서도 직장 상사나 인생 선배, 비우호적 고객이나 거래처, 아랫사람에게도 직공이나 직언을 피한 채 '간접접근법'을 행하는 게 훨씬 효과적이다. 예컨대 기업 CEO가 빠르게 돈을 버는 길만 찾다보면 돈도 사람도 모두 놓치게 된다. 돈과 여인은 좇을수록 멀리 달아난다는 얘기가 결코 헛말이 아니다. 자연스럽게 다가오도록 만들어야 한다. 멀리 돌아가는 듯한 모습을 보이는 '우직지계'를 구사해야 하는 이유다. 결과를 보면 이게 오히려 빠른 길이라는 답이 나온다.

상대의 의표를 문득 찌르다

출기불의
出其不意 _날출, 그기, 아닐불, 뜻의

상대가 생각지 못한 시간과 장소에 전혀 대비하지 못한 곳을 기습적으로 공격한다는 뜻이다. 출전은 《손자병법》〈시계〉의 "적이 미처 방비하지 못한 곳을 치는 공기불비攻其無備와 적이 전혀 예상하지 못했을 때 치는 출기불의出其不意를 구사한다(攻其無備, 出其不意)."

《손자병법》이 말하는 모든 전략과 전술은 기본적으로 적을 속여 착각에 빠뜨리는 술책인 이른바 궤도詭道에서 출발하고 있다. '궤도'는 상대방이 전혀 눈치 채지 못하도록 속이는 게 핵심이다.

제자백가 가운데 병가를 제외하고 '궤도' 등의 노골적인 표현을 쓴 학단學團은 법가뿐이다. 《한비자》에는 병가의 '궤도'에 준하는 통치술을 대거 열거해 놓았다. 군주가 신하를 다스릴 때 사용하는 이른바 7술七術 가운데 거짓으로 명을 내리거나 하는 등의 수법으로 신하의 충성 여부를 알아내는 '궤사詭使'와 알면서 모른 척하며 질문하는 '협지挾知', 말을 일부러 뒤집어 반대로 해 보이는 '도언倒言' 등이 그것이다.

《한비자》가 신하의 충성 여부를 알아내는 제신술制臣術을 역설한 것은 기본적으로 군주와 신하 사이의 인간관계를 이해利害 관계로 파악한 데 따른 것이다. 의리義理 관계로 파악한 유가의 입장과 대비된다. 가장 가까운 부부 사이도 예외가 아니다. 《한비자》〈비내〉에 이를 뒷받침하는 대목이 나온다.

"군주의 부인과 태자 가운데 간혹 군주가 일찍 죽기를 바라는 자가 있다. 옛날 초나라 사서인 《도올춘추檮杌春秋》는 '군주가 병으로 죽는 경우는 절반도 안 된다.'고 했다. 군주의 죽음으로 이익을 얻는 사람이 많을수록 군주는 위험해진다."

한비자가 군신관계는 말할 것도 없고 부부관계조차 이해관계로 얽혀 있다고 파악한 것은 지금은 전해지지 않지만 초나라 역사서인 《도올춘추》 등의 사서를 숙독한 결과다. 인간관계를 이해관계로 파악한 나머지 궤도의 필요성을 역설한 점에서 법가와 병가는 일치한다. 《손자병법》이 첫 편인 〈시계始計〉에서 적이 미처 방비하지 못한 곳을 치는 '공기불비'와 적이 전혀 예상하지 못했을 때 치는 '출기불의'를 필승의 계책으로 제시한 이유가 바로 여기에 있다.

'출기불의'의 대표적인 예로 삼국시대 당시 제갈량이 기습적으로 기산을 공격한 제1차 북벌을 들 수 있다. 《삼국지》〈촉서, 제갈량전〉에 따르면 228년 봄, 제갈량은 사곡도에서 나와 미현을 취하려 한다는 소문을 낸 뒤 조운趙雲과 등지鄧芝를 의군疑軍으로 삼아 기곡을 점거코자 했다. 위나라 대장군 조진曹眞이 군사를 동원해 이들의 진격을 막았다. 제갈량이 직접 군사를 인솔해 기산을 공격했다. '출기불의'를 꾀한 것이다.

제갈량이 조운과 등지를 의군으로 삼아 기곡을 점거코자 한 게 그 증거다. '의군'은 적의 눈을 속이기 위하여 거짓으로 군사를 꾸미는 것으로, 의병疑兵과 같은 말이다. 중과부적衆寡不敵과 같이 객관적으로 열세의 상황에 놓여 있을 때 승리를 거둘 수 있는 방안은 '의군'과 같은 기병奇兵의 계책으로 '출기불의'를 행하는 수밖에 없다.

제1차 북벌 당시 위연의 건의를 물리치며 돌다리도 두드리고 가는 식의 정병正兵을 고집했던 제갈량이 '의군'과 같은 기병을 구사한 것은 특기할 만하다. 이는 모든 병서가 역설하는 전쟁의 기본 원칙이기도 하다. 《손자병법》은 이를 '궤도'로 표현해 놓았다. 현존 《손자병법》의 원형인 《손자약해》를 저술한 조조는 '궤도'를 이같이 풀이해 놓았다.

"병법에 고정된 본보기는 없다. 임기응변으로 적을 속여 이기는 게 요체다. 적의 전력이 아군보다 뛰어나면 반드시 굳게 지키면서 실력을 키워나가야 한다. 끊임없이 교란시켜 적의 힘이 분산돼 쇠약해지고 느슨해지기를 기다려야 한다. 용병은 늘 상황 변화에 따라 임기응변해야 하는 만큼 고정된 형세가 없다. 마치 물이 지형에 따라 자유자재로 모습을 바꿔가며 흐르는 것과 같다. 적을 맞이해 싸우는 실전에서 구사되는 무궁무진한 임기응변 이치를 어떤 고정된 이론으로 정립해 미리 전수할 수 없다."

한마디로 말해 전쟁은 곧 '궤도'이고, '궤도'는 임기응변의 속임수라고 정의한 것이다. 고금을 막론하고 장수가 이런 이치를 모르면 백전백패를 당할 수밖에 없다. '궤도'는 제자백가 가운데 묵자와 맹자가 역설한 의치義治와 정면으로 배치된다. '의치'는 평시와 전시를 막론하고 정의로운 자세로 임하는 것을 뜻한다. 그러나 적과 싸울 때 정의로운 전쟁인 의전義戰을 기치로 내세우는 것은 바람직하나 실제로 '의전'을 행하면 이는 패배를 자초하는 것이다. 생사를 건 채 단판으로 승부를 겨루는 이른바 건곤일척乾坤一擲의 싸움에서는 이내 나라마저 패망하고 만다. 전쟁과 전략 전술에 특별히 많은 관심을 기울인 나머지《전술론》을 펴내기도 했던 마키아벨리는《군주론》제18장에서 이같이 갈파한 바 있다.

"군주가 선한 품성을 구비해 행동으로 옮기면 늘 해롭지만, 구비한 것처럼 가장하면 오히려 이롭다. 자비롭고, 신의가 있고, 인간적이면서도 정직하고, 신앙심이 깊은 것처럼 보일 필요가 있다. 실제로 그리하는 게 좋다. 그러나 상황에 따라서는 달리 행동할 자세를 갖춰야 하고, 나아가 그리 행동할 수 있어야 한다."

동서고금의 역사가 가르치듯이 모든 전쟁은 서로 '의전'을 내세우게 마련이고, 부득불 전투가 개시되면 무조건 이겨야 한다. 지면 불의不義의 전쟁을 치른 당사자가 되고 이내 국망國亡의 지경에까지 이르게 된다.《손자병법》을 비롯한 모든 병서가 수단과 방법을 가리지 않는 '궤도'를 역설한 것도 바로 이 때문이다.

인구에 회자하는 이른바 송양지인宋襄之仁의 고사는 좋은 반면교사에 해당한다.

《춘추좌전》에 따르면 기원전 638년 봄 3월, 정문공이 초성왕을 알현하기 위해 초나라로 갔다. 이때 정나라에 원한을 품고 있던 송양공宋襄公이 일부 제후들의 군사와 합세해 정나라를 치려고 하자 송나라의 내치를 담당하는 좌사 공자 목이目夷가 간했다.

"초나라와 정나라는 가깝습니다. 만일 우리가 정나라를 치면 반드시 초나라가 정나라를 구원하러 올 것입니다. 이번에 대군을 이끌고 갈지라도 정나라를 이기기는 어렵습니다. 힘을 길러 때를 기다리느니만 못합니다."

송양공이 이를 듣지 않았다. 이해 여름, 송양공이 허許나라와 등滕나라 등 소국의 군주와 함께 연합군을 결성해 정나라를 쳤다. 정문공이 초성왕에게 도움을 청하기 위해 직접 초나라로 가자 초성왕이 이내 좌우에 명해 군사를 이끌고 가서 송나라를 치게 했다. 이해 11월, 마침내 양측 군사가 홍수泓水 일대에서 충돌했다. 초나라 군사가 배를 타고 도강하기 시작하자 군사를 지휘하는 대사마 공손 고固가 간했다.

"저들은 병력이 많고 우리는 적습니다. 저들이 반쯤 건너왔을 때 우리가 공격하면 이길 수 있습니다. 만일 저들이 모두 상륙하게 되면 중과부적으로 당하기 어렵습니다. 그러니 저들이 아직 물을 다 건너지 못하고 있을 때 공격해야 합니다."

송양공이 반대했다.

"과인은 진을 펴고 당당히 싸울 뿐이오. 어찌 적이 반쯤 건너오는 것을 칠 수 있겠소!"

삽시간에 도강이 끝났다. 그러나 아직 진형을 갖추지 못했을 때였다. 공손 고가 또다시 간하자 송양공은 화를 냈다.

"그대는 어찌하여 일시적인 이익만 탐하고 만세의 인의를 모르는 것이오?"

그러고는 초나라 군사가 진형을 다 갖춘 뒤 비로소 접전을 시작했다. 송양공이 직접 군사를 지휘하며 초나라 진영 쪽으로 진격해 들어갔다. 공손 고가 그 뒤를 바짝 뒤쫓아 가며 송양공의 병거를 호위했다. 싸움 도중 송양공은 오른쪽 넓적다리에 화살을 맞고 힘줄이 끊어지는 큰 부상을 입었다. 송양공을 시위하던 군사들은 초나라 군사와 접전하다 모두 전사했다. 공손 고가 급히 달려가 송양공을 부축해 자신의 병거 위에 태운 뒤 좌충우돌하며 포위망을 뚫고 나갔다. 송나라 군사들이 그 뒤를 쫓아 일시에 퇴각하자 초나라 군사가 급히 그 뒤를 쫓았다. 이로 인해 송나라 군사는 대패하고 말았다. 사가들은 이를 통상 '홍수지역泓水之役'으로 부른다. 여기의 역役은 전쟁을 뜻한다.

'홍수지역'의 패배 소식이 전해지자 전사한 송나라 병사들의 부형과 처자들이 궁궐 밖으로 몰려와 대성통곡하며 송양공을 원망했다. 송양공은 이들의 통곡과 원망 소리를 듣고도 이같이 말했다.

"군자는 부상당한 적을 죽이지 않고, 반백이 된 늙은 적군을 포획하지 않는 법이다. 과인은 비록 패망한 은나라의 후손이기는 하나 대열을 다 이루지 못한 적을 향해 진격을 명할 수는 없었다."

이 소문을 들은 송나라 백성들은 하도 기가 막혀 송양공을 크게 비웃었다. 여기서 어리석은 사람의 잠꼬대 같은 명분론을 뜻하는 '송양지인' 성어가 나왔다.

고금동서의 전사戰史를 통틀어 국가존망이 걸린 건곤일척의 싸움에서 '송양지인'으로 승리를 거둔 적은 단 한 번도 없다. 두 어깨에 나라의 운명을 떠안고 있는 위정자와 글로벌 기업 CEO들이 주의해야 할 대목이다.

송양지인宋襄之仁과
국공내전國共內戰

　　'송양지인宋襄之仁'은 어설픈 인의仁義로 대국을 망치는 경우를 가리킨다. 장제스와 마오쩌둥이 천하를 놓고 다툰 국공내전國共內戰 당시 장제스가 그런 우를 범했다.

　　원래 장제스는 국공합작國共合作으로 항일전을 전개할 때부터 '본업' 이외의 '부업'에 열심이었다. 육군의 인사들을 상대로 행한 즉석의 담화를 제외할지라도 1944년 한 해 동안에 무려 41번에 걸쳐 민중연설을 한 게 그 증거다. 고향에서 휴가를 보낼 때조차 그는 시간을 쪼개 고향인 봉화현과 인근에 위치한 학교 교직원 및 학생들을 상대로 강연을 했다. 이들 강연에서 그는 유교적 덕목인 '인의仁義'를 역설했다. 이게 효과가 있을 리 없었다.

다른 한편 장제스는 자신이 고안한 이른바 '신생활운동'에 열성이었다. 그러나 이 운동이 성과를 거두기 위해서는 초보적인 민생 해결이 우선되어야 했다. '신생활운동'이 하나의 구호에 그친 이유다. 그나마 다행인 것은 그에게 여전히 개인적 카리스마가 있었던 점이다. 그의 근면하면서도 부지런한 모습은 그 자체로 민중들의 지지를 받을 만했다.

장제스는 내심 스스로 마오쩌둥에 비해 도덕적인 우위를 점하고 있다고 생각했는지는 모르나 이는 인구에 회자하는 '송양지인'에 지나지 않았다. 실제로 마오쩌둥은 장제스의 이런 행보를 두고 '송양지인' 운운하며 비웃었다. 그는 국공내전 중에 펴낸 〈지구전론持久戰論〉에서 장제스의 '송양지인' 행보를 두고 이같이 평했다.

"우리들은 송양공이 아니다. 전쟁에서 자비와 정의, 도덕 등을 생각해 가책을 받을 필요는 없다. 승리를 얻기 위해서는 적을 장님으로 만들고, 귀머거리로 만드는데 최선을 다해야 한다. 의도적으로 적을 착각하게 만들어 불의不意의 공격을 가하는 것이 싸움에서 주도권을 장악하는 방법이다. 동쪽을 칠 듯이 행동하면서 서쪽을 치는 이른바 성동격서聲東擊西가 적을 착각하게 만드는 길이다. 《손자병법》은 속임수를 두려워하지 않는다고 했다. '불의'는 무엇을 말하는가? 준비가 없었다는 변명에 지나지 않는다. 병력이 우세할지라도 준비가 없다면 참다운 우세가 아니고, 싸움의 주도권도 장악할 수 없다. 비록 병력이 열세할지라도 준비만 잘 갖추면 불의의 공격을 가해 우세한 적군을 격파할 수 있다."

《춘추좌전》을 보면 춘추시대 첫 번째 패자인 제환공을 비롯해 그의 뒤를 이어 두 번째 패자가 된 진문공晉文公이 '송양지인'과 유사한 행보를 보인 사례가 나오지만 이는 어디까지나 작은 전투에 한정된 것이다. 이들 역시 결정적인 전투에서는 어김없이 궤도를 구사했다. 그럼에도 성리학자들은 송양공을 제환공과 진문공에 이어 춘추시대의 세 번째 패자로 간주했다. 이는 패망의 길이다. 성리학을 통치 이념으로 삼았던 중국의 남송과 명나라를 포함해 이웃 조선조가 남북으로 잇단 외침의 희생양이 되었다가 끝내 패망한 사실史實이 이를 뒷받침한다.

제2차 세계대전이 끝난 직후 천하의 우이牛耳를 놓고 벌인 장제스와 마오쩌둥의 혈전은 '송양지인'은 필패의 길이라는 사실을 웅변적으로 보여주고 있다. '국공내전'은 일본이 패퇴한 1945년 8월부터 시작해 중화인민공화국 수립이 선포되는 1949년 10월까지의 기간을 말한다.

주목할 것은 당시 소련의 스탈린이 중국공산당의 압도적인 승리를 원하지 않은 점이다. 중국을 둘로 쪼개 소련의 영향력을 극대화하고자 한 것이다. 인민해방군이 1949년 4월 남경을 점령했을 때 광동으로 퇴각하는 국민당 군대를 따라간 외교사절로는 소련대사밖에 없었다는 사실이 이를 뒷받침한다. 스탈린은 마오쩌둥이 '새로운 황제'로 군림하는 '중화제국'의 등장을 크게 꺼렸던 것이다. 스탈린이 최상으로 여긴 것은 마오쩌둥과 장제스가 남북으로 대치하는 중국의 분열이었다. 소련이 제정 러시아의 '대국주의'를 철저히 이어받았음을 뒷받침하는 대목이다.

마오쩌둥은 초기만 하더라도 스탈린의 이런 속셈을 제대로 간파하지 못했다. 사실 이는 불가피한 면이 있었다. 일본이 패퇴한 상황에서 그의 최대 적은 장제스일 수밖에 없었다. 모든 역량을 장제스 타도에 쏟아 붓지 않으면 안 되었다. 소련의 도움이 절대 필요했다. 스탈린의 속셈 따위를 한가하게 따질 여유가 없었던 것이다. 당시 마오쩌둥은 장제스를 능히 제압할 수 있다고 자신했다. 1946년 8월 6일 미국 여기자 안나 루이스 스트랑과 가진 인터뷰가 그 증거다.

"일체의 반동파들은 모두 종이호랑이인 소위 '지노호紙老虎'입니다. 내가 보기에 반동파는 일견 대단해 보이나 사실 그 역량은 별 볼 일 없습니다. 장기적인 관점에서 보면 진정한 강한 힘은 반동파에 속하는 것이 아니라 인민에게 속합니다."

'지노호'는 장제스가 이끄는 국민당 정부군을 지칭한 것이다. 그의 이런 말이 과연 타당한 것이었을까? 부분적으로만 타당했다. 현실적으로 국민당 정부군은 나름대로 상당한 무력을 보유하고 있었다. 홍군 역시 국민당 정부군을 일거에 제압할 만한 역량을 보유하지 못했다. 이는 중국 특유의 '호언'에 지나지 않았다.

그럼에도 마오쩌둥이 일단의 진실을 언급한 게 사실이다. 당시 장제스의 국민군은 막강한 화력과 병력에도 불구하고 전략적인 실수로 인해 만주를 점차 상실해 가고 있었다. 이를 계기로 패배주의가 퍼져나가기 시작했다. 치명타였다. 결과적으로 허장성세의 호언이 진언眞言이 된 셈이다.

1949년 3월 홍군의 승리가 확실해지자 중국공산당은 제7기 전국대표대회 제2차 중앙위원회 전체회의(약칭 7기 2중전회)를 열었다. 이 자리에서 마오쩌둥은 감격스런 어조로 이같이 말했다.

"우리는 단지 '만리장정萬里長程'의 첫걸음을 내디뎠을 뿐이다."

'만리장정'은 2가지 의미를 지니고 있었다. 하나는 앞으로 천하운영의 어려움이 뒤따를 것이니 긴장을 늦추지 말고 이에 대비해야 한다고 주문한 것이다. 이는 스스로에 대한 주문이기도 했다. 다른 하나는 이전의 '대장정'을 승리로 미화코자 하는 의도가 담겨 있다. 객관적으로 볼 때 '대장정'은 패퇴였다. 그럼에도 마오쩌둥은 중일전쟁 등 안팎의 여러 요인이 복합적으로 작용한 결과 막강한 무력을 자랑한 장제스를 제압하고 천하를 거머쥐는 행운을 만난 것이다. '대장정'이 그 단초인 셈이다. 실제로 그는 '대장정'을 계기로 당의 영도적 지도자 위치에 올라설 수 있었다. 마오쩌둥의 입장에서 볼 때 장제스의 축출은 '대장정'의 값진 보상일 수밖에 없다. 그가 '만리장정' 운운한 심경이 바로 여기에 있다. '만리장정'은 '중화제국' 건립 취지를 천하에 선포한 것이나 다름없다. 1949년 10월 1일 마오쩌둥은 천안문 광장에 모인 군중들 앞에서 감격스런 어조로 이같이 말했다.

"중국인민이 떨쳐 일어났다!"

이는 '중화제국'의 모습이 '중화인민공화국'으로 나타날 것임을 암시한 것이다. 당초 마오쩌둥은 이해 9월 21일에 열린 제1회 정치협상회의 개막사에서 이미 '중국인민이 떨쳐 일어났다'고 언급한 바 있다. 그는 30여 년에 걸친 내란을 끝내고 '새 중화제국'의 건립을 선언하는 역사적인 순간에 어떤 말을 해야 할지 이미 검토를 끝내고 있었던 것이다.

그는 명목상 프롤레타리아 독재를 근간으로 하는 '사회주의 인민공화국'을 내세웠으나 내심 자신이 '새 중화제국'의 창업주라는 자부심을 갖고 있었다. 중화인민공화국이 건립된 이후 숨을 거두는 1976년까지 마오쩌둥이 역대 왕조의 그 어떤 황제보다 더 막강한 황권皇權을 휘두른 사실이 이를 뒷받침한다. 그 배경이 바로 국공합작의 항일 당시 홍군을 통해 장제스의 '송양지인' 행보에 타격을 가하고, 4년간에 걸친 국공내전 때는 공산주의 종주국인 소련의 명령을 거부하고 대륙 전체를 석권한데 있다.

고금동서를 막론하고 난세의 시기에 무력으로 상대를 제압하지 못한 채 인의로 상대를 제압한 적은 단 한 번도 없다. 《손자병법》 및 《오자병법》과 더불어 '3대 병서'로 불리는 《사마법司馬法》이 '전쟁을 두려워하는 허울 좋은 평화'의 허구성을 질타하며 유비무환有備無患의 자세를 역설한 것도 이런 맥락에서 이해할 수 있다. 《사마법》〈인본仁本〉의 해당 대목이다.

"나라가 비록 평안할지라도 전쟁을 잊으면 필히 위기가 닥친다."

한문 원문은 '천하수안天下雖安, 망전필위忘戰必危'이다. 전쟁과 평화가 동전의 양면 관계와 같다는 사실을 일깨우는 촌철살인寸鐵殺人의 금언에 해당한다. 지난 1978년 박정희 전 대통령은 이 구절을 '자주총화自主總和, 국리민복國利民福' 구절과 함께 신년휘호로 내놓은 바 있다. 유사시의 전쟁에 철저히 대비할 것을 촉구한 것이다. 당시에도 북한의 위협이 그만큼 크다고 본 결과다.

주지하다시피 조부 김일성과 부친 김정일의 뒤를 이어 무소불위의 폭정을 휘두르고 있는 김정은 정권은 그 이전과 비교할 수 없을 정도로 위험하기에 '천하수안, 망전필위' 구절의 의미가 더욱 가슴에 와 닿는다. 한반도의 위기가 정점으로 치닫고 있는 상황을 감안할 때 우리도 '송양지인'의 우를 범해서는 결코 안 된다. 이는 남북공멸을 뜻하기 때문이다. 제4차 산업혁명 시대와 G2시대의 시대정신 등에 비춰볼 때 남한 주도의 통일이 이뤄져야만 한반도는 물론 주변 4강국 모두 서로 '윈-윈'할 수 있는 계기를 만날 수 있다.

강온 계책을 섞어 쓰다

관 맹 상 제
寬 猛 相 濟 _너그러울 관, 사나울 맹, 서로 상, 구제할 제

정책을 펴거나 나라를 다스릴 때 강약의 계책을 섞어 실시하는 것을 가리키는 성어이다. 출전은 《춘추좌전》〈노소공 20년〉조의 "정사가 관대해지면 백성이 태만해진다. 태만해지면 엄히 다스려 바르게 고쳐놓아야 한다. 정치가 엄하면 백성이 상해를 입게 된다. 상해를 입게 되면 관대함으로 이를 어루만져야 한다(政寬則民慢, 慢則糾之以猛, 猛則民殘, 殘則施之以寬)."

기원전 496년, 정나라 재상 자산子産이 병으로 자리에 누워 사경을 헤맸다. 자산은 공자의 사상적 스승에 해당한다. 《논어》를 통해 확인할 수 있듯이 자산을 군자君子의 '롤 모델'로 간주한 게 그렇다. 일련의 부국강병책을 구사해 약소국인 정나라를 문득 북쪽의 강국인 진晉나라와 남쪽의 강국인 초나라 사이에서 일종의 '허브국가'를 구축한 사실을 높이 평가한 결과다. 당시 자산은 자신의 수명이 다 된 것을 알고 대부 유길游吉을 불러 이같이 당부했다.

"내가 죽게 되면 그대가 틀림없이 집정이 될 것이오. 오직 유덕자만이 관정寬政으로 백성을 복종시킬 수 있소. 그렇지 못한 사람은 맹정猛政으로 다스리느니만 못하오. 무릇 불은 맹렬하기 때문에 백성들이 이를 두려워하므로 불에 타 죽는 사람이 많지 않소. 그러나 물은 유약하기 때문에 백성들이 친근하게 여겨 쉽게 다가가 놀다가 숱하게 물에 빠져 죽게 되오. 그래서 관정을 펴기가 매우 어려운 것이오."

자산이 몇 달 동안 앓다가 죽었다. 유길이 뒤를 이어 집정이 되었다. 그는 차마 맹정을 펴지 못하고 관정으로 일관했다. 정나라에는 도둑이 많아져 갈대가 무성한 늪지대에 무리지어 살게 되었다. 유길이 후회했다.

"내가 일찍이 자산의 말을 들었더라면 이 지경에 이르지는 않았을 것이다!"

그리고는 곧 보병을 출동시켜 늪지대에 숨어 지내는 도둑들을 토벌해 모두 죽여 버렸다. 도둑이 점차 뜸해졌다. 이를 두고 훗날 공자가 이같이 평했다.

"실로 잘한 일이다. 정치가 관대해지면 백성이 태만해진다. 태만해지면 엄히 다스려 바르게 고쳐놓아야 한다. 정치가 엄하면 백성이 상해를 입게 된다. 상해를 입게 되면 관대함으로 이를 어루만져야 한다. 정치는 관대함으로 백성들이 상처 입는 것을 막는 관이제맹寬以濟猛과 엄정함으로 백성들의 태만함을 고치는 맹이제관猛以濟寬을 섞어 조화를 이루는 게 관건이다. 《시경》〈대아, 민로民勞〉에 이르기를, '백성들이 이미 크게 지쳐 있어 조금이라도 편안토록 하는 게 가하니, 중원에 은혜를 베풀어 사방을 안무해야 하네!'라고 했다. 이는 관정의 필요성을 말한 것이다. 또 '간사한 거짓말로 속이고 사악한 자를 경계해야 하니, 그들은 일찍이 도를 두려워하지 않는 자들이네!'라고 했다. 이는 맹정의 필요성을 말한 것이다. 이어

'먼 곳을 안무하고 이웃과 가까이해 우리 국왕을 편안케 하네!'라고 했다. 이는 화목으로 나라를 편히 할 필요성을 말한 것이다. 그리고 《시경》〈상송, 장발長發〉에 이르기를, '다투거나 조급하지 않으며 강하지도 유하지도 않으니 정사가 뛰어나 백록百祿이 모여 드네!'라고 했다. 이는 관정과 맹정이 잘 조화된 지극한 정치를 말한 것이다."

공자의 평은 왕도와 패도를 섞어 쓰는 이른바 관맹상제寬猛相濟의 이치를 언급한 것이다. 그럼에도 훗날 성리학자들은 맹자처럼 오직 왕도만을 주장하는 우를 범했다. 자산이 집정할 당시 정나라가 처한 상황은 21세기 현재의 한반도 상황과 별반 차이가 없다. 외부적으로 양대 강국인 진나라와 초나라의 압력이 날로 강화되고, 내부적으로는 권력 다툼이 극에 달하는 등 패망의 위기가 최고조에 달했을 때였다. 그가 집정하기 이전까지만 해도 정나라가 아침에 진나라에 붙었다가 저녁에 초나라에 붙는 식의 이른바 조진모초朝晉暮楚의 기회주의 외교가 거듭된 게 그렇다.

자산은 이를 근원적으로 치유코자 했다. 그는 먼저 국내 정치를 안정시켰다. 세족들이 둘로 나뉘어 유혈전을 펼칠 때 시종 중도의 입장에 서서 내분을 진정시킨 이유다. 이후 그는 곧 '조진모초'의 기회주의 외교를 뜯어고치기 위해 발 벗고 나섰다.

먼저 그는 진초 양국의 내정을 면밀히 검토했다. 그들이 정나라에 원하는 바가 무엇인지를 파악하기 위한 조치였다. 마지막으로 정나라가 그들에게 해줄 수 있는 게 무엇인지를 따졌다. 당시 200년 가까이 중원의 패자를 자처해 온 진나라는 겉으로는 명분을 내세웠지만 사실은 실리를 더 챙겼다. 허장성세虛張聲勢로 기세싸움을 벌이면서 초나라와의 정면충돌을 최대한 피한 게 그렇다. 이에 반해 초나라는 자부심에 커다란 상처를 입고 있었다. 막강한 실력을 지니고 있었음에도 여전히 중원의 제후국들로부터 소외당하고 있었기 때문이다. 초나라의 숙원은 최소한 중원의 제후국들로부터 진나라와 더불어 21세기의 중국과 마찬가지로 G2의 일원으로 인정받는 일이었다. 그 시금석이 정나라였다. 자산은 우선 초나라의 소외감을 풀어주고 G2의 일원으로 대접하는 쪽에 초점을 맞췄다. 정중한 내용의 외교문서를 작성한 이유다. 초나라가 크게 만족해 한 것은 말할 것도 없다.

이때 그는 21세기 G1인 미국처럼 최강의 무력을 자부한 진나라의 심기를 거스르지 않기 위해 세심한 주의를 기울였다. 교역과 민간외교를 확충해 나가는 방식으로 기존의 동맹관계를 다지며 신뢰관계를 더욱 두텁게 쌓은 이유다. 진나라가 정나라의 친초親楚 행보에 이의를 제기하지 않은 이유다. 초나라의 자부심을 만족시켜 주면서 동시에 민간외교를 적극 활용해 진나라를 만족시키는 절묘한 책략을 구사한 셈이다. 이를 이른바 '종진화초從晉和楚' 책략이라고 부른다.

당시 자산이 이룬 외교적 업적은 강대국의 틈에 낀 약소국의 생존과 독립, 국가적 존엄의 유지로 집약된다. 한반도가 궁극적으로 살아남기 위해 남북이 통일돼야 하는 이유가 여기에 있다. 반쪽으로 남아서는 이들 4강의 농락 대상이 될 소지가 크기 때문이다. 이에 성공하기만 하면 한국 스스로 강소국 차원을 넘어 강대국의 일원이 될 수 있다. 이는 한반도가 21세기 동북아시대의 '허브'가 되는 것을 의미한다. 자산의 '종진화초' 책략을 깊이 천착해야 하는 이유다.

단칼에 어지러움을 베다

쾌도참마
快刀斬麻 _빠를 쾌, 칼 도, 벨 참, 삼 마

잘 드는 칼로 어지럽게 얽힌 삼실을 단번에 벤다는 뜻으로, 어지럽게 뒤얽힌 일이나 정황을 재빠르고 명쾌하게 처리하는 것을 가리킨다. 출전은 《북제서》〈문선제기〉의 "문선제가 홀로 칼을 빼서 어지럽게 뒤엉킨 삼실을 단칼에 벤 뒤 말하기를, '어지러운 것은 반드시 베어야 한다'고 했다(帝独抽刀斬之曰, '乱者须斩')."

중국에서는 '쾌도참마'를 쾌도참난마快刀斬亂麻로 표현키도 한다. 일본과 한국에서는 '쾌도참마' 대신 주로 '쾌도난마快刀乱麻'를 사용하나 이는 '쾌도참난마'를 잘못 축약한 것이다. '베다'의 뜻인 참斬을 빼면 '잘 드는 칼과 어지러운 삼실'의 뜻만 남아 무슨 뜻인지 알 수 없게 된다.

'쾌도참마' 성어의 고사는 남북조시대로 거슬러 올라간다. 서기 528년 북중국을 통일한 선비족의 북위北魏는 호태후胡太后가 효명제 원후元詡를 살해하면서 혼란이 극에 달했다. 이를 진압한 사람은 갈족의 지족인 계호 출신 이주영爾朱榮이었다. 그는 밖으로 훗날 수나라 건국의 주역인 변경 장수들의 반란인 '6진六鎭의 난'을 진압한 여세를 몰아 효장제 원자유를 옹립한 뒤 권력을 손에 넣었다. 그러나 이후 전횡을 일삼다가 효장제 원자유에게 살해됐고, 효장제 역시 이주영 일족의 손에 목숨을 잃었다.

이 틈을 노려 이주영 휘하에 있던 고환高歡이 이주영 일족을 척살한 뒤 어부지리를 챙겼다. 북위 최후의 황제 효무제 원수元修가 고환의 옹대로 보위에 오른 게 그렇다. 고환이 황제를 능가하는 권력을 행사하자 이에 불만을 품은 효무제가 이내 관중 일대에서 세력을 키운 군벌 우문태宇文泰에게 몸을 맡겼다. 고환은 이에 맞서 서기 534년에 효정제 원선견元善見을 옹립했다. 이듬해에 우문태도 효무제 원수를 제거한 뒤 문제 원보거元寶炬를 옹립했다. 막강한 북위가 이내 동위와 서위로 쪼개진 이유다. 동위와 서위의 건립은 사실 권신인 고씨와 우문씨의 찬위 수순에 지나지 않았다.

서기 447년 고환이 사망하고 그의 아들 고징高澄이 뒤를 이었다. 서기 550년 고징이 죽자 동생 고양高洋이 선양을 받아 제나라를 세웠다. 이를 남조의 제나라와 구별하기 위해 통상 '북제北齊'로 부른다. '쾌도참마'는 바로 북제를 건립한 고양이 보위를 잇게 될 당시의 일화에서 나온 성어이다.

《북제서》〈문선제기〉에 따르면 동위의 실력자 고환高歡은 여러 명의 자식을 두고 있었다. 하루는 자식들의 재주를 시험해 보기 위해 한자리로 불러 모았다. 이어 자식들에게 뒤얽힌 삼실 한 뭉치씩을 나눠주고 추려내 보도록 했다. 대다수 자식들이 한 올 한 올 뽑느라 진땀을 흘렸다. 이때 차자인 고양高洋이 잘 드는 칼 한 자루를 들고 와서는 헝클어진 삼실을 단번에 싹둑 잘라버렸다. 눈을 휘둥그렇게 뜨고 있는 부친 고환 앞으로 나아간 고양이 말했다.

"어지러운 것은 반드시 베어야 합니다!"

여기서 '난자수참乱者須斬' 성어가 나왔다. '쾌도참마' 성어와 같은 뜻이다. '북제'를 세운 문선제 고양은 이처럼 어렸을 때부터 용맹하고 과단성이 있었다. 문선제 고양은 즉위 이후 종일토록 가무를 즐긴 데다 매우 포학했다. 자신이 세운 공업에 대한 자부심이 지나쳐 잔혹한 방법으로 멋대로 사람을 살육했다. 큰 가마솥과 커다란 톱 등의 형구를 궁정 뜰에 늘어놓고 불쾌한 감정이 들면 직접 나서 사람을 톱으로 쓰는 등 '인간백정'을 자처했다. 사가들에게 희대의 폭군으로 비난받은 이유다.

주목할 것은 고양이 즉위 후 군국대사를 포함한 모든 정사를 상서우복야 양준언楊遵彦에게 맡긴 뒤 조금도 의심하지 않은 점이다. 은밀히 문선제에게 양준언을 비판하는 보고를 올린 자들 모두 죽임을 당한 게 그렇다. 군신이 서로에 대해 일말의 의심도 갖지 않은 결과다. 덕분에 안팎이 맑아졌고 백성들의 삶이 평안했다. 고양의 전폭적인 지지를 얻은 양준언은 각종 법령을 개정하는 등 쇄신책을 강구해 국위를 크게 떨쳤다. 학자들 내에서 중국의 역대 재상 가운데 제갈량에 버금하는 탁월한 재상으로 평가받는 이유다.

통상 많은 사람들은 뛰어난 재상을 뜻하는 천고일상千古一相으로 관중과 장량, 제갈량, 방현령을 비롯해 명나라 건국 공신 유백온刘伯溫과 '신 중화제국'의 저우언라이周恩来 등을 거론하고 있다. 그러나 이들 모두 군주를 잘 선택해 충성을 바친 경우다. 이와 달리 양준언은 폭군을 만나 나라를 바르게 다스린 특이한 경우에 속한다. 《정관정요》〈정체〉에 이를 뒷받침하는 일화가 나온다.

정관 16년, 태종 이세민이 좌우의 신하들에게 물었다.

"지난 일을 살펴보면 어떤 경우는 군주가 위에서 어리석은 일을 저지르는데도 신하들이 아래에서 잘 다스리고, 어떤 경우는 신하들이 아래에서 어리석게 일을 처리하는데도 군주가 위에서 훌륭하게 다스리기도 하오. 이 두 가지 상황을 비교하면 어떤 쪽이 더 심한 것이오?"

특진 위징魏徵이 대답했다.

"군주가 치국평천하에 전념하면 신하들의 잘못을 분명히 살필 수 있습니다. 한 사람을 처벌해 1백 명을 경계시킬 수 있으면 누가 감히 군주의 위엄을 두려워하지 않고, 온 힘을 다해 일하지 않겠습니까? 만일 군주가 위에서 어둡고 포학해 충간을 따르지 않는다면 설령 백리해百里奚나 오자서伍子胥 같은 인물이 있을지라도 우虞나라나 오나라의 재앙을 구하지 못할 것입니다. 나라의 패망을 더욱 재촉할 뿐입니다."

태종이 다시 물었다.

"반드시 이와 같다면 북제의 문선제는 어둡고 포악했지만 상서우복야 양준언이 바른 길로 그를 잘 보필해 나라가 다스려지게 됐소. 당시 사람들이 '군주는 위에서 어리석지만 정치는 아래에서 맑다네!'라고 한 것은 어찌 해석해야만 하오?"

위징이 대답했다.

"양준언은 폭군을 보필해 백성들을 구제하고 나라의 혼란을 면하게 만들었지만 나라는 매우 위험하고 고통스러웠습니다. 군주가 엄명嚴明한 상황에서 신하들이 국법을 두려워하고, 군주에게 거리낌 없이 직언하며 바르게 간하고, 모두 군주의 신임을 받는 경우와 같은 차원에서 말할 수는 없습니다."

양준언의 보필을 두고 사가들이 오랫동안 군주가 어리석은데도 나라가 잘 다스려지는 이른바 '군혼어상君昏於上, 국치어하國治於下'의 대표적인 경우로 거론한 이유가 바로 여기에 있다.

그러나 사실 문선제 고양은 결코 단순한 폭군이 아니었다. 그의 치세 때 반포된《북제율北齊律》이 남북조시대 때 나온 법률 가운데 가장 뛰어난 것으로 평가받는 게 그 증거다. 내용이 구체적이면서도 간략하다. 수나라와 당나라 법률에 지대한 영향을 끼친 배경이다. 북제의 관원 자제들은 《북제율》을 비롯한 각종 법령을 필수적으로 배웠다. 그의 치세 때 북제의 영토가 사방으로 크게 확장된 것도 이런 맥락에서 이해할 수 있다.

많은 사가들이 중국의 전 역사를 통틀어 시종 군주와 한 몸이 되어 나라를 안정되게 하고 국위를 크게 떨친 경우는 오직 양준언의 사례밖에 없다고 본 이유다. 일부 사가들은 그의 그릇이 크고 재간이 출중한 점을 거론하며 장량과 방현령보다 더욱 뛰어났다는 평가를 내렸다. 현재 학계 일각에서는 문화대혁명 등으로 중국을 혼란에 빠뜨린 마오쩌둥을 중심으로 보필하며 덩샤오핑 부활의 디딤돌 역할을 해 G2 중국의 기틀을 놓은 저우언라이를 두고 '20세기 버전의 양준언'으로 거론키도 한다. 21세기 현재에 이르기까지 오랫동안 이처럼 많은 일화를 남긴 성어는 '쾌도참마'밖에 없다.

백성 대신 관원을 다스리다

치리불치민
治吏不治民 _다스릴 치, 관리 리, 아닐 불, 백성 민

5자성어인 '치리불치민'은 다스림의 요체가 백성을 다스리는데 있지 않고 관원을 다스리는데 있다는 취지에서 나온 것이다. 출전은 《한비자》〈외저설 우하〉의 "명군은 관원을 다스리는데 애쓸 뿐 백성을 직접 다스리지 않는다(明主治吏不治民)."

한비자는 기본적으로 서양의 마키아벨리와 마찬가지로 관원을 군주의 경쟁 대상으로 간주했다. 경계심을 늦출 경우 군주를 허수아비로 만들거나 시해弑害의 희생물로 삼는다며 늘 엄히 감시해야 한다고 주장한 이유다. 〈외저설 우하〉의 '치리불치민' 구절이 대표적이다. 해당 대목이다.

"군주는 관원으로 하여금 법을 지키고 성과를 내도록 권해 공적을 쌓도록 해야 한다. 관원이 나라를 어지럽게 할지라도 홀로 자신의 몸을 깨끗하게 지키는 선민善民이 있다는 얘기는 들었지만, 난민亂民이 횡행하는데도 홀로 나라를 잘 다스리는 관원이 있다는 얘기는 듣지 못했다. 명군은 관원을 다스리는데 애쓸 뿐 백성을 직접 다스리지 않는다. 나무 밑동을 흔들어 나무 전체의 잎을 흔들고, 그물의 벼리를 당겨 그물 전체를 펴는 게 그 실례이다. 불이 났을 때 불을 끄기 위해 소방관원이 홀로 달려가는 식의 행보는 논의 대상이 될 수 없다. 소방관원이 홀로 물동이를 들고 화재 현장으로 달려가는 것은 한 사람을 동원하는 것이고, 채찍을 쥐고 여러 사람을 재촉하는 것은 1만 명을 동원한 것이다."

고금을 막론하고 군주를 위협하는 권신의 등장은 기본적으로 인사의 실패에서 비롯된다. 이른바 '회전문 인사'가 근본 배경이다. 군주의 심기를 헤아려 듣기 좋은 소리만 하는 자들의 아첨 속에 백성들의 원성이 들릴 리 없다.

국가든 기업이든 결국 주요 정책은 최고책임자의 몫이다. 이들은 최종적인 결단의 당사자인 까닭에 고독할 수밖에 없다. 난세의 경우 특히 더욱 그렇다. 흥하고 망하는 것이 그의 결단에 달려 있기 때문이다. 실수를 최대한 줄이기 위해서는 반드시 여러 통로를 통해 다양한 건의를 듣고 그중 가장 좋은 방안을 택할 줄 하는 안목이 있어야 한다. 소통 리더십의 진면목이 여기에 있다. 한비자는 〈현학〉에서 소통 리더십을 이같이 해석해 놓았다.

"군주는 여러 건의를 들을 때 그 말이 옳으면 응당 받아들여 널리 선포하며 그를 등용해야 한다. 그르다고 판단되면 응당 물리치고 삿된 의견의 뿌리를 뽑아야 한다. 요즘 군주들은 그리하지 않는다. 옳은데도 채택하지 않고, 그른데도 없애지 않으면 그 나라는 이내 패망한다."

《한비자》〈유도〉는 권신들에게 휘둘리는 군주는 결국 신하들에 빌붙어 사는 존재에 불과하다고 일갈했다. 해당 대목이다.

"오늘날 사사로이 법을 어기려는 마음을 없애고 국법을 따르고자 하면 백성은 편안해지고 나라는 잘 다스려질 것이다. 그러나 명성만을 기준으로 인재를 등용하면 신하는 군주를 떠나 아래로 무리를 모을 것이다. 또 붕당을 근거로 관원을 등용하면 백성은 친교에만 힘을 쓰고 법에 따른 등용을 구하지 않을 것이다. 이렇게 되면 신하들은 법을 제쳐두고 사적인 이익만 중시한 채 국법을 경시하게 된다. 세도가의 집은 사람들이 빈번하게 드나들지만 군주의 조정에는 단 한 차례도 참석하지 않게 되고, 세도가 개인의 이익에 대해서는 백방으로 근심하지만 군주의 나랏일은 조금도 생각하지 않는다. 아무리 거느리는 관원들이 많을지라도 군주를 존숭하는 사람은 하나도 없고, 백관이 갖춰져 있을지라도 나라를 책임질 사람이 없게 된다. 이 경우 군주는 백성의 주인이라는 허명만 있을 뿐 실제로는 신하들에 빌붙어 사는 것이나 다름없다."

난세일수록 한비자가 역설한 '치리불치민' 성어의 이치를 더욱 가슴 깊이 새길 필요가 있다. 군주의 판단 및 결단에 따라 나라와 백성의 운명이 좌우되기 때문이다.

국정농단國政壟斷과
내로남불內魯諵不

'국정농단國政壟斷'은 말 그대로 나라의 정사를 멋대로 좌우하며 사적인 이익을 독차지한다는 뜻이다. 해방 이후 박정희 전 대통령에 이어 사상 최초로 부녀 대통령에 선출된 박근혜 전 대통령이 이른바 '최순실 사건'과 연루되어 탄핵을 받은 뒤 나온 말이다.

원래 '농단'은 《맹자》〈공손추 하〉에서 나온 용어이다. 〈공손추 하〉는 '천장부농단賤丈夫壟斷'으로 표현했다. 해당 구절이다.

"옛날에는 시장을 관할하는 관원은 오직 물건의 교역을 감독만 했을 뿐이다. 이때 천한 장사꾼인 천장부賤丈夫가 나타나 사방이 훤히 보이는 곳인 이른바 농단壟斷을 찾아 올라간 뒤 물건의 수급을 조절해 가격을 정하는 식으로 시장의 이익을 모두 그물질하듯 거둬갔다."

여기서 2자성어인 '농단'이 나왔다. 이것이 4자성어인 '국정농단'으로 확대된 것은 전적으로 2017년에 빚어진 한국의 현직 대통령 탄핵사건으로 인한 것이다. 중국 언론이 한국 언론의 기사 내용을 그대로 인용해 보도하는 바람에 '국정농단' 성어가 중국에서도 널리 회자되었다.

'내로남불'은 '내가 하면 로맨스, 남이 하면 불륜'이라는 뜻이다. 박희태 전 국회의장이 1980년대 여당인 민정당의 대변인으로 있을 때 만든 말이다. 이를 발음이 똑같고 뜻도 비슷한 한자성어로 바꿀 경우 대략 내로남불內魯諵不로 표현할 수 있다. 팔이 안으로 굽혀지는 내부의 인물이 하는 행위는 내부의 로맨스 즉 내로內魯가 되지만 남이 하는 행위는 불륜不倫으로 간주되어 시끄럽게 떠드는 남불諵不이 된다는 의미이다. 원래 이런 의미를 지닌 한자성어로는 '당동벌이黨同伐異'가 있다. 뜻을 같이하면 붕당朋黨을 만들고, 뜻을 달리하면 방벌放伐한다는 뜻이다. 《후한서》〈당고열전黨錮列傳〉에 나오는 말이다. 순 우리말 4자성어 '내로남불'과 정확히 그 취지를 같이한다.

한자성어 '내로남불內魯諵不'의 '로魯'는 메이지유신 당시 일본인들이 영어 로맨스를 음사音寫한 로만魯漫을 뜻한다. 지금은 주로 낭만浪漫 용어를 사용하고 있으나 20세기 중엽까지만 해도 '로만'이 '낭만'보다 훨씬 널리 사용되었다. 대표적인 사례로 〈빼앗긴 들에도 봄은 오는가〉를 쓴 이상화 작가가 첫머리에서 '마돈나, 먼동이 트기 전으로 수밀도水蜜桃의 네 가슴에 이슬이 맺도록 달려오너라!'라고 외친 〈나의 침실로〉를 해방 전후의 한국 문학계에서 이른바 '로만주의魯漫主義-Romanticism'의 대표 작품으로 꼽은 게 그렇다.

'남불譏不'은 남의 행보를 불륜이라고 시끄럽게 떠드는 것을 의미한다. 여기의 남譏은 주로 재잘대며 질책한다는 뜻으로 사용된다. 1949년 마오 쩌둥에게 몰린 장제스와 함께 대만으로 갔다가 지난 2012년에 작고한 문자학文字學의 대가 남회근南懷瑾은《장자》의 내용을 다양한 각도에서 분석한《장자남화莊子譏譁》를 펴낸 바 있다. 여기의 남화譏譁는 여러 사람이 씨끄럽게 떠드는 중구난방衆口難防을 의미하는 숙어이다. 그런 의미에서 남불譏不의 '남'은 순 한글로 된 '내로남불' 성어의 취지와 통한다. '남불'의 '불'은 말할 것도 없이 불륜不倫을 뜻한다.

4자로 된 순 한글 성어 '내로남불'을 한자로 바꾼 내로남불內魯譏不 성어는 그 의미만 간략히 설명해도 중국인들은 쉽게 의미를 헤아릴 수 있을 것이다. 어찌 보면 전래의 당동벌이黨同伐異보다도 더 쉽게 이해할 수 있을 것으로 본다.

필자는 지난 1998년 초 모교인 서울대학교에서 박사학위를 취득한 뒤 '포스트 닥터'의 일원으로 제자백가서에 대한 전면적인 주석 작업에 들어간 바 있다. 그 작업은 지난 2014년 가을에 끝났다. 마지막 주석을 가한 제자백가서가 바로 1600쪽짜리의《관자》이다. 동서고금의 주석을 총망라하는 바람에 이처럼 방대해졌다. 지난 1909년 중국 최고의 지식인으로 불린 량치차오梁啓超는《관자평전》을 펴내면서 동서고금의 역사를 통틀어 정치가 겸 정치사상가로 관자와 같은 인물은 없었다고 단언한 바 있다. 필자가 지난 2017년 가을 량치차오에 뒤이어 100여 년 만에 두 번째로《관자평전》을 펴낸 것도 바로 이 때문이다. 부국강병을 역설한 관자의 난세 리더십 이론을 보다 널리 알리고자 한 것이다. 말할 것도 없이 한반도 주변의 상황이 의외로 심각한 데 따른 것이다. 사상 초유의 현직 대통령에 대한 탄핵으로 인한 국론분열이 이를 웅변한다.

관자를 중심으로 한 춘추전국시대의 제자백가 사상을 전공한 필자의 입장에서 볼 때 당시 헌법재판소의 탄핵 논리는 적잖은 문제가 있었다. 통치 행위와 통상적인 법제의 적용을 받는 정치자금 모금 등을 일반 정치 행위로 간주한 게 그렇다. 지난 2017년 3월 22일자 〈동아일보〉 칼럼에 실린 송평인 논설위원의 지적이 그 증거다.

"안창호 헌법재판관의 대통령 탄핵결정문 보충 의견을 읽으면서 그의 교양 수준을 생각지 않을 수 없었다. 그가 인용한 옛 성현의 말은 '범금몽은하위정犯禁蒙恩何爲正'이다. 이는 지난해 12월 탄핵정국 당시 〈세계일보〉 주필을 지낸 사람이 해당 신문에 연재한 글에 중국 춘추전국시대 재상 관중의 말로 소개한 것이다. 그러나 관중의 언행을 기록한《관자》어디를 뒤져봐도 그런 말은 나오지 않는다. 글쓴이에게 전화를 걸어 전거典據를 물었으나 회피하는 답변만 들었다. 헌법재판소는 해당 재판관이 전거가 불명확해 옛 성현으로 표현한 것이라고 해명하고, 그러나 그 뜻이 통하니 이해해 달라고 했다."

필자는 이 사설을 본 뒤 혹여 필자의《관자》번역서에서 빠뜨린 구절이 있는 게 아닐까 걱정되어《관자》를 샅샅이 뒤져보았다. 그러나 끝내 해당 구절을 찾지 못했다. 해당 구절은 〈동아일보〉 사설이 지적했듯이 〈세계일보〉 주필 출신이 멋대로 지어낸 것이었다. 나아가 나라의 앞날을 좌우할 대통령 탄핵사건을 심의하는 헌법재판관이 아무런 비판도 없이 마구 인용한 것은 경악할 만한 일이다. 실제로 바로 다음날에 '미래미디

어포럼'의 회장인 기자출신 교수 이상로는 〈헌재 결정문을 개그콘서트 대본으로 오해한 헌법재판관〉이라는 제목의 논평을 통해 헌법재판소 수준을 문제 삼았다.

"헌법재판소의 안창호 판사는 헌재 결정문에 개그콘서트 수준의 문장을 사용했습니다. 그는 자신의 유식함을 자랑하려고 했지만, 결국 한 언론사 주필이 박근혜 대통령을 비난하기 위해 가짜로 만든 문장을 사실 확인 없이 그대로 인용한 사실이 드러났습니다. 최근 우종창 전 조선일보 기자는 헌법재판소 판사 8명 모두를 허위공문서 작성 혐의로 검찰에 고발했습니다. 그는 결정문에 기재된 박 대통령 파면 혐의 가운데 상당수가 사실임이 확인되지 않았다고 주장하고 있습니다. 심지어 최순실의 출입국 기록만 확인했어도 허위임을 알 수 있었던 허황된 피의사실도 있다는 것입니다. 자신의 유식함을 자랑하다가 실력이 들통 난 판사와 '허위공문서'를 작성했다고 비난받는 판사들과 함께 살고 있는 우리 국민들은 지금 헌법재판소가 제작한 개그콘서트를 시청하고 있는 중입니다."

이는 통렬한 풍자에 해당한다. 사실 전거도 없는 엉터리 글과 이를 겁 없이 인용하는 판결문은 이보다 더 심한 비난을 받아도 마땅하다. 이런 잘못된 관행이 허용되는 한 1등 국가로의 도약은 요원할 수밖에 없다. 과거 메이지유신의 성공에 여념이 없던 이웃 일본의 사무라이들을 비웃다가 나라를 망친 조선조 사대부들의 전철을 밟지 않으리라는 보장도 없다. 예컨대 일본은 8세기 중엽 당나라로 유학을 간 이른바 '견당유학생' 기비노 마키비가 《손자병법》을 옆에 끼고 귀국한 이후 17세기에 이르기까지 주해서를 무려 170여 종이나 펴낸 바 있다. 같은 시기의 중국보다 훨씬 많은 것은 말할 것도 없다. 지구상에 마지막으로 남아 있던 동아 3국을 향해 서구 열강이 식민지 침탈을 시작할 때 유독 일본만이 메이지유신을 통해 살아남은 것은 물론 서구 열강과 어깨를 나란히 한 게 결코 우연이 아니었음을 짐작할 수 있다.

〈세계일보〉 주필 출신이 고전의 구절을 멋대로 지어내고, 헌법재판관이 아무런 검토도 없이 이를 마구 인용하는 것은 독자와 국민들을 무시하는 오만의 극치에 해당한다. 이런 지적은 2017년 말부터 2018년 초까지 진행된 일련의 '내로남불' 사태에도 그대로 적용된다. 지난 2017년의 끄트머리는 온갖 유형의 사고가 빈발한데다 북핵문제를 둘러싼 긴장이 최고조로 치달은 시기였다. 특히 청와대 직원들이 북한의 탄저균 공격에 대비해 백신을 구입했다는 얘기가 나돌면서 민심이 크게 흉흉해졌다.

당시 미국의 트럼프 대통령은 연일 "우리와 동맹국이 위협 받는다면 북한을 완전히 파괴하는 수밖에 없다."며 초강경 입장을 거듭 밝혔다. 이에 대해 북한은 김정은 명의로 발표한 성명을 통해 '미국의 늙다리 미치광이' 운운하며 강력 반발했다. 이 와중에 정부와 여당은 어떤 형태의 흡수통일이나 인위적인 통일도 추구하지 않는다며 '대화를 통한 평화적 해결'을 해법으로 제시했다.

객관적으로 볼 때 정부 여당의 이런 주장은 극히 비현실적인 '도박성 중립스탠스'에 가깝다. 북한 정권이 핵과 미사일 개발을 포기할 리 만무한데다 연일 '서울 불바다' 운운하며 적화야욕을 노골적으로 드러내고 있는 현실이 그렇다. 더욱 군건한 결속이 요구되는 한미 사이의 안보협력 행보에 오히려 균열 조짐이 나타나면서 이른바 '코리아 패싱'이 현실화하는 게 아닌가 하는 우려마저 나타나고 있다.

고금동서를 막론하고 나라의 존망이 걸린 주변 강국대간의 싸움이 빚어질 때는 반드시 승산이 높은 쪽에 서서 앞일을 도모해야만 한다. 싸움이 끝난 뒤에는 승전국이든 패전국이든 동맹을 마다한 채 '어설픈 중립'을 취한 나라를 그대로 둘 리 없기 때문이다. 마키아벨리는《군주론》제21장에서 그 위험성을 이같이 경고한 바 있다.

"군주는 전쟁 등이 빚어졌을 때 스스로 우적友敵 여부를 분명히 밝혀야 한다. 두 강국이 충돌할 경우 최후의 승자는 자국에 위협적인 존재가 될 수도 있고, 그렇지 않을 수도 있다. 어차피 개입해야 할 전쟁이라면 군주는 어느 경우든 자신의 입장을 분명히 밝히고 참전하는 게 더 낫다. 그리하지 않을 경우 두 강국의 충돌에서 승리를 거둔 측은 자신이 곤경에 처해 있을 때 수수방관한 자를 계속 동맹으로 삼지 않을 것이고, 패한 측은 지원을 통한 공동운명체의 위험을 마다한 자에게 어떤 호의도 베풀지 않을 것이기 때문이다."

'코리아 패싱'의 위험성을 이처럼 정확히 지적한 구절도 없다. 비록 15세기 당시 분열된 이탈리아의 상황을 토대로 한 국제정세에 관한 분석이기는 하나 G2로 상징되는 21세기의 동북아 정세에도 그대로 맞아떨어진다. '코리아 패싱'에는 서로 상대방을 전혀 의식치 않는 여야의 '내로남불' 행보가 결정적인 배경으로 작용하고 있다. 지난 2017년 세밑에 자신의 트위터를 통해 그 배경을 분석한 차명진 전 의원의 다음과 같은 언급이 이를 뒷받침한다

"검찰의 최순실에 대한 25년 구형이 합당하려면 박철언과 김현철, 홍

삼트리오, 노건평 등은 아직 감옥에 있어야 한다. 지금 문재인 검찰은 정치보복의 앞잡이일 뿐이다. 나는 좌파에서 20년, 우파에서 20년 정치를 해 봤다. 좌파의 이념은 '평등'이 아니라 '배 아픔'이고, 우파의 이념은 '자유민주주의 시장경제'가 아니라 '나부터 살고 보자'이다. 지금 좌파가 정치 보복으로 날을 새우고, 우파가 이에 저항하지 않은 채 바짝 엎드려 있는 근본 이유다."

'코리아 패싱'의 배경을 '배 아픔'의 비틀린 좌파이념과 '나부터 살고 보자'는 오렌지 우파이념의 야합^{野合}에서 찾은 것은 탁견이다. 상대를 전혀 배려하지 않은 채 자신의 견해와 생각만 강요하는 '내로남불' 행보가 바로 '코리아 패싱'의 근본 배경인 셈이다. 그 사이에 죽어나는 것은 서민밖에 없다. '코리아 패싱'이 현실화해 참사가 빚어질 경우 여야를 막론하고 정치권 모두 '내로남불'의 '국정농단'을 자초한 장본인이라는 지탄을 면키 어려울 것이다.

참고 문헌

1. 기본서

《논어》, 《맹자》, 《관자》, 《순자》, 《열자》, 《한비자》, 《윤문자》, 《도덕경》, 《장자》, 《묵자》, 《양자》, 《상군서》, 《안자춘추》, 《춘추좌전》, 《춘추공양전》, 《춘추곡량전》, 《여씨춘추》, 《회남자》, 《춘추번로》, 《오월춘추》, 《신어》, 《세설신어》, 《잠부론》, 《염철론》, 《국어》, 《설원》, 《전국책》, 《논형》, 《공자가어》, 《정관정요》, 《자치통감》, 《독통감론》, 《일지록》, 《명이대방록》, 《근사록》, 《송명신언행록》, 《설문해자》, 《사기》, 《한서》, 《후한서》, 《삼국지》.

2. 저서

1) 한국

가나야 오사무 외, 《중국사상사》, 조성을 역, 이론과 실천, 1988.

가지이 아츠시, 《고사성어로 배우는 경제학》, 이동희 역, 모티브북, 2008.

강영매, 《고사성어 문화답사기》, 범우사, 2009.

강영수, 《역사와 일화가 있는 고사성어》, 큰방, 2009.

강용규, 《고사성어로 배우는 중국사》, 학민사, 1993.

강주진, 《이조당쟁사연구》, 서울대출판부, 1971.

고성중 편, 《도가의 명언》, 한국문화사, 2000.

구춘권, 《아시아적 자본주의》《한국정치학회보》33-1, 1999.

권승호, 《재미있는 한자숙어-고사성어·명언·명구》, 경문사, 1994.

김담구, 《우리말 속 고사성어》, 다락원, 2001.

김대중, 《김대중 자서전》1-2, 삼인, 2010.

김성익, 《전두환 대통령 약전》, 월간조선출판부, 1993.

김성일, 《고사성어 대사전》, 시대의창, 2013.

김영국 외, 《한국정치연구》7, 서울대 한국정치연구소, 1997.

김영삼, 《김영삼 회고록》1-3, 백산서당, 2015.

김영집, 《사자 & 고사성어》, 예가, 2006.

김용덕,《조선시대 군주제도론》《창작과 비평》11-2, 1976.

김욱동,《모더니즘과 포스트모더니즘》, 현암사, 1994.

김원중,《고사성어 역사문화사전》, 글항아리, 2014.

김일영,《한국의 역대 헌법에 나타난 국가》《한국정치학회보》34-4, 2000.

김정진,《공자의 이상 정치론과 그 철학》《동양문화연구》5, 1978.

김준엽 외,《한국공산주의운동사》1-3, 고려대출판부, 1973.

김진경,《그리스 비극과 민주정치》, 일조각, 1991.

김진영,《세계화와 헤게모니》《한국정치학회보》32-1, 1998.

김철,《확대지향의 한국》, 사초, 1988.

김충남,《성공한 대통령 실패한 대통령》, 둥지, 1998.

김학준,《한국전쟁》, 박영사, 2010.

김한식,《실학의 정치사상》, 일지사, 1979.

김호진,《한국정치체제론》, 박영사, 1997.

남경태,《이야기 서양 고사성어》, 새길, 1994.

남웅원,《고사성어-고사숙어, 속담풀이》, 동남서적, 1980.

노무현,《노무현의 리더십 이야기》, 행복한책읽기, 2014.

노재봉 외,《노태우 대통령을 말한다》, 동화출판사, 2011.

노태우,《노태우 회고록》1-2, 조선뉴스프레스, 2011.

니담,《중국의 과학과 문명》, 이석호 역, 을유문화사, 1988.

니시지마 사다오, 변인석 편역,《중국고대사회경제사》, 한울아카데미, 1996.

동아일보 취재팀 편,《잃어버린 5년-칼국수에서 IMF까지》, 동아일보사, 1999.

리쭝우,《분서》, 김혜경 역, 한길사, 2004.

마루야마 마사오,《일본정치사상사 연구》, 김석근 역, 한국사상사연구소, 1995.

명문당 편,《이야기 고사성어》, 명문당, 2005.

모리모토 준이치로,《동양정치사상사 연구》, 김수길 역, 동녘, 1985.

모리야 히로시,《한비자, 관계의 지략》, 고정아 역, 이끌리오, 2008.

모리토모 코오쇼오,《고사성어로 배우는 명언 108》, 조성진 역, 부광, 2012.

문재인,《문재인의 운명》, 북팔, 2017.

미조구치 유조,《중국 사상문화 사전》, 김석근 외 역, 책과 함께, 2011.

민예사 편,《고사성어-현대인의 이야기 친구》, 민예사, 1998.

박근혜,《절망은 나를 단련시키고 희망은 나를 움직인다》, 위즈덤하우스, 2007.

박성수, 《조선의 부정부패-그 멸망에 이른 역사》, 규장각, 1999.

박은식, 《한국독립운동지혈사》, 서울신문사, 1946.

박은옥, 《고사성어로 읽는 중국의 역사와 문화》, 시그마북스, 2014.

박인휘, 《주권과 글로벌 안보》 《한국정치학회보》35-3, 2001.

박정희, 《국가와 혁명과 나》, 향문사, 1963.

박찬욱 외, 《미래한국의 정치적 리더십》, 미래인력연구센터, 1997

박충석, 《한국정치사상사》, 삼영사, 1982.

박한신, 《역사가 보이는 고사성어 특강》, 21세기북스, 2016.

박한제, 《중국역사기행》1-3, 사계절, 2003.

박홍규, 《17세기 일본에 있어서의 화이문제》 《한국정치학회보》35-4, 2001.

배득렬, 《고사성어에 길을 묻다》, 구름서재, 2014.

백종학, 《고사성어 인문학 강의》, 디스커버리미디어, 2011.

번즈 외, 《서양문명의 역사》1-3, 손세호 역, 소나무, 1987.

벤저민 슈워츠, 《중국고대사상의 세계》, 나성 역, 살림출판사, 1996.

복거일, 《박정희의 길》, 북앤피플, 2017.

북경대중국철학사연구실 편, 《중국철학사》, 박원재 역, 자작아카데미, 1994.

사이드, 《오리엔탈리즘》, 박홍규 역, 교보문고, 1997.

사회과학원 역사연구소, 《조선전사》1-15, 평양, 과학백과사전출판사, 1980.

샤오꿍취엔, 《중국정치사상사》, 최명 역, 서울대출판부, 2004.

서복관, 《중국예술정신》, 이건환 역, 이화문화사, 2001.

서울대동양사학연구실 편, 《강좌 중국사》1-7, 지식산업사, 1989.

솔즈베리, 《새로운 황제들》, 박월라 역, 다섯수레, 1993.

슈월츠, 《중국고대사상의 세계》, 나성 역, 살림출판사, 1996

스티븐 L. 외, 《마오쩌둥 평전》, 심규호 역, 민음사, 2017.

시오노 나나미, 《로마인이야기》1-6, 김석희 역, 한길사, 1998.

신동준, 《후흑학》, 인간사랑, 2010.

신복룡, 《한국의 정치사상가》, 집문당, 1999.

신창호, 《관자, 최고의 국가건설을 위한 현실주의》, 살림출판사, 2013.

심우섭, 《한비자 법술사상의 재조명》 《민주문화논총》, 1991.

안원전, 《동양학 이렇게 한다》, 대원출판사, 1988.

안확, 《조선문명사》, 회동서관, 1923.

양동안 외, 《현대한국정치사》, 한국정신문화연구원, 1987.

옌리에산 외, 《이탁오평전》, 홍승직 역, 돌베개, 2005.

오세경, 《한권으로 읽는 중국 고사성어》, 석일사, 1998.

오인환, 《이승만의 삶과 국가》, 나남, 2013.

오종문, 《이야기 고사성어》1-3, 현실과과학, 2005.

오카모토 류조, 《한비자 제왕학》, 배효용 역, 예맥, 1985.

왕경국, 《유식의 즐거움-인간경영》, 휘닉스, 2004.

월간조선부 편, 《비록 한국의 대통령》, 조선일보사, 1993.

유필화, 《역사에서 리더를 만나다》, 흐름출판, 2010.

이강훈, 《대한민국 임시정부사》, 서문당, 1977.

이광연, 《고사성어로 푸는 수학의 세계》, 동아시아, 2010.

이나미 리츠코, 《고사성어로 읽는 중국사 이야기》, 이동철 역, 민음인, 2007.

이달순, 《한국정치사》, 중앙대출판부, 1971.

이동진, 《동서양의 고사성어》, 해누리, 2004.

이명문, 《속담 고사성어 사전》, 학문사, 1994.

이상기, 《톡톡 튀는 고사성어》, 전원문화사, 1995.

이상수, 《한비자, 권력의 기술》, 웅진지식하우스, 2007.

이성규 외, 《동아사상의 왕권》, 한울아카데미, 1993.

이성무, 《조선초기 양반연구》, 일조각, 1985.

이수연, 《중국어로 떠나는 고사성어 여행》, 지식과감성, 2014.

이승만, 《일본의 침략근성 그 실체를 밝힌다》, 김창주 역, 행복우물, 2015.

이영화, 《조선시대 사람들》, 가람기획, 1998.

이제마, 《동의수세보원》, 을유문화사, 1992.

이종석, 《조선로동당연구》, 역사비평사, 1997.

이춘배, 《국인의 고사성어》, 오성출판사, 1996.

이치카와 히로시, 《영웅의 역사, 제자백가》, 이재정 역, 솔, 2000.

이태진 편, 《조선시대 정치사의 재조명》, 범조사, 1986.

이항규, 《청소년이 단숨에 읽어야 할 고사성어》, 동해, 1999.

임무출, 《속담·고사성어 사전》, 문창사, 1997.

임종대, 《한국 역사를 통해 배우는 한국 고사성어》, 미래문화사, 2015.

임종욱, 《출전을 완벽하게 살린 고사성어 대사전》, 시대의창, 2008.

임효섭, 《고사성어》, 동아대출판부, 2015.

장훈, 《한국대통령제의 불안정성의 기원》 《한국정치학회보》 35-4, 2001.

전두환, 《전두환 회고록》 1-3, 자작나무숲, 2017.

전목, 《중국사의 새로운 이해》, 권중달 역, 집문당, 1990.

전인권, 《편견 없는 김대중 이야기》, 서울, 무당미디어, 1996.

전일환, 《난세를 다스리는 정치철학》, 자유문고, 1990.

전해종 외, 《중국의 천하사상》, 민음사, 1988.

정문집, 《인문고사성어-삶과 철학을 담은 네 글자 미학》, 이담북스, 2013.

정병준, 《우남 이승만 연구》, 역사비평, 2005.

정석원, 《지혜를 열어주는 新 고사성어 120》, 청림출판, 1998.

조갑제, 《박정희》 1-13, 조갑제닷컴, 2015.

좌승희, 《박정희, 살아있는 경제학》, 백년동안, 2015.

진고응, 《노장신론》, 최진석 역, 소나무, 1997.

진동일, 《우리가 꼭 알아야 할 그림해설 고사성어》, 맑은소리, 1996.

차귀연, 《고사성어와 함께 배우는 이야기 중국사》, 백양출판사, 1998.

차용준, 《자원을 통해 본 고사성어 익히기》, 전주대출판부, 2000.

최근덕, 《고사성어 백과사전》, 샘터사, 1995.

최명, 《삼국지 속의 삼국지》, 인간사랑, 2003.

최명, 《춘추전국의 정치사상》, 박영사, 2004.

최종례, 《고사성어로 읽는 춘추좌전》, 현음사, 2004.

최평길, 《대통령학》, 박영사, 1998.

최한수, 《민주주의와 민주정치》, 대왕사, 1994.

치엔무, 《중국사의 새로운 이해》, 권중달 역, 집문당, 1990.

칼 마르크스, 《자본론》 1-5, 김수행 역, 비봉출판사, 1993.

크릴, 《공자-인간과 신화》, 이성규 역, 지식산업사, 1989.

터커, 《리더십과 정치》, 안청시 외 역, 까치, 1983.

풍우란, 《중국철학사》, 정인재 역, 형설출판사, 1995.

한국고전신서편찬회, 《고사성어》, 홍신문화사, 2007.

한국역사연구회 편, 《한국사 강의》, 한울아카데미, 1989.

한무희 외 편, 《선진제자문선》, 성신여대출판부, 1991.

한승조, 《한국정치의 지도자들》, 대정진, 1992.

한영우, 《다시 찾은 우리 역사》, 경세원, 1997.

함성득, 《대통령학》, 나남출판, 1999.

해롤드 라스웰 외, 《권력과 사회》, 우대철 역, 법문사, 1980.

허영, 《헌법이론과 헌법》, 박영사, 2003.

홍문기, 《고사성어, 우화와 함께하는 자기혁신경영》, 현대경영북스, 2015

히로마쯔 와타루, 《근대초극론》, 김항 역, 민음사, 2003.

2) 일본

加藤常賢, 《中國古代倫理學の發達》, 二松學舍大學出版部, 1992.

岡田武彦, 《中國思想における理想と現實》, 木耳社, 1983.

鎌田正, 《左傳の成立と其の展開》, 大修館書店, 1972.

高文堂出版社 編, 《中國思想史》上下, 高文堂出版社, 1986.

高須芳次郎, 《東洋思想十六講》, 新潮社, 1924.

顧頡剛, 小倉芳彦 等 譯, 《中國古代の學術と政治》, 大修館書店, 1978.

館野正美, 《中國古代思想管見》, 汲古書院, 1993.

溝口雄三, 《中國の公と私》, 研文出版, 1995.

宮崎市定, 《アジア史研究》I-V, 同朋社, 1984.

金谷治, 《秦漢思想史研究》, 平樂寺書店, 1981.

大濱晧, 《中國古代思想論》, 勁草書房, 1977.

渡邊信一郎, 《中國古代國家の思想構造》, 校倉書房, 1994.

服部武, 《論語の人間學》, 富山房, 1986.

富谷至, 《非子 不信と打算の現實主義》, 中央公論新社, 2003.

上野直明, 《中國古代思想史論》, 成文堂, 1980.

西野廣祥, 《中國の思想 韓非子》, 德間文庫, 2008.

西川靖二, 《韓非子 中國の古典》, 角川文庫, 2005.

小倉芳彦, 《中國古代政治思想研究》, 靑木書店, 1975.

守本順一郎, 《東洋政治思想史研究》, 未來社, 1967.

守屋洋, 《右手に論語 左手に韓非子》, 角川マガジンズ, 2008.

阿辻哲次, 《故事成語目からウロコの85話》, 靑春出版社, 2004.

安岡正篤, 《東洋學發掘》, 明德出版社, 1986.

安居香山 編, 《讖緯思想の綜合的研究》, 國書刊行會, 1993.

宇野茂彦, 《韓非子のことば》, 斯文會, 2003.

宇野精一 外, 《講座東洋思想》, 東京大出版會, 1980.

遠藤哲夫, 《出典のわかる故事成語成句辞典》, 明治書院, 2005.

栗田直躬, 《中國古代思想の研究》, 巖波書店, 1986.

伊藤道治, 《中國古代王朝の形成》, 創文社, 1985.

日原利國, 《中國思想史》 上下, ペリカン社, 1987.

井波律子, 《故事成句でたどる楽しい中国史》, 岩波ジュニア新書, 2004.

諸橋轍次, 《中国古典名言事典》, 講談社学術文庫, 1979.

竹内照夫, 《韓非子》, 明治書院, 2002.

中島孝志, 《人を動かす〈韓非子〉の帝王學》, 太陽企畫出版, 2003.

紙屋敦之, 《大君外交と東アジア》, 吉川弘文館, 1997.

貝塚茂樹 編, 《諸子百家》, 筑摩書房, 1982.

戶山芳郎, 《古代中國の思想》, 放送大教育振興會, 1994.

丸山松幸, 《異端と正統》, 毎日新聞社, 1975.

丸山眞男, 《日本政治思想史研究》, 東京大出版會, 1993.

荒木見悟, 《中國思想史の諸相》, 中國書店, 1989.

3) 중국

楊幼炯, 《中國政治思想史》, 商務印書館, 1937.

楊義, 《韓非子還原》, 中華書局, 2011.

楊鴻烈, 《中國法律思想史》 上下, 商務印書館, 1937.

呂思勉, 《秦學術槪論》, 中國大百科全書, 1985.

吳光, 《黃老之學通論》, 浙江人民出版社, 1985.

吳辰佰, 《皇權與紳權》, 儲安平, 1997.

王文亮, 《中國聖人論》, 中國社會科學院出版社, 1993.

王先愼, 《新韓非子集解》, 中華書局, 2011.

饒宗頤, 《老子想爾注校證》, 上海古籍出版社, 1991.

于霞, 《千古帝王術, 韓非子》, 江西教育, 2007.

熊十力, 《新唯識論─原儒》, 山東友誼書社, 1989.

劉澤華, 《先秦政治思想史》, 南開大學出版社, 1984.

游喚民, 《先秦民本思想》, 湖南師範大學出版社, 1991.

李錦全 外,《春秋戰國時期的儒法鬥爭》, 人民出版社, 1974.

李宗吾,《厚黑學》, 求實出版社, 1990.

李澤厚,《中國古代思想史論》, 人民出版社, 1985.

人民出版社編輯部 編,《論法家和儒法鬥爭》, 人民出版社, 1974.

任繼亮,《管子經濟思想研究》, 中國社会科学出版社, 2005.

张固也,《管子研究》, 齊魯書社, 2006.

张寬,《韓非子譯注》, 上海古籍出版社, 2007.

張君勱,《中國專制君主政制之評議》, 弘文館出版社, 1984.

張岱年,《中國倫理思想研究》, 上海人民出版社, 1989.

张友直,《管子貨幣思想考釋》, 北京大學, 2002.

蔣重躍,《韓非子的政治思想》, 北京師範大出版社, 2010.

錢穆,《先秦諸子繫年》, 中華書局, 1985.

周立升 編,《春秋哲學》, 山東大學出版社, 1988.

周燕謀 編,《治學通鑑》, 精益書局, 1976.

朱正航,《故事大全》, 内蒙古出版社, 2002.

陳鼓應,《老子注譯及評價》, 中華書局, 1984.

馮友蘭,《中國哲學史》, 商務印書館, 1926.

何慧君,《中国古典名著故事》, 海峽出版社, 2010.

許抗生,《帛書老子注譯與研究》, 浙江人民出版社, 1985.

胡家聰,《管子新探》, 中國社會科學出版社, 2003.

胡適,《中國古代哲學史》, 商務印書館, 1974.

侯外廬,《中國思想通史》, 人民出版社, 1974.

侯才,《郭店楚墓竹簡校讀》, 大連出版社, 1999.

318